好 想 法

寶鼎出版

監獄中的哲學課

探索自由、
羞愧與救贖的生命對話

THE LIFE INSIDE

A Memoir of Prison Family and Philosophy

人生導師
安迪・維斯特
Andy West 著
吳煒聲 譯

獻給我的哥哥

目次

作者的話

本書的人物、地點和事件的細節已被修改或合併，事件的先後順序也有所更動。這樣做是爲了保護隱私、顧及受害者的感受、避免危及監獄和個人安全，並且將我的經歷敘述成一則個人故事。沒有所謂的典型監獄或囚犯這類東西。監獄有千百種，每個坐牢的人都有自身的遭遇。本書打算捕捉這種多元樣貌，但首先要說的是，我是從主觀的角度去撰寫內容，因爲我有入監服刑的家人❶，而我目前正在監獄裡教書。課堂對話是四年來累積的，雖然我無法逐字逐句回憶說過的內容，但我試圖去呈現對話的精髓。我憑著記憶寫下自己的經歷，並且盡量進行研究或詢問別人，以免我記錯事情。然而，有些人可能會以不同的方式回憶過往。

我在獄中的學生不能上社群媒體。沒有英國司法部（Ministry of Justice）的許可，他們不能公開發表意見，而且其中有不少人不識字。許多獄友遭到社會歧視，因此外界

❶譯註：作者的父親、叔叔和哥哥都曾鋃鐺入獄。

聽不到他們的聲音，或者他們可能不想談論自身的經歷，以免暴露自己是囚犯的身分或從前坐過牢。我在寫這本書時，意識到我寫的是那些通常無法替自己爲文發聲的人。誰都有故事可講，但只有某些人能將自身的故事分享給讀者。我有機會寫這本書，不會忘記伴隨而來的責任。必要時我會詢問先前坐牢的人、同事和學者，檢查我的理解是否有誤。

感謝那些讓我講述他們故事的親戚。我希望能以誠實和謹慎的態度寫下他們的經歷。

01 身分認同

何謂合理正常，就是隨時準備承認你若是親眼看見一個人時，會發現他跟你從書本認識的那個人截然不同。

——猶太裔法國哲學家兼神祕主義思想家西蒙・韋伊（Simone Weil）

電梯裡站在我旁邊的那個人看起來很像我父親。自從父親被送進監獄後，我已經二十年沒見過他了。這個人身材矮小，指尖發黃，穿著超大號的西裝外套，袖口磨擦著他的指關節。我以前搭公車和火車，或者在公共廁所的小便池解手時，也曾見過長得像我父親的男人。我也在倫敦、曼徹斯特、柏林和里約熱內盧見過這種人。

我在電梯裡瞥了這個人一眼，發現他一直緊閉下巴，呼吸時發出很重的喘息聲。我把襯衫袖子拉到手腕，把手錶藏起來，藉故問他時間。他回答時聽不出利物浦口音（Scouse accent）❷，所以他不是我爸爸。那些我在德國或巴西碰到的人也不是我父親。

❷ 譯註：利物浦位於英格蘭西北部。

我倆默默不語，搭著電梯又上了五層樓。電梯最後停了下來，門打開後，他便走了出去。

隔天早上，我將首度拜訪監獄去教獄友哲學。幾個月以前，我在《衛報》（*Guardian*）上發表一篇如何教授哲學的文章，文中提到我的父親、哥哥和叔叔都曾入獄服刑。本地一所大學有一位名叫傑米（Jamie）的哲學家，他在上個月邀請我到監獄裡跟他一起任教。我認爲自己會受邀去共同執教，乃是因爲我頗爲合適這項職務，能以多數老學究無法理解的方式去理解罪犯的邏輯。自從傑米請我和他們一起任教後，我就注意到某家商店櫥窗裡擺著一雙高及腳踝的厚重黑色靴子。現在是春天，我習慣穿柔軟的皮製牛津鞋（Oxford shoes），以及褲管捲起雙層的石洗牛仔褲（stonewashed jeans）❸。今天下午，我走進了這間店裡，店家只有尺碼十號（size ten）的靴子，我穿的是九號，但這並不重要，所以我還是買了。

我隔日早晨到了監獄後，便和傑米把椅子圍成一圈，等待學生來上課。那間教室還充當美術教室，很像我讀書時的教室，只是窗戶上安裝了柵欄，鉛筆、畫筆和其他尖銳物品則都鎖在櫥櫃裡。

---

❸譯註：尤指粗斜紋棉布做的新衣服，與小塊石頭一起洗滌後，使其掉落些許顏色，以便看起來更舊一些。

我翻閱教案，那天要討論約翰・洛克（Locke）的認同理論／身分理論（theory of identity）。我想像我父親並試圖理解它，於是拿出筆在整個段落上畫了紅線。我對傑米說：「別講得太深奧。很多獄友是文盲，沒有完成學業。不要讓他們感到太大的壓力。」我聽到沉重的金屬門開啓時發出的噹啷聲以及一群男人在外面走廊裡說話的回音。學生就快要來了。我穿著新靴子，鞋頭毫未磨損，閃亮著開學第一天的光澤。

有一個男人來到門口，問道：「這是心理課嗎？」他滿嘴口臭，雙眼還布滿血絲。

「這是哲學課。」我回答道。

他聳了聳肩，逕直走進教室，找個位子坐了下去。

另一個男人走了進來，跟我握手，勁道十足，握得我手發疼。然後他仰頭，從我的肩膀往後看過去。後來又來了另一個人，皮膚蠟黃，牙齦萎縮。有一個男人拿著一個塑膠袋，上頭印著「Leeds University」（里茲大學）的字樣；袋子在接縫處裂開了，但他仍然把圖書館借來的書放在裡面。還有一個圓臉男，但他身分證上的照片卻是骨瘦如柴。我在人群中走來走去介紹自己，但我的腳有點痛，讓我皺了一下眉頭。我穿的靴子太大，一直摩擦著我的皮膚。我感覺腳跟起了水泡，所以有點刺痛。後續又有多人進來教室，最後來了十二個人。傑米和我最後看了看今天課程的筆記。我又說了一次：「別講得太深奧。」

學生們圍坐成一圈，我向他們解釋洛克的理論。

「你講得不太對。」一位名叫馬卡（Macca）的學生說道。

「你說什麼？」我回答他。

他指著我的白板，說道：「洛克不只談論記憶（memory），他更強調意識（consciousness）❹。」

這十二個人都看著我。我走到白板前，踮起腳尖，以免腳後跟傳來劇痛。我擦掉「記憶」，改成「意識」。學生們見狀便發笑，然後彼此竊竊私語。我再次解釋洛克的理論，但這時只是小碎步移動，走得非常小心，不讓整隻腳踩在地板上。幾分鐘後，另一名剛剛獲得遠距教學學位的學生指出，盧梭（Rousseau）可能不會認同洛克的觀點。二十分鐘後，我們把教材都講完了。傑米站在教室的另一端與我對望，「別講得太深奧」這句話在我倆的心中響起。

傑米將學生分組，安排他們做一些作業，然後叫我到教室角落的桌子旁商量事情。傑米走向那張桌子，我小心翼翼地跟在後面。

---

❹譯註：洛克基於英國經驗主義否定歐陸的天賦觀念，認為人類並不具備天生的知識，一切都是從經驗而來。所謂觀念，就是自己意識到的事或物。人經由感官得到單純觀念，然後藉由內省構成複合觀念，進而獲取知識。

02

自由

一部分的你可能獨自生活在內心裡，
猶如井底的石頭。
但另一部分
必定深陷於
紛擾的世界，
在那裡，你內心顫抖，
但在外頭，相隔四十天的距離，一片葉子正在飄動。

——土耳其左派詩人納欣・希克美（Nâzım Hikmet）

幾個月過去了，我現在每週都穿著平時穿的那雙軟皮牛津鞋去監獄授課。我剛從泰國獨自旅行三週回來，皮膚曬成古銅色，髮色也改成焦糖棕（caramel brown）。我穿過條形燈照亮的監獄走廊來到教室。一名男子在數名警衛的押解下從對向與我擦身而過。

他額頭蒼白，眼睛下方的皮膚剝落。我把襯衫的袖子往下捲去遮蓋曬黑的皮膚。最後，我走進教室，在白板上寫下今天課程的主題：「自由」（Freedom）。

二十分鐘後，外面走廊的警察喊道：「自由通行」（Free flow）。所謂自由通行，就是在這段時間內，獄方會打開監獄內的大門，讓犯人從牢房前往開設教育課程或舉辦工作坊和其他活動的場所。幾分鐘後，囚犯們來到教室。一位名叫扎克（Zach）的四十歲男子走了進來。他穿著帶有魔鬼氈的灰色橡膠底帆布鞋（plimsoll）。只要囚犯沒有鞋子，監獄就會配發這種帆布鞋給他們。扎克將毛衣上推到肘部，露出前臂頂部數十道的水平傷疤。他原本在上個月要參加假釋聽證會（parole hearing），卻在聽證會的前一天揮拳揍了一名醫護人員的臉。

其他人也慢慢走進教室。一個綽號「細漢仔」（Junior）的學生出現在門口。他身材高大，穿著一件淡粉色的肌肉襯衫（muscle shirt），展示自己結實的肩膀和胸肌。細漢仔穿著一雙新的Nike專用訓練鞋（exclusive trainer）。幾週以前，有一個男的問細漢仔他想要做什麼。他回答說：「我是企業家。」

細漢仔拔除了眉毛，讓眉毛末端呈圓形。他走進教室，和我握手時說道：「先生，很高興又能來上您的課。」他的聲音非常洪亮。然後，他走去和每個人握手，同時看著他們的眼睛，稱對方爲「先生」。

細漢仔最後坐在扎克旁邊的座位上，雙腿分開。扎克則交叉雙臂，臂膀枕在肚子上。

華萊士（Wallace）是最後入內的人。他挺直腰桿走路，但不是挺起胸膛，而是對自己圓滾滾的身材充滿自信。華萊士坐在「細漢仔」旁邊，但沒有跟他講話，華萊士通常不會和人來往。他被判入獄二十年，至今已服刑十六年，他不會去健身房，喜歡獨自在牢房裡鍛鍊身體。此外，他每天會給兒子寫一封信。

自由通行時間結束。我關上教室的門。

我和圍著圈圈的囚犯們坐在一起，說道：「在荷馬（Homer）史詩中，奧德修斯（Odysseus）駕船從特洛伊（Troy）戰場返回家鄉伊薩卡（Ithaca）。然而，他即將遇上賽蓮／塞壬（Siren）。賽蓮是半人半鳥的海妖，居住在海洋岩礁。她們的歌聲美妙無比，只要耳聞賽蓮唱歌，便會陶醉於愛情，然後跳下船，游向發出聲音的彼端。賽蓮專門吃精神錯亂的水手。」

我說道：「沒有人聽過賽蓮的歌聲之後還能夠活下來講述這件事。因此，奧德修斯命令船員將蠟灌入耳朵，以免遭到迷惑，能夠繼續處理日常事務、準備食物和整理船索。」

我指出：「但是需要有人知道歌聲是否停止，免得有人太早把耳朵裡的蠟挖出來。奧德修斯命令手下把他綁在桅杆上，讓他聽到賽蓮的歌聲時不會跳下海。他告訴船員，別理睬他要別人給他鬆綁的要求。」

「他們起航了，奧德修斯聽到賽蓮的歌聲。樂音鑽入他的身體，讓他陷入沉迷。奧德修斯慾火焚身，叫人解開他身上的束縛，但船員不理會他，繼續埋首於日常事務。然而，有一位水手在海上漂泊太久，原本思鄉的他早已變得麻木。他看到奧德修斯渾身充滿熱情，便放下手頭的事，想聽聽賽蓮的歌聲是怎麼一回事。他一取出耳朵裡的蠟，隨即神魂顛倒，最終跳船身亡。」

「他們航行過賽蓮的棲息地之後，奧德修斯便被鬆綁了。然而，從那天起，奧德修斯的內心滿是痛苦，因爲他再也聽不到那般美妙的歌聲了。」

扎克說道：「那些賽蓮眞是瘋子。她們甚至還住在岩礁上。」

除了華萊士，其他人一聽，便哄堂大笑。

我問道：「船上有耳朵塞蠟的水手、奧德修斯和那個把蠟取出來的傢伙。在這些人之中，誰最自由？」

我把手掌大小的豆袋當作發言棒（talking stick），先把袋子遞給華萊士。

華萊士說道：「耳朵塞蠟的人最自由。他們只是做份內的事情。就像我們被關在這裡一樣，我們不必付帳單或開車接送孩子上下課，做這類的雜事。我得到了他們沒有的自由。」

「比方說是什麼呢？」我問道。

「我不必去選擇，就像那些耳朵塞蠟的水手。」華萊士如此回答。

細漢仔坐在椅子上，身體向前傾，對華萊士說：「人要是別無選擇，就沒有自由。」

「在外面太容易招惹麻煩，我在這裡可以集中注意力。」華萊士說道。

過了一會兒，我問細漢仔：「你認爲哪個人是自由的？」

細漢仔回答：「奧德修斯。他是老大，誰都得聽他的。」

「但奧德修斯是裡頭最爲受困的人。」華萊士說道，「無論他有多好的經歷，他還是會渴望更多，而且對他來說，任何經歷都不夠。」

「但奧德修斯用他的一生做了某些事情。」細漢仔這般回話。

「每當他想起自己所做的事，就會感到痛苦。你在牢房裡會更自由。」華萊士說道。

「那些耳朵塞蠟的水手之所以不像奧德修斯那樣痛苦，是因爲他們一生中從未做過任何事。他們是只聽從命令的步兵。」細漢仔說道。

華萊士一聽，反駁道：「他們埋頭苦幹，做該做的事情，這樣才能返回家鄉。」

「如果他們這樣活著，回家還有什麼意義呢？」細漢仔反問。

我把豆袋遞給一個叫基思（Keith）的學生。他把袋子放在腿上，說道：「眼下看待這個問題有幾種方法。」

當我剛來監獄教書時，這裡的圖書管理員就告訴我，基思已經服刑十三年了。他住在單間牢房，每二到三天就能讀完一本書。基思有一口濃重的格拉斯哥❺工人階級口音，而且偶爾會使用「命名法」（**nomenclature**）之類的大字。他說道：「可以從神經科學的角度來看待它。」他說話的速度飛快，就像自學者那樣，彷彿想卸下自己的思想負擔，但別人卻開始顯得無精打采，眼睛直盯著地板。

基思繼續說道：「跳船的那個人是自由的，如同莎士比亞的作品中❻，弄臣是自由的，而國王則不然。」我想打斷他，我超想打斷他。對我來說，當老師的好處就是可以隨意打斷別人的發言。我如果沒教書的話，就是一個聲音輕柔、說話緩慢的人，總是會

---

❺ 譯註：蘇格蘭最大的城市。

❻ 譯註：可能指莎翁作品《暴風雨》（*The Tempest*）中的那不勒斯國王阿朗索（King Alonso）和他的弄臣特林鳩羅（Trinculo, the jester）。

被大聲說話且語速很快的人打斷，而我之所以想教書，其中一個原因就是我可以打斷別人，以此進行報復。基思又接著說：「量子物理學（Quantum physics）告訴我們，物體其實並不是確定的。」我想打斷他，卻找不到理由。基思在牢房裡生活了十三年，我該如何說「恐怕我們時間有限」來阻止他繼續發言呢？

最後，基思把豆袋還給了我。扎克將毛衣的袖子拉下來去遮住雙手。我便問他誰最自由。

「跳下船的那個人。」扎克回答。

「他被迷惑了，不可能是自由的。」細漢仔說道。

「但屈服於賽蓮的誘惑也許需要勇氣。也許他是唯一有勇氣去追尋自由的人。」扎克說道。

「他想逃跑，但他所做的就像逃離你的牢房後爬上屋頂。你到了屋頂還能跑到哪裡去？這樣比待在牢房更慘。」

「他跳下船，因爲他知道在他的情況下，這樣最能展現自由。」扎克回答。

「他放棄了自由才會跳下去。」細漢仔說道。

上課一小時，該讓這些學生休息一下，出去伸伸懶腰。我於是打開教室的門，但走廊上的一名獄警要我關門，讓所有人都待在裡頭。牢房所在的其中一個平台發生過一起事件，曾有一名男子從平台跳上金屬網以示抗議。金屬網將監獄的某一層平台與下面一層分隔開來，可以阻止犯人從高處丟東西或跳樓自殺。當犯人跳上這些金屬網時，保安獄警出於安全原因，無法繼續去抓他們。如果他們無法說服這名囚犯離開網子，就必須派出特殊的「龍捲風小組」（tornado team），這些警察會戴著頭盔，手持盾牌來執勤。

獄警告訴我，跳上金屬網的那名男子當時即將被遣返委內瑞拉，並在當地的監獄服刑。他不想去，所以跳上網子來爭取更多的時間。

我關上門並鎖上，我們在教室裡休息十五分鐘。扎克把手伸進窗戶柵欄，把窗子多推開幾英寸。細漢仔走到白板前，用我的筆劃了一張圖表，向四個人解釋如何靠比特幣（bitcoin）成爲百萬富翁。他告訴他們爾後的六個月內需要做什麼，才能買得起勞力士錶或賓士汽車。

一個叫格雷格（Gregg）的男人向我走來。他的薑黃色鬍子上有一道鮮明的傷疤。格雷格問道：「哲學這個東西，是做什麼用的？」

我回答：「嗯，哲學（philosophy）在古希臘語中是……」

「你能拿它來做什麼？好比說找到什麼工作？」

「我的某些朋友，有些我認識的人，現在在倫敦城（the City）❼上班。」「你現在的工作是什麼？」格雷格如此問我。

我才剛教他哲學，他就立即問這個問題，所以我覺得他認爲「哲學老師」不算是個職業。「有些人獲得哲學學位後會去上課，轉學法律。」

格雷格滿懷期待地看著我，好像我的話只說了一半。

「在賽蓮的故事中，你認爲誰最自由？」我問他。

「沒有人。這就是爲什麼它被稱爲『自由愚蠢』（free-dumb）❽。只有白痴才會給『自由愚蠢』買單。」

華萊士坐在椅子上，在十五分鐘的休息時間裡，他完全沒有和任何人聊天。幾週以前，監獄的安全出了問題，這些人被迫每天在牢房裡度過二十三個小時，只有一個小時能進行獄方所謂的「交際」（association）：在這段時間裡，犯人可以離開牢房去打電

❼譯註：倫敦最古老的金融商務中心。

❽譯註：free-dumb是一種荒謬和愚蠢的信念，許多美國人認為，自由就表示可以做任何想做的事，包括侵犯他人的權利。

話、洗澡、和別人社交，以及伸伸懶腰，活動筋骨。然而，到了「交際」時間，華萊士卻留在牢房裡，躺在床上看書。

這些犯人再次圍著圈子就座。

我說道：「古羅馬時期的斯多噶派哲學家愛比克泰德（Epictetus）是奴隸出生，但他相信自己的本質仍是自由的。他說鎖鏈限制了他的身體，但限制不了他選擇的能力。」

「人的心靈依然可以自由。」華萊士說道。

我說道：「愛比克泰德認爲，了解你能掌控什麼和無法掌控什麼之後，便可學會自由。」

「每天晚上，當獄警來牢房上鎖時，我都會搶先一步關門。」華萊士說道。

「爲了獲得掌控權？」我如此問他。

「我也會在獄警說必須掛斷電話的前一分鐘打完電話。」華萊士回答。

「如果你不這樣做會怎樣？」我問道。

「我會做出讓自己後悔的事。我在幾年前看到一個傢伙在獄警讓他掛斷電話後還在講電話。一名獄警將手指放在聽筒上，要他掛電話。如果這種事發生在我身上，我知道我會出手打人，所以我從來不讓自己陷入那種境地。我很早就會掛斷電話。」

「那就是自由嗎？」我說。

「這樣做事情就會變得很簡單。」華萊士說道。

半小時後，門外的獄警喊道：「自由通行」，表示課程已經結束。我打開大門，多數人拖著腳步走出去，但有些人還賴著不走。其中一人指著我曬黑的臉，問我去了哪裡。我盡量簡短回答他們，擔心這一群被監禁的人可能會聽說我到普吉島的熱帶海灘度假以及參加滿月派對而難過。然而，他們一直追問我，想打探更多的訊息。「你去浮潛了嗎？」「你最喜歡那裡的什麼？」「你會搬到那裡去嗎？」然後，有個人以平淡口吻問我：「你和男朋友一起去的嗎？」

我看他是否露出一絲傻笑，但一丁點都沒有。他是認真的。我回答他：「這次只有我一個人去。」

這些人一直追問我泰國的問題。有些人曾去過那裡，想知道曼谷的這個或那個卡拉ＯＫ酒吧是否還在營業。他們還問我機票是否划算，以及我在那兒時是否曾遇過很糟糕的事情。我回答他們的問題時曾想順道透露我有女朋友，但當時大家非常友善和寬容，我不忍心告訴他們我不是同性戀。

03 羞恥

「但我並沒有罪。」K說，「一定是有人搞錯了。人怎麼可能犯罪呢？我們都是人，大家都是一樣的。」

「確實如此。」神父說，「但有罪的人總是這樣狡辯的。」[9]

——德語小說和短篇故事作家法蘭茲・卡夫卡（Franz Kafka）

我今晚上網報稅。當我按了「完成」（Complete）鍵後，便立即感到沮喪。我上床睡覺，但翻來覆去睡不著。我確信自己應該做錯了什麼，薪資短少了，而且也會被起訴。

[9] 譯註：這段話出自卡夫卡的《審判》，小說主角約瑟夫・K（Josef K）某天早晨被喚醒，不明究理便遭到逮捕，爾後陷入一場官司，但他從始至終都不知道自己犯了什麼罪。最後K被帶到一處採石場，慘遭兩名黑衣人處死。一個人掐住K的咽喉，另一個將刀刺進他的心臟，轉了兩下。K說：「像條狗！」彷彿他的羞恥在他死後仍將長留人間。

我夢見自己和父親一起待在監獄的院子裡，我站在他旁邊。然後，我走開了，不想讓獄警看到我們在一起。那是某個冬天的下午，我感覺很冷。兩名獄警有說有笑。我走到他們面前，告訴他們我在這裡工作，結束後將和他們一起離開監獄。他們繼續攀談，彷彿聽不到我的聲音。我伸手去拿鑰匙，但我的鑰匙袋是空的。我問警衛是否能聽到我的聲音，但他們沒有回應。

清晨五點，太陽升起，我隨之甦醒。後來，大雨傾盆而下，從側面狂打，我沒有帶傘就出門，等我走到監獄後，耳朵和脖子後面都是濕的。我抵達監獄的安全門，先脫掉濕透的鞋子、手錶和皮帶，然後穿過金屬探測器。我透過濕掉的襪子感受到堅硬的地板。我感到頭暈，心跳得很急。我陷入一股瘋狂且非理性的內疚之中。我的背包通過X光機，保安人員目光嚴厲，看了我一眼。我開始倒推我的犯罪行爲，想像掃描器上的燈即將變紅並發出嗶嗶聲，然後警衛會從我的背包搜出一公斤的海洛因。

警報器沒有響。我無力地伸出雙臂接受保安人員的搜查，我套頭毛衣的袖子濕漉漉的。我通過了安檢，但還是感到恐慌。我穿過監獄，經過一面有一整排牢房窗戶的牆壁，同時聽到許多電視節目的聲音：有優格廣告的歌曲、有新聞快訊報導，還有罐頭笑聲。

我已經好幾年一直有這種妄想症：無論我怎樣選擇，我父親的罪孽終究還是會遺傳到我的身上。我十八歲時對自己會進監獄的恐懼最爲強烈，而我過去擔心的不是我是否會被捕，而是如何被捕。我希望自己是在白天而非晚上被逮捕，而且我被抓到時，我是獨自一人，沒有和朋友在一起。我一聽到警笛聲就會分心，會馬上停下腳步去判斷警察是否正在靠近我。在監獄的走廊裡，一名獄警牽著一隻阿爾薩斯狼狗（Alsatian）⑩從對向走來，我放慢了腳步，彷彿要讓那隻狗對我狂吠。狼犬走了過來，黑色的眼睛盯著我看。

我的學生大衛（David）今天無法來上課，因爲他有法律探訪（legal visit）⑪，所以我在上課前的午餐時間去他的牢房拿一些書給他看。他的獄友打開了門，我頓時聞到一股氣味。他們的窗台上擺著四罐紫色的空氣清新劑，薰衣草的氣味混雜著襪子臭味、泡麵香味和兩個男人的體味，充盈著狹小的牢房。他告訴我大衛還在給別人盛飯打菜。我便去了膳食供應區，看到一群人在排隊，於是心想是否稍後再回來會比較好。我找了一個看起來七十歲左右的男人，問他午餐通常什麼時候結束。他說道：「我們本來在半小

⑩ 譯註：又譯德國牧羊犬，同German shepherd。
⑪ 譯註：法律專業人士（律師）前往探監去討論囚犯的案件。

時前就該吃午飯的。」他和我父親一樣，操著一口利物浦腔。「我問他們什麼時候吃午餐，他們說幾分鐘後，我他媽的那是二十分鐘以前。這個地方沒有時間這種鬼東西。」

我決定晚點再去找大衛。我走到教室，發現有個女人正把玩具裝進一個盒子裡。泰迪熊、樂高積木、彩虹色木琴，以及正面有笑臉且帶輪子的費雪牌電話（Fisher-Price telephone）⑫。她說她在教囚犯如何玩耍，這樣他們就知道在探訪日時如何對待孩子。

等她離開後，我把椅子排成一圈，等待獄警喊「自由通行」。

我出生前幾年，我父親就入獄服刑十八個月。在我整個童年時期，他還不停觸犯法律。當我二歲時，爸爸、媽媽和我去澤西島（Jersey）⑬度假，當時我還太小，不記得這趟旅遊，但我媽說在假期的第二天晚上，我爸看到一位英俊的服務生對她很有禮貌便心生嫉妒。我媽見狀就帶我回旅館休息，爸爸就繼續在外面喝酒。凌晨一點，他搖搖晃晃走進房間，將一把珠寶扔到她的腳邊，裡頭有金戒指和鑽石耳環。

「給妳。」爸爸說道，一嘴酒氣衝到我媽的臉上。

---

⑫ 譯註：費雪（Fisher-Price）是全球嬰幼兒玩具品牌。

⑬ 譯註：英國王室的屬地，位於諾曼第半島外海二十公里處的英吉利海峽海面，鄰近法國海岸線。

「你幹了什麼事？」我媽問道。

他們聽到警笛聲逼近。爸爸站在那兒，手指上掛著一條珍珠項鍊。他砸碎了一家珠寶店的窗戶，從陳列櫃上拿走了一把珠寶。幾分鐘後，警察趕來並逮捕了他。老爸隔天出庭應訊，如果他拿走的黃金、鑽石和珍珠是眞品而非塑膠展示品，他可能會再度吃牢飯。法官判定他犯下毀損財產罪，責令他繳納罰款。媽媽把度假剩下的錢都交了。她更改了機票的日期，我們當天就捲舖蓋回家。

老爸不想讓鄰居知道我們提前回來，免得他們問東問西。在那週剩餘的時間裡，我們把窗簾拉上，整天都待在家裡。

當我七歲時，我的父母離婚了，老爸搬到另一個地方，開車去要三十分鐘。他找到一份工作，是在推銷保險。我每隔一個週末就和他待在一起與街上的其他孩子一起玩。十八個月後的某個週日，正午時分，電話響了。老爸還躺在床上。電話接通到答錄機，我聽到一位老人在指責爸爸，說爸爸騙了他數千英鎊。

二週後，爸爸到學校去接我，開車開了四個小時，把我送到他的新家。我爲了打發時間，便望向窗外去數高速公路的燈，一直數到一千。數到一千時，我又從一開始，又數到了一千。我們抵達了一個海邊小鎭，他在那裡租了一間頂樓套房。

我們晚上去了酒吧。老爸很快就喝醉。他用假的名字向酒吧女招待和其他酒客介紹自己。我們坐在角落裡的一張桌子旁，我一直坐立不安，咬著指甲，用手指撥弄著頭髮。

「你給我坐好。」他說道。

我把手放在腿上，但因爲緊張而感到噁心。

他用手肘碰了碰我，然後向酒吧裡兩個魁梧的男人點了點頭。

「如果這裡有人想碰我，那些傢伙就會介入。他們會保護我。」但那兩個人根本不理睬老爸。老爸又喝了一口酒，然後對我說：「如果有人跟你說話，不要告訴他們我們以前住在哪裡。」

老爸沒有在公寓牆壁上掛任何照片。他的床尾沒有桌子，只是放了一塊展開的熨衣板。他把東西都放在板子上面，有幾支筆、打火機、一卷透明膠帶、鑰匙、一把梳子、好幾小罐超高溫瞬間殺菌乳（UHT milk）、吃了半袋的汽水糖果，以及外帶菜單，菜單反面潦草寫著某些賽馬的名字。他在晚上喝酒，然後白天睡到將近中午。我坐在電視機旁邊，用最小的音量看卡通。他在睡夢中跳了起來，大喊「不！」然後翻身繼續睡覺。

我的胸口很緊，看卡通是爲了分散注意力，讓自己解脫。卡通在中午左右就會結束。我會快速瀏覽各個頻道，但都是給成人看的節目。我只好坐在窗台上，看著下面街道上路過的行人。到了下午，老爸想和我玩打架的遊戲，他跪了下來，把臉擺在我的面前。

「打我。」他說道。

他把頭轉向一邊，指著自己的下巴。

「來吧，打我。」他說道。

我把雙手緊靠在身旁，不跟他玩。

他拍了拍下巴。

「快點，打我。」他說道。

我們去了酒吧。他在我的檸檬水中加了一滴啤酒，說我應該嘗試一下，但我一口都沒喝，我想確定自己不像他，但我已經爲自己像他而羞愧了。週一早上，他把我送回學校，我走進教室，害怕自己惹了麻煩。老師們對我很友善，也很熱情，但我的愧疚感並未消失，我必須把它藏在心裡，就像保守一個祕密。當宗教學老師向我們講述天堂裡的聖人時，我問他什麼樣的人會下地獄。

九個月後，老爸再度搬家，距離上次住的地方有一個小時的路程。當我們見到別人時，他又換了一個假名自我介紹，這次他住在一輛旅行拖車裡。到了晚上，我們把沙發攤開成一張床，沙發太大，前後會翻折。老爸睡覺時會在枕頭邊放著一根球棒。我越來越緊張，開始擔心自己是否也是個壞胚子，於是趁著爸爸熟睡的時候跪下來，祈求上帝再給我一次做好人的機會。

六個月後，爸爸再次搬家。這次新居地點距離某個渡輪碼頭只有幾百公尺。他又換了一個假名，睡覺時仍然把球棒放在床邊。他酗酒越來越嚴重，而且變得更有攻擊性。到了中午時分，他還在睡覺。我跪下來祈禱。外面的渡輪出航時鳴響了喇叭。

*

我十二歲時住在媽媽家，當時收到了老爸的一封信。他說他惹上警察，他的律師認爲他可能會再次面臨牢獄之災。我當時就跟他斷絕了聯繫。我換了一個名字，免得跟他一樣。然而，我的恐懼依然揮之不去。

在我十七歲那年的某個週末，我和我最好的朋友強尼（Johnny）在城裡的一家商店看到一件我想要但買不起的紅色襯衫。第二天，強尼買了這件襯衫送給我，他把襯衫遞給我，我突然有一種莫名的罪惡感。在我看來，這將是最後一次有人送我禮物，因爲別人很快就會發現我的眞實身分，屆時他們將不會再願意當我的朋友。我穿上襯衫，感到迫切需要坦白，雖然我沒有什麼可坦白的，但我還是感到這股迫切的需要。

我的腦子裡彷彿有一個劊子手，準備扼殺這一刻，搞得天昏地暗。在我十幾歲和二十歲出頭的時候，一直認爲所有的東西很快就會從我身邊被奪走。我和朋友們到海灘上遊玩時充滿了絕望，彷彿要進毒氣室以前吃最後一頓飯似的。我試圖提醒自己，說我根本沒犯下我該內疚的罪行，但劊子手給了我一個卡夫卡式的束縛，好像我爲自己的清白辯解只會坐實我的確有什麼不可告人之事。我無能爲力，說什麼或做什麼都沒用。一切已經太遲了。

我現在已經三十一歲了，仍然懷有一種遺傳自老爸的罪惡感。從我到監獄教書以來，腦中的劊子手被壓抑得更死。我看到關在牢房裡的囚犯，一想到他們的懲罰可能是（或者應該是）我該受的，我的身體就立即感到冰冷。

*

「自由通行」時間開始。基思到了，坐下來讀一本關於符號邏輯（symbolic logic）的書。有人在教室門外徘徊。那是二十歲出頭的羅德尼（Rodney）。一個月前，他還在牢房裡閱讀刑法書籍，直到有人告知他，說他喪失上訴權利。他目前在這裡服刑，距離他格拉斯哥的家有四百英里。

他側著臉看著我，說道：「我下週不會來上課。」

「隨時都歡迎你來。」我回答他。

他聳聳肩。「我這週會來，是因爲他們放我們出來，但下週我不會來。」

羅德尼過去三週一直都這樣說。

「很高興你來上課。」我說道。

他走進教室後坐了下來。

我關上了門。

我告訴他們：「在古希臘故事中，宙斯（Zeus）看到普羅米修斯（Prometheus）和伊比米修斯（Epimetheus）⓮給人類火種，於是想懲罰他們。宙斯把普羅米修斯鎖在一座山上，每天都有鳥兒去啄食他的肝臟。然後，在伊比米修斯的婚禮當天，宙斯送給伊比米修斯的妻子潘朵拉（Pandora）一個美麗的罈子（jar），卻告訴她不可偷窺裡頭的東西。潘朵拉接連幾天一直在想著罈子裡到底有什麼東西。有一天晚上，她打開了罈子，

⓮譯註：普羅米修斯之弟，不聽其兄勸告，硬要娶潘朵拉（Pandora）為妻，結果從「潘朵拉之盒」中飛出了疾病和罪惡，各種災難於是降臨人間。

七隻邪惡便跑出來了，分別是『仇恨』、『羞恥』、『貪婪』、『無聊』、『懶惰』、『幻想』和『痛苦』。罈子裡發出一個聲音向潘多拉呼喊，她再次打開了罈子。這次『希望』跑出來了。」

羅德尼揉了揉眼睛。

我問他們：「如果你們能把其中一個放回罈子裡，你們會選哪一個？」

「希望。」羅德尼回答。

他說道：「希望會使其他邪惡變得更糟。如果沒有希望，痛苦就不會那麼嚴重。我們只會去忍受它，不會希望我們不會感到痛苦。」

基思說道：「沒有希望，一切都不會改變。沒有希望，人仍然會痛苦。那只是帶有絕望的痛苦。」

「如果希望事情能夠改變，但其實卻改變不了，希望就會讓一切變得更糟。」羅德尼說道。

我的目光落在透過窗戶可看到的螺旋形鐵絲網上。屋頂和牆壁上都設置這種鐵絲圈。在監獄裡頭，只要往上瞧，隨處都看得到這種鐵絲網。

羅德尼接著說道：「沒有希望，痛苦就能減輕一些。」此時我的思緒又回到了教室。

基思說道：「希望是盒子裡其他邪惡之子。當你痛苦時，希望就會提醒你，除了痛苦之外，還有未來。」

羅德尼說道：「我不會浪費精力去希望疼痛消失，只會試著去習慣它。」

學生還在繼續討論。我在白板上列出從潘朵拉盒子（Pandora's Box）[15]跑出來的東西。基思說道：「我去年參加了一次聽證會，盡全力想讓他們放我出去，當然能出去，怎麼樣都好。我中規中矩，是個模範囚犯。我希望我能出去。聽證會持續了大約八分鐘。他們說不准。我就絕食抗議。我告訴自己，絕對不要再指望能夠被放出去。」

羅德尼打了個哈欠。

基思繼續說道：「但我做不到。我不懷抱希望就會感到空虛。我會沒有精力去鍛鍊身體或與人交談。我感覺太空虛了，一直睡不著。幾天後，我那層的三個孩子發現我沒有吃飯，就把一個餐盤送到我的牢房門口。我忍不住再次開始懷抱希望。」

「你的故事不錯，但我不會當那個想逆流而上的白痴。」羅德尼說道。

「我周圍有太多好人，不能不抱持希望。」基思回答。

[15] 譯註：根據神話，潘朵拉是打開一個「盒子」，但其實應作罈子（Pithos）。

想。」

羅德尼指著白板上的邪惡清單。「如果你把希望放回盒子裡，你也會自動擺脫幻

在後續的一個小時裡，有更多的人分享了想法。但羅德尼看起來很無聊。他有二次自我嘲笑，但不清楚他覺得哪裡好笑。另一位名叫埃德（Ed）的男子正在服六年的徒刑。他禿頭，留著灰色山羊鬍。我問他會把什麼放回盒子裡。

他低聲說道：「羞恥。」

「那你就繼續幹壞事。」羅德尼說道。

「我在做壞事前就知道做了後我會感到羞恥，但我還是做了。」埃德說道。

「如果你不會因為做壞事而羞恥，你就永遠學不會去做個好人。」羅德尼說道。

「也許你是因為羞恥而去做壞事。」

「那你他媽的怎麼能變好呢？」

「也許是同理心，或者悔恨，但絕不是羞恥。」

一小時後，課程結束，這些學生魚貫而出。我把背包扛在肩上。格雷格在後面等我，告訴我他下週不會來上課，因為他要被放出去了。他告訴我：「他們給了我一份工

作，要我到地下鐵打工。」

「開火車？」我問道。

格雷格皺起眉頭。我感覺我又誤解了某些很基本的東西。

「晚上去修理鐵軌。幹這種活有犯罪紀錄沒有關係，因爲旁邊不會有一般民衆。」他說道。

「你覺得這份工作怎麼樣呢？」

「好歹也算是一份職業。」

格雷格出獄之後，唯一能做的「職業」就是在地底下出賣勞力。我一想到這點，心裡就一陣絞痛。

格雷格向我道別後就轉身離開。我放下背包並打開它，我跪了下來，往裡頭摸了摸各個暗袋，再次檢查我有沒有攜帶任何違禁品。

04 欲望

我的夢想是無用的避難所，猶如一把抵禦閃電的雨傘。

——葡萄牙詩人與作家費爾南多・佩索亞（Fernando Pessoa）

我的學生仍然認爲我是同性戀。我們有一次討論知識時，名叫馬卡斯（Marcus）的學生使用了「死玻璃」（batty man）[16]這個詞，其他人都表情不悅瞪著他。馬卡斯看著我說：「老大，對不起。」我一臉溫和，對他著微笑，表示我不介意。我作爲未出櫃的異性戀者，繼續在監獄裡教書。學生誤以爲我是同性戀後，我對他們的威脅就減少了，而反過來說，我當他們的老師也感到更加自在。

[16] 譯註：batty這個字在英式英語中是「古怪、瘋瘋癲癲」的意思，在牙買加的俚語則代表同性戀，因此牙買加境內稱同性戀者為batty man或batty boy。

上課前一天晚上，傑米和我影印了一些探討佛教思想的讀物，然後發現頁面上有密宗男神和女神在藍天下欣喜擁抱交媾的圖像。保安人員告訴我們，監獄內不允許出現任何涉及陰莖插入（penetration）的圖像。一名獄警最近在各平台的牆壁張貼了海報，列出哪些東西會被歸類爲色情圖片，從而被視爲違禁品。囚犯可在牢房牆壁上貼內衣模特兒的海報，但前提是模特兒不能露出乳頭。照片中的女性不可赤身裸體或露出陰道和小便，也不能有男性露出勃起或半勃起的陰莖。

因此，我們只能複製內文，於是傑米和我便拿起剪刀，拚命剪掉男女雙修的圖像；勃起陰莖和豐胸乳房的五彩紙片紛紛從桌子上飄落下來。

我躺在床上，用Google搜索「英國監獄允許配偶探監嗎？（Are conjugal visits allowed in UK prisons?）」結果答案是否定的。

幾週後，我到達監獄的教育區，發現一家健康快餐連鎖店的招聘人員正在我經常使用的教室裡演講，爲刑滿釋放者提供工作機會。一名叫巴克斯特（Baxter）的高大保安人員告訴我，說我可以使用九號房間。他的下巴很寬，臉頰布滿痘痕，前臂上滿是紋身。我打開九號房的大門，發現教室中間有一個很高的書架，書架裝有輪子，我便抓住書架的一側，試圖去推動它，但書架卻一動也不動。「你還好嗎？」我轉過身，發現巴克斯特站在門口，主動提出想要幫我。教室裡還有一位坐在桌子旁的女士，我從未和她說過話，但我知道她叫阿妮卡（Anika）。

我對巴克斯特說道：「我沒問題。」巴克斯特一聽，便轉身離開。

阿妮卡正在塡寫文件，頭都沒有抬起來瞧我一眼。

「抱歉！我不知道妳在這裡。」我說道。

「沒關係。」阿妮卡回答我，仍然沒有抬頭。她漂染了一頭金髮，髮絲垂落在臉頰一側。我知道她的名字，因爲我以前見過她在監獄裡教書，並且問過一位同事她叫什麼名字。我認爲阿妮卡很漂亮，監獄裡的所有男人也一樣；因謀殺或縱火而被判刑的傢伙一到阿妮卡身邊，就會表現得像個完美的紳士。我蹲下來，鬆開書架輪子底部的剎車，然後站起來，試圖再次移動書架，但書架依舊卡得很死。

「不好意思。」我說道。

阿妮卡把筆放在紙上，視線透過眼鏡上方看著我。我說道：「請問妳知道這些輪子如何運作？我以爲自己解開了剎車，但我仍然無法移動架子。」

她摘下眼鏡，說道：「如果你解鎖了輪子，書架就可以移動。」

「我一定是哪裡做錯了。」

阿妮卡惱怒了，我看到她的腿在桌子底下搖動。她的下巴很尖，顴骨很高。在這座男子監獄裡，她本就銳利的美貌露出一股冷酷無情的氣質。我看著她，爲數百名在牢房裡飢渴的男人感到難過。換句話說，阿妮卡看著我，一眼便看穿了我，而我爲自己感到難過。

當我父親在酒吧打架或與警察起衝突時，我看到他的女友們變得不滿和疲倦，所以我開始相信，女人最想要的不是硬漢，而是深情敏感的男人。我用肩膀使勁推著書架，但書架依舊紋風不動。

巴克斯特又來到門口，這次他說：「讓我來看看！」我讓開了路。他一把抓住書架，把它們移開。

「警官，謝謝你。」阿妮卡說。她鬆了一口氣。

「沒錯，眞是感謝你。」我說道。

一小時後，學生魚貫進入教室。羅德尼來上課並告訴我他本週會來，但下週不會，說法跟過去四個星期沒啥兩樣。今天來了一位新學生，名叫傑克（Jack），五十多歲，以前當過會計師。他是第一次入獄，刑期爲六年。他戴著貓頭鷹眼鏡（owlish glasses），穿著明亮的青綠色POLO衫，顏色還沒有褪色。他坐在所羅門（Solomon）旁邊，所羅門對監獄非常了解。傑克抱怨他沒有拿到收音機的更換電池。所羅門說：「如果有人要買你的收音機，先來找我。我知道門路。」

我把門關上。

我說道：「法國哲學家笛卡爾（Descartes）問了一個問題：有什麼辦法可以證明我們現在不是活在夢中嗎？」

所羅門回答：「如果這是一個夢，當我醒來時就會得到權利。」其他人一聽都笑了。

「我知道自己不是在做夢，因爲我從來沒有夢過自己會進監獄。」傑克說道。

「你關的時間還不夠久。」羅德尼說道。

所羅門用雙手指著自己的臉說：「我的夢想還在家裡。」

「你眞是個走運的混蛋（Jammy bastard）。」羅德尼說道。

所羅門舉起雙手，撅起嘴，沾沾自喜，跳起舞來。

「我曾經夢見自己在家。」羅德尼說，「當我想要撿起東西時，我的手就會陷進裡頭。」

我問道：「你怎麼知道自己是不是還在那個夢裡？你怎麼知道這裡是現實？」

所羅門說道：「到底有什麼區別？幾年以前，我在醫院醒來，醫生說我是從陽台上摔下來的。我當時不記得了，因爲我吸毒吸到飄飄然，根本不知道意自己是怎麼墜樓的。我有時會做一種夢，夢見自己在墜落。我能感覺到空氣不斷流過手臂。」

「你認爲區別是什麼？」我問道。

傑克碰了一下眼鏡的中間部位。「現實是合理的。一切都太合理了，不像是夢。現實是實體的。我可以觸摸椅子。我可以觸摸我的手銬。」

「大人物，夢也可能是實體的。」所羅門說道。

「不是實體再實體（physical-physical），不像現實的生活。」

所羅門說道：「有一天，我牢房裡的獄友半夜醒來，尖叫著他女人的名字，他的內褲濕了。他說他做了一個夢，夢見自己和她搞在一起。」所羅門將雙手舉在身前，彷彿抓著西瓜形狀的東西。「他能聞到她的味道，嚐到她的味道。還能感受到她。」

我露出笑容，環顧四周，與另一個學生的目光相遇，但其餘的人都在認真聽所羅門講話。「夢可以是實體的。那個傢伙必須起身去換內褲。」

雷（Ray）把身軀靠回椅子上，撫摸著下巴。

我說道：「那麼，夢遺對於笛卡兒的問題意味著什麼呢？」

05

運氣

到沙漠的人可以雙手空空，因為他知道有比水更能滋養人的東西。他曉得泰姬（El Taj）[17]附近有一種植物，只要把植物的芯切掉，便會湧出一種含有草藥精華的液體。每天早上，人們可以喝掉的量等於一顆心臟大小的草藥精華液。

——加拿大斯里蘭卡裔小說家兼詩人麥可．翁達傑（Michael Ondaatje）

我的哥哥傑森（Jason）七年前搬進新居。他把牆壁塗了五層乳膠漆（emulsion）[18]，儘管只需要大約塗兩層即可。傑森說他一定要讓家裡完全是雪白的。

三天後，我去拜訪他。他的住所仍然散發乳膠漆的味道。我在公寓裡走了一圈，隨手打開窗戶，讓一些空氣進來驅趕味道。我走到他的臥室，跪在床墊上，傾著身體去開窗戶。我把自己從床上推起來，發現我把羽絨被套弄皺了。

[17] 譯註：在麥可．翁達傑小說《英倫情人》（*The English Patient*）裡頭被英軍掌控的城鎮。

[18] 譯註：塗完變乾之後是無光澤的。

我已經很久沒看到傑森在床上睡覺了。他會在扶手椅上睡著，頭垂著朝向膝蓋。然而，在過去的三百七十四天裡，傑森早上總是會先整理床鋪，然後再做別的事情。他在接受康復治療時[19]學會了醫院床單折角鋪疊法（hospital corners）[20]。

我揪住羽絨被套的邊緣，然後把它弄平。

我走進客廳，看見那裡擺著一張新的行軍床，上頭懸掛著一組3D立體太陽系（solar system mobile）掛飾，但傑森還沒有組裝好。土星、地球和金星仍然擺在地毯上。我坐在沙發上，傑森則跪在地板上，看著他旁邊七個月大的兒子斯科特（Scott）。斯科特玩弄著一個黃色的小塑膠杯，他用手握住杯子，然後又鬆開。

我當時二十四歲，傑森則是三十六歲。他以前看起來比實際年齡要老。傑森的皮膚本來是灰暗的，但他的臉頰現在卻泛起微紅的光澤。他穿著一條新的藍色短褲。在先前的二十年裡，傑森一直穿著靴型牛仔褲（bootcut jeans）[21]和派克大衣（parka coat）[22]，

[19] 譯註：rehab，吸毒或酗酒者的康復治療或康復訓練。

[20] 譯註：頭足兩端塞入床墊底下，橫端兩頭折角再塞入床墊底下。床鋪會四個邊角明確，整齊立體，沒有皺褶，看起來精神十足，連軍隊也採納這種折法。

[21] 譯註：又稱喇叭牛仔褲，修身到膝蓋，然後在小腿處微微張開，褲腳後跟比前跟長。

[22] 譯註：「Parka」意為「獸皮」，這是一款連帽上衣，原型為因紐特人的防寒和防風雨著裝。

即使在三十度的高溫下，他也會把大衣的拉鍊拉到下巴處。他的雙腿原本骨瘦如柴，因過去長的膿腫而凹凸不平，但現在他會去健身房運動，把小腿肌肉練得線條分明。

那天是我四個月內第四次見到傑森，而我在過去四年見到他的次數也不過如此。傑森那時曬黑了，身上的傷疤更加明顯。他的臉頰、髮際線、鬍渣和雙手都布滿傷疤。當他掀起T恤時，我看到他胸腔下面有一顆鵝卵石形狀的東西。我總是想知道他的每一道傷疤是怎麼來的。那天，我注意到他有一道傷疤從膝蓋上方一英寸處向上延伸，消失在他短褲的邊緣。我歪頭看著傷疤。

「這道傷疤怎麼來的？」我問道。

傑森張開腿，拉起短褲，指著大腿內側一道較小的傷疤。「它就是從這裡出來的。」他如此回答。

「什麼從那裡出來的？」

「我現在回想起來，有一半是我的錯。我那時和有問題的人鬼混。我在廚房裡醒來，那是凌晨三點，地點是一間公營房屋（council estate）[23]。那個愛爾蘭人和他的父親。我欠他們錢。我能聽到他們磨刀霍霍的聲音，我很快就清醒過來，記得其中一個人

---

[23] 譯註：由市（或郡）營建的住房群。

說：『把他丟到貨車後面。』這兩個人就朝我這邊走來。我沒有辦法對抗他們。我因爲吃了藥而身體癱軟，其中一人說道：『你想被刺哪裡？』」

我的腳趾捲曲了。我捏住肘部摺痕處的皮膚，試圖將緊張的狀態集中到一處。

「我告訴他們：『我哪裡都不想被刺。』」但其中一個人突然從側面把刀劃過來，我試圖躲開，但整個人向後摔倒，屁股狠狠著地。我被困在炊具和冰箱之間，嚇得屁滾尿流。我知道這兩個傢伙以前開槍殺過人。假使我反擊的話，他們會幹掉我的，所以我叫他們刺我的腿。」

斯科特的頭髮像椰子一樣盤聚在頭上。傑森拍了拍斯科特的頭髮，把它弄平。他對我說：「老弟㉔，我不喜歡跟你講這種事情。要不我把小傢伙的鞋子給他穿上，然後我們去公園走走？」

「所以他們刺了你。」我說道。

傑森從地板上撿起斯科特在玩的其中一個黃色杯子，然後把它放回兒子的腿上。

「他們二人在我兩邊彎下腰，讓我把兩隻手臂摟住他們的脖子，把我舉了起來。我在廚房工作檯上站穩身子。那個爸爸揮刀刺進了我的大腿。我首先想到的是『我操！老子上

㉔譯註：英國俚語 Bruv 表示兄弟。

個禮拜才買了這條牛仔褲』。」

斯科特雙手雙膝著地，若有所思地前後搖晃著。

「那種感覺就像是被人狠狠揍了一拳。沒有我想像的那麼糟糕。但他們把刀留在了我的腿上，其中一個傢伙後退幾步，然後跑過來踹了刀一下。我隨即摔倒，心想去他媽的幹幹幹幹幹！」

傑森把手放在嘴前。「寶貝，對不起。爸爸不該罵髒話的。」傑森轉頭向我問道：「你想他會把髒話學起來嗎？」

我回答：「你是怎麼活下來的？別擔心，斯科特聽不懂的。」

傑森撫摸斯科特的臉頰。「我一直尖叫，說幹、幹、幹㉕。其中一個傢伙說：『他會把所有人都吵醒。』爸爸打開廚房通向街道的門。另一個人把刀搖晃了一下，讓刀從腿的另一邊出來。我又尖叫起來，其中一個人告訴另一個人要我小點聲。他們把我從地板上抱起來，把我帶到街上，然後把我留在那裡。我拿出手機，試著去發簡訊，但我一直失去知覺。我把電話掉在地上。我看到停車場的另一邊有一個男人和一個女人。我一瘸一拐地走向他們，大聲呼救，結果摔倒在石子路上。那傢伙用手臂摟住她，朝另一個

㉕譯註：原文只拼出三個字首（F, F, F），表示他想飆髒話，卻又怕兒子聽懂。

方向走去。『那傢伙喝醉了。』我聽到他這樣說。」

斯科特蠕動了一下，臉低了下來。我哥把他抱起來，聞了聞他的尿布。「他拉尿了。」傑森如此說著，然後伸手去拿一個嬰兒包，包上面有藍色小動物的圖案。

「我集中力氣站了起來，一瘸一拐向前走。我走路時，每踩一步都會嘎吱作響，因爲運動鞋裡全部都是血。我到達塔樓，按下了每個對講機的蜂鳴器。我的眼皮溫暖而沉重，對講機裡傳來一聲問候。『我被人刺傷了。』我說道。『你能叫救護車嗎？』那個聲音用外國話講了一大堆東西。我說道：『出人命了！叫救護車。打９９９㉖。我在流血。』我聽到掛斷電話時發出的喀噠聲。」

傑森把斯科特放在一塊塑膠墊上，打開兒子連身衣的鈕扣。他從嬰兒包裡拿出尿布和濕紙巾，把一塊新尿布放在斯科特的身體下。

「我靠在牆上。我一瘸一拐朝著燈光走去，那裡可能是個加油站，但我在一條小巷裡扭傷了腳踝，翻身跌倒。我倒在地上，癱軟成一團。我試圖用手臂拖著自己向前行，但我的髖骨刮著碎石。我躺在那裡，閉上了眼睛。有人說，當你要死的時候，生命會在

㉖譯註：在英國時，倘若遭遇車禍、搶劫等危及生命的情況，可撥打９９９緊急專線求救，一般報案則要撥１０１，依據英國警方的程序處理。

你的面前閃現。你聽過這句話嗎？我當時突然想起多年來我從未想過的事情。我能感覺自己逐漸漂離。」

我感到噁心。我再度感覺乳膠漆的氣味太過於濃烈。此時，斯科特突然大哭。「我知道，寶貝。」傑森說道，彎下腰去碰觸兒子的鼻子。斯科特摸摸父親的臉，安靜了下來。

「然後我聞到一股味道。我睜開眼睛，發現自己躺在一堆狗屎旁邊。我當時心想，不管怎麼樣，我絕不要死在狗屎堆裡。我卯足了勁，奮力爬到人行道上，我後來記得有個人給我蓋上毯子，說救護車很快就會來。」

傑森打開斯科特尿布一側的扣帶，將尿布脫下並放入衛生袋（sanitary bag）中。我聽完老哥的故事，感到筋疲力盡，整個人便靠在沙發上。

傑森拿出嬰兒濕紙巾，擦掉斯科特大腿和陰部之間皮膚皺褶處的糞便。

今天側翼邊房發生了一起鬥毆，所以獄警只能送兩名學生到我的班級。我坐在薩姆森（Samson）和帕特里克（Patrick）的對面。薩姆森有眼袋，眉毛很高，所以他看起來既疲憊卻又老是顯得很驚訝。他的太陽穴皮膚蒼白，藍色血管的線條清晰可見。我的課在十分鐘前已經開始，但他沒有說過任何話。明天是帕特里克的三十歲生日，他在出獄二週後又回到了監獄。他吸食海洛因而牙齦萎縮，因此牙齒看起來很長。

我對這兩個人說：「想像一下有兩個虛構的世界。在其中一個世界中，好事會發生在好人身上，壞事則發生在壞人身上。這是『公平世界』（Just World），人們要對自己的處境負責，該得到什麼，就得到什麼，不多也不少。」

「我同意你說的。問題是多數人不這麼想。他們太自艾自憐了。就像在這裡，很多人抱怨他們不該進監獄。」帕特里克說道。

「另一個就是『運氣世界』（Luck World），他們或許（犯罪了）就不會被抓到。一切都是擲骰子決定。你的收入、教育、心理健康。無論你是可以判刑的法官，或者最終會鋃鐺入獄的傢伙，還有你的壽命，所有的事情都是這樣決定的。在『運氣世界』裡，壞人可能有一天會遇到好事，但隔天就會遭遇壞事，也可能不會；這完全取決於機會。人不必對自己的處境負責。」

帕特里克回答：「你說得沒錯。那個世界是虛構的。」

「所以你認爲我們的世界更像『公平世界』而不是『運氣世界』。」我說道。

「我坐牢是因爲我做出了選擇。我選擇將海洛因放入體內。」帕特里克用手指去指著自己的脖子。

我從他的脖子上看不到任何有血流動的血管。

帕特里克繼續說道：「與其面對不成熟的自己，說自己不走運還比較容易。」

「如果人們不會因爲不成熟而受到責備，這時該怎麼辦？」我問道。

「我都他媽的三十歲了，可是我還沒長大。我的小兒子今年七歲了。我在他成年之前不能老是進監獄。」帕特里克說道。

我看向薩姆森，但他卻凝視著不遠的地方。

我說道：「在『運氣世界』裡，人們會玩蛇梯棋（Snakes and Ladders）[27]，因爲這與輸贏和玩家的技術水準無關，完全是一場機會遊戲。在『公平世界』裡，人們會下棋，因爲沒有牽涉隨機因素。表現得最好的人就會獲勝。」

我將手肘靠在桌子上。「但是我們呢？」我說道，「我們活在位於『公平世界』和『運氣世界』之間的陰暗邊界上。生活雖講究技巧，卻是隨機的。」

我看著薩姆森。他眨了眨眼，但沒有回頭看我。

---

[27] 譯註：源於印度的遊戲，棋盤除方格以外，另有梯子（前進）和蛇（後退），以擲骰子隨機決定棋子的步數。

我說道：「我們只能對自己能控制的事情負責，但我們的多數身分是由我們無法控制的事情所塑造的。我們無法決定是否擁有痛苦的童年或具備一種容易對事物上癮的性格。」

「行動會導致後果，」帕特里克說，「我厭倦了聽別人找藉口。人們會說他們的童年很糟糕，但我想對他們說：『你們雖然童年不幸，卻是你們自己去吸海洛因的。』如果我重染惡習，讓他們在檢測我的小便時發現我吸毒，那就不能說我倒楣。」

「我認爲『我們是誰』純屬意外。每個人都可能是其他人。」我說道。

「如果你改變自己的行爲，就可以成爲另一個人。如果想要擺脫犯罪，那就別再穿連帽衫了，去買一條他媽的斜紋長褲。假使你這樣做了，混混就不會再對你感興趣了。好好過你的生活吧！」

「有些人很幸運，不用擔心會惹上混混。」我說道。

「如果他們看著你，就過馬路，從他們身邊走過去。」

我說道：「那麼，生活沒有牽涉隨機因素？真的是這樣嗎？」

「我把自己關進監獄，但下次我可以不讓自己坐牢。」帕特里克說道。

我轉頭看薩姆森。他看起來好像在神遊。我問他：「我們的世界更接近『運氣世界』或『公平世界』？」

薩姆森直視前方，說道：「我因爲危險駕駛出人命而入獄。我不知道自己是誰了。我殺了人，但我不是兇手。」

一個小時後，我走過平台，聽到身後有人喊我的名字。我轉過身，看到了奧斯曼（**Osman**），他今天應該來上課才對。我們擊拳問好，我聞到茉莉花和檀香的味道，他噴了香精油（**attar**），監獄福利社單子上「伊斯蘭產品」（**Islamic Products**）欄列出了這款香水。奧斯曼告訴我，他不會再來上我的課了，因爲他謀得一份在廚房打工的職務。他列在等候名單上已經快一年了，他的刑期還有四年，而我的哲學課程只有十週。他需要能夠讓他分散注意力更久的東西。

「你們今天辯論什麼？」他問道。

「運氣。」我說道。

「我不知道那是什麼。」

「你從來都不走運嗎？」

「你得去問別人。我從來不考慮運氣。運氣會讓人心存僥倖，不腳踏實地。」

「你從來沒有倒楣過嗎？」

「我一直在洗鍋子。然後晾乾。然後把鍋子收起來。」奧斯曼笑道。

「完了之後呢？」

「完了之後，我隔天又要洗鍋子，然後晾乾，最後把鍋子收起來。」

我童年時一開始是和哥哥一起生活的。當他剃光頭時，我也想剃光頭。當他玩電腦遊戲時，我也想玩。然而，他曾爲了自娛，告訴我媽說我對一輛路過的警車比中指，然後稱他們爲「混蛋」。我當時否認並大哭了起來，等我冷靜下來後，我哥就向我道歉。

「我這麼說只是因爲你永遠不會幹這種事。」他說道。

「這不好笑。」我回答他。

在我童年的後半段，我一年只見到傑森幾次。他被關在監獄裡，而他不在監獄裡時，生活過得非常混亂。傑森被刺傷的那天晚上，我大約十四歲，和繼父住在一起。我的繼父是一個孤兒的兒子，他工作非常勤奮，努力推銷雙層玻璃，最後買了自己的房子。當傑森對著對講機喊救命時，我已經在床上睡著了。

我一直想念傑森。當我十幾歲參加家庭聚會時，朋友要我喝酒和吸毒。我總是拒絕他們。我若是吸毒吸到很嗨，會讓我覺得自己在說傑森所經歷的事情不是眞的，或者無關緊要。我會在夜幕降臨時離開，在回家的路上，我因錯過歡樂而感到的憂鬱都被更大的東西所掩蓋。當我哥哥被關在監獄時，我要是尋歡作樂，會讓我覺得自己很討厭。爲了傑森，我滴酒不沾，這是我在他不在時愛他的一種方式。

傑森算過，當他成爲斯科特的父親之前，可能進過大約十二次監獄。有時他會被關幾個星期，有時則會入獄十八個月。他幾乎都是因爲牽扯毒品犯罪而被定讞。他有一次吸毒吸到太嗨，竟然在法庭席位上睡著了；還有一次，凌晨時分，傑森喝醉了，看到一輛警車在街上行駛。他走到馬路上，踢了經過他身邊的警車，大喊：「計程車。」警察當時沒有停下來。傑森站在路中央，看著警車遠去。

傑森第一次入獄是在他十六歲的時候。大約十年後，我當時十六歲，坐在公園的鞦韆上等他，那裡距離他那天早上被釋放的監獄只有二英里。我的背包裡有一個信封，裡面裝有八十七英鎊，是我的一位叔叔要我把錢轉交給傑森。

傑森遲到了二個小時，身上散發著一股大麻味。看到他時我頓時心碎，因爲我已經很久沒有見到他了。我把信封遞給他，然後我們去了一家藥房，藥劑師開給傑森美沙酮（methadone）[28]的一日處方。那有一百毫升，可能是最高劑量，傑森背對著我把它喝了下去。

我們走到街上。

[28] 譯註：又譯美散痛，常用於戒除海洛因毒癮。

「你必須每天服用美沙酮嗎？」我問他。

「是的。即使我不想也得這樣。」他說道。

「我不會有這情況的。」

「如果你喝了我剛才在藥房裡喝的東西，你就會死掉。」

我感覺自己能活著就好像欠了哥哥的債一樣。

我們後來走進城裡。我當時是《星艦迷航記》（*Star Trek*）[29]的忠實粉絲，可以坐在電視機前連續看幾個小時，整個人逃離到那個人類已經克服所有戰爭、飢荒和疾病的世界。傑森主動提出要從遊樂場的某個地方幫我偷走整套《星艦迷航記》系列的盒裝DVD。

「你不要這樣。」我說道。

「但我想要。」他如此回答。

「我很感動，但我不希望你這麼做。」

「要偷東西可能會很困難，因爲我不能進入遊樂場。」

「沒關係。你有這種心意就好。」

---

[29] 譯註：又譯為《星際爭霸戰》，而愛好者主張統稱為《星艦奇航記》。

在大街上，傑森向他的朋友克里斯（Chris）點了點頭，克里斯那時正在推銷《大誌雜誌》（*Big Issue*）㉚。他喊道：「傑森，很高興看到你回來了。」有兩名警察看到他們對話，便走過來告訴傑森，說他們要盤查一下。傑森便掏出口袋，然後伸出雙臂。克里斯口出抱怨，說警察無權搜查傑森，然後這些警察也搜查了克里斯。

我從口袋裡掏出手機、鑰匙和錢包，然後走向警察。

「我們不需要搜查你。」其中一人說道。

我站著，伸出手裡的東西。

「先生，請你走開。」那名警官說道。

我其實沒有像傑森過得那樣痛苦，而這便決定了我會如何經歷一切的事情。我最喜歡的感覺就是電影院的燈光熄滅、電影即將開場的那種興奮感。當我二十歲的時候，傑森入獄了一年。我那時去了電影院，燈滅了，但我沒有任何的期待，我反而懷念自己曾經感到的興奮。那種快樂已經被以下的根本問題所取代：我怎麼會這麼幸運？

我沒有因爲傑森的離開而哭泣。我總是感覺眼淚快要流下來，但又沒有流下來。我

㉚ 譯註：一九九一年成立於英國倫敦，是透過無家可歸者和社會弱勢族群販售的雜誌。

覺得喉嚨幾乎要鼓脹起來，有種刺痛感，悲傷和興奮一樣，就在那裡。但「就在那裡」（right there）卻是另一個世界。

在那段時間裡，我開始沉迷於探討監獄的電視節目和電影，比如《奧茲大帝》（*Oz*）和《人渣》（*Scum*）。我看這些影片是爲了和傑森保持某種形式的聯繫，試圖不把目光移開螢幕上呈現的暴力。我還會去讀監獄回憶錄，譬如約翰・希利（John Healy）的《田徑場》（*The Grass Arena*）和傑克・亨利・阿伯特（Jack Henry Abbott）的《在野獸腹中》（*In the Belly of the Beast*），試圖去了解人們如何或者能否在非人性化（dehumanization）[31]的環境中倖存下來。我拿起普利摩・李維（Primo Levi）的回憶錄《如果這是一個人》（*If This Is a Man*），該書講述他在奧斯威辛集中營（Auschwitz）被監禁的情況。那是有史以來發生過最極端的非人化虐待，所以當我讀到開場白「我很幸運（It is my good fortune）……」時[32]，我大吃了一驚。

李維目睹了無數人被送去處決，但他卻因爲某種殘酷且武斷的理由而存活，他能

---

[31] 譯註：又稱去人性化，是指完全否認別人的人性，經常會殘酷對待他人，以及對他人痛苦的不憐憫。

[32] 譯註：這句話出自啓明出版推出的《如果這是一個人》（二版），該書〈前言〉如此翻譯：我很幸運，直到一九四四年才被送到奧斯威辛集中營，那時基於勞動力日益短缺，德國政府已決定延長待宰囚犯的平均壽命，囚犯的生活條件獲得顯著的改善，並暫時中止肆意殺害囚犯。

活下來已經很走運了。然而，他一直被這種運氣所困擾，無法擺脫自己是搶占別人的位置而存活的感覺，彷彿他是「自己兄弟的該隱（Cain）[33]」。李維在《滅頂與生還》（*The Drowned and the Saved*）的〈前言〉中指出，他不應該被視爲奧斯威辛集中營的「眞正目擊者」（true witness）。他認爲，只有那些死去的人才是眞正的目擊者。在《如果這是一個人》的結尾，他講了一個反復出現的夢，他在夢中和朋友們坐在一處花園裡。他起初感到平靜，但一種微妙的痛苦卻襲上心頭。漸漸地，一切都崩潰了，場景、牆壁、人們都被摧毀，最後只有他獨自一人留在灰色混沌的虛空中心。在集中營（the *Lager*）[34]之外，沒有什麼是眞實的。

我閱讀李維的故事時，需要費很大的勁才能理解內容。與「我是我哥的該隱」的故事相比，它的規模大得多，整體結構也更加如地獄般恐怖。儘管如此，我還是很感激李維，他精準揭露倖存者的羞恥會讓現實的自己感到何等沉重。大約在那個時候的某個週日下午，我躺在當時女友埃莉諾（Eleanor）的沙發上，把腳放在她的大腿上。她剛

---

[33] 譯註：該隱是亞當的兩個兒子之一，他身為兄長，卻因為忌妒其弟亞伯而將他殺死，故《新約》將其稱為惡者。

[34] 譯註：李維將奧斯威辛集中營稱為the Lager，德語Konzentrationslager的縮寫是Lager，表示納粹集中營。

吃了水果，房間裡充滿柳橙的味道。她開始用纖細優雅的手指按摩我的腳底，我閉上眼睛，享受著放鬆的感覺。然而，有一段記憶卻牢記在我的腦海裡。

我上一次見到傑森時，我們一起住在某個旅館的房間。他上床前需要注射海洛因才能入睡，他想把針扎進腳底，但花了大約一個小時才找到靜脈。傑森一直對我說對不起，他看起來很痛苦。

埃莉諾一直在按摩我的腳。我睜開眼睛，看著她的手捏著我的腳趾，但我再也沒有放鬆的感覺了，彷彿我的腳裡面是中空的。埃莉諾把頭髮撥到耳後，但這個動作似乎有些不對勁，好像她是被人操縱的木偶。她和我聊天，說她那天發生的事情，但她的話好像被分解成了不同的聲音。我驚慌失措，因爲我不知道如何將她的話重新組合在一起，我當時有一種強烈的感覺：這一切都是假的。我試圖對埃莉諾說些什麼，但我的話聽起來言之無物，我發現我的聲音從我的嘴裡傳了出去。

我在十幾歲和二十歲出頭的時候，經常會經歷這樣的時刻。我會很自我享受卻又想起傑森，有他存在的力量會讓我的現實崩潰，無論我身在何處，我都必須關注他的痛苦。

傑森自從七年前成爲父親以來，就沒有進過一次監獄。他現在很幸福，我也應該可以順理成章表達我的幸福。然而，當我在監獄教書時，我遇到了仍在痛苦掙扎的人。一個月以前，我班上來了一位與我年齡相仿的新學生，名叫賴斯（Reiss）。他留了一頭寬大的金髮爆炸頭，前臂內側有幾處水平的傷疤。賴斯告訴我，說他想在傷疤上面紋一個紋身，也許是玫瑰、卡通人物，或者全黑的袖子。

二週後，一名獄警在上課前來到我的教室，遞給我一個紅色文件夾。那是賴斯的一份自殺觀察（suicide watch）文件。我打開它，看到前一天獄警所做的記錄：「他吃了一些食物。」、「安靜。」、「看起來似乎很累。」凌晨二點，透過賴斯牢房檢查口查看的獄警寫道：「在床上，似乎還有呼吸。」下午四點，文件上頭寫著：「動了身體，好像還活著。」

接下來的週末，我去鄉下拜訪一位朋友，然後去山上跑步。我全速衝刺，突破了痛障（pain barrier），腦內啡（Endorphin）[35]在我的大腦中傾瀉而出。當時天空蔚藍，萬里無雲。蘋果樹開滿了白花。賴斯被關在牢房裡的畫面突然浮現於我的腦海裡。他正待在牢房裡。

我停了下來。

---

[35] 譯註：人體在運動時會分泌腦內啡，這種荷爾蒙可讓人感覺良好，以及緩解疼痛和減輕壓力。

我眺望遠方的山丘。賴斯看不到這種景色。

我和帕特里克一起上完課的第二天，我和我哥哥待在他的公寓裡。他的沙發上有兩個蠟染的靠墊，那是他在戒毒者互助小組製作的。靠墊上頭印了藍色大象的圖案。傑森每次從沙發上站起來，都會把墊子抖鬆，然後把它們擺放整齊。這是他在康復過程中一直進行的其中一種儀式；此外，他每天吃完飯後還要清洗盤子和餐具，同時檢查窗台上的蕨類植物是否需要澆水。

在我十幾歲的時候，傑森沒有陪伴我，但我把他放在心裡。如今，他就站在我面前，但我不知道該怎麼辦。我每次去他的公寓，都想用雙臂擁抱他，但我卻很尷尬，不知道該站在哪裡，也不知道手該擺哪裡。當傑森換洗乾淨時，他就像死而復生一樣，但我還是對他以前不在的這件事而悲傷。我需要他告訴我他身上的傷疤是怎麼來的，就像聖多馬（Saint Thoma）[36]在觸摸耶穌的傷口之前不認爲耶穌已經復活。然而，當我哥告訴我他大腿上的傷疤是怎麼來的時候，我發現自己更難以相信他還活著。

---

[36] 譯註：耶穌的十二門徒之一。耶穌復活後曾向門徒顯現，但多馬不在場，直到他親眼見到耶穌來解開對復活的疑惑。

距離傑森粉刷公寓牆壁已經過去了七年，他仍然在這裡的事實似乎只是暫時的。有時我看到傑森家裡的東西，好比沙發上的靠墊、盤子、碗和馬克杯、電視和咖啡桌，然後想像可以輕易將這些物品裝進盒子，然後擺到街上。陌生人可能會過來翻看盒子並將東西帶回家裡。傑森是和我一起長大的兄弟，他雖然缺席，但我對他的愛一如既往，堅定不移。

我哥現在也有一個二歲的孩子，名叫迪恩（Dean）。傑森坐在沙發上，想給我看一張他兩個兒子一起在公園玩耍的照片。他伸手去摸口袋。

「操他媽的。」他說道。

昨天有人騎著自行車從傑森身邊經過，搶走了他手中的手機。

幾分鐘後，傑森又想要查看足球比分，再次伸手去摸口袋。「他媽的，混蛋。」他罵道。「我的照片，我的聯絡人資訊。安迪，我發誓，我再也不會偷別人的手機了。」

我一聽，大笑了起來。

傑森偶爾會這樣，想起他是別人犯罪的受害者，但也記得自己也曾經犯罪。去年的某一天早上，他走出前門時，發現女友汽車的擋風玻璃被人敲碎了。他想起自己十五年前曾一夜之間砸碎三十多輛汽車的窗戶去偷竊，直到他從迪恩的嬰兒座椅上撿起玻璃碎片時，才忘記了自己幹過這檔事。

二十分鐘後，傑森和我進到他的廚房。他正在用微波爐加熱專門爲我買的素香腸。

「你還在監獄裡教書嗎？」他問道。

「是的。」我回答。

「你以前的工作出了什麼問題嗎？」

「我喜歡這份工作。」

「我希望你小心點。有人開始對你不爽了嗎？」

「他們問我和我的男友假期過得怎麼樣。」

「你爲什麼想去監獄工作？」他問道。

當我十八歲的時候，傑森把我介紹給他的一位朋友時說道：「這是我的弟弟。他從未吸毒、喝酒，甚至連菸都沒吸過。」幾個月後，那個朋友吸毒吸太嗨，倒在草叢裡睡著了，結果再也沒有醒來。第二年，傑森又把我介紹給另一位朋友。「你能相信他是我弟弟嗎？他從來沒有碰過菸、酒或毒。」那個傢伙後來入獄四年。他出獄那天偷了一輛汽車，結果開車撞牆死了。如今，當傑森向他的伙伴介紹我時，仍然會說：「安迪從來沒有做過壞事，沒有吸毒，也沒酗酒。」傑森不喜歡我到監獄教書。他希望我一身清白。

傑森在廚房裡又把手伸進口袋裡掏手機。「媽的！」他罵道。

我又取笑他。

「你在哪個監獄教書？」他問道。

「一座高度警戒的監獄。還有幾座維多利亞時代的監獄。另有一個開放式監獄。下個月我還要再去幾間別的監獄教書。」我如此回答。

微波爐發出「叮」的一聲。傑森打開它，拿出盤子，把食物遞給我。

「幹！老弟。」他說，「你去過的監獄幾乎不比我少。」

二天後，當我走路去監獄時，我的一顆後牙卻在發疼。我路過二家藥房，但沒有進去買止痛藥。二十分鐘後，我走進監獄的側翼。五百名囚犯被關了十四個小時後，正被放出來透氣。我聽到喊叫聲、隆隆的腳步聲和警報聲從我上方平台上的一間牢房中傳出。腎上腺素嘶嘶作響，充盈我的四肢，我頓時不再感到牙疼。

幾分鐘後，我在教室裡把椅子擺好，拿掉了一個座位，因爲奧斯曼不會再來了。我的桌子上擺著賴斯的紅色文件夾。教室裡沐浴著昏暗的光線，光線是透過面向監獄牆壁的窗戶照射進來的。外頭的一名獄警喊道：「自由通行。」

巴里（Barry）是第一個抵達的，他來自威爾士，右手缺了一根手指。巴里先前告訴我，他之所以入獄，是因爲他的朋友覺得有人說了一個不好笑的笑話。他的笑聲很刺耳，穿透了我的腦膜；我的牙齒又開始抽痛了。

賴斯進來後找了個位子坐下。他穿著一件乾淨的白色T恤，看起來一臉茫然。他不睏倦，只是心不在焉，好像有點喝醉了，或者剛換了藥。其餘的人陸續進來並坐下。賴斯兩旁的傢伙彼此交談，但賴斯卻很冷漠，直盯著自己的指甲。

我關上門，開始上課。

我說道：「羅馬政治家波愛修斯（Boethius）被關在牢房裡。哲學女神（Lady Philosophy）出現在他面前。」

「一個女人闖進他的牢房？」巴里問道。

「波愛修斯在幻想這個女人。她屬於一種文學手段。波愛修斯因爲鋃鐺入獄而感嘆運氣不佳，哲學女神便開導他。」

「我在牢房哀悼時，可能會遇到哲學女神。」巴里說道。

有幾個人竊笑起來。我卻開始牙疼。

巴里問道：「他爲什麼坐牢？」

「叛國罪。」我說道，「不過波愛修斯只是在權力更迭期間忠於舊政權。他等待被處決時哭喊著：『命運應該爲懲罰一個無辜的人而感到羞恥。』因此，哲學女神告訴他羅馬命運女神福耳圖娜（Fortuna）的眞實面目。」

「他的牢房裡有一位女士和一位女神？」巴里說道。

「我們連配偶探監都不允許。」杰羅姆（Jerome）說道。杰羅姆五十出頭，他從十幾歲起就不斷進出監獄。他的口音來回變換，有時是童年的愛爾蘭口音，有時又是現在的倫敦口音。杰羅姆有一雙粗壯的斑白手臂。我看不到他皮膚下的任何血管，不知它們是從哪裡消失。這所監獄的監獄長還是一名受訓獄警時，杰羅姆就認識他了。他笑起來像個孩子，但手卻不停顫抖。

我說道：「哲學女神告訴波愛修斯，說他其實很幸運。」

「沒錯！」杰羅姆說道，「人不是被關起來就表示他不走運。」

這群男人咕噥著表示同意。一名男子嘀咕著，說他很幸運，因爲他的母親仍然會來看望他。另一個人說他有一台收音機。談話聲在教室裡迴盪。他們在說自己有多麼幸運：住在單人牢房、被人刺傷卻沒死，還有一份擦平台的工作。「待在這裡可以保護我所愛的人。」賴斯說道。

我感到後牙一陣刺痛，於是用手捧住臉，閉上了眼睛。

「你牙齒疼嗎？去醫護室看看吧！」巴里說道。

我把手從臉上拿開。「這沒什麼。」

「請牙醫給你開點什麼。或者如果你在側翼打聽一下，可能會拿到藥效更強的東西。」巴里說道。

巴里被自己的笑話逗笑了。我用舌頭按摩牙齦，試圖去緩解疼痛。

「你能帶我一起去嗎？」巴里繼續說道。「幾個月以來，我一直想要去看牙醫。但我每次有預約的時候，總是會有禁閉（lockdown），所以都去不了。」

「你會得到膿腫。」我說道。

「現在疼痛還算正常。」巴里說道。

「我只是牙齒過於敏感。」我說道。

「你怎麼知道是這樣？安迪，你得好好照顧自己。」

*

過了一會兒，賴斯取下筆尖的蓋子，把蓋子放在門牙之間並咬住。他把蓋子移到後牙處，然後咬緊。我聽到塑膠殼破裂的聲音。

我說道：「哲學女神告訴波愛修斯，說他其實很幸運。她提醒波愛修斯，說他岳父對他受苦而感到憤怒，他的妻子仍然愛他，還有他的孩子也很守規矩。哲學女神告訴他：『沒有什麼是不幸的，只有思想才會讓人感覺如此。』」

「人是否走運，完全是個人的認知。」杰羅姆說道。「無論你的處境有多麼糟糕，你仍然可以認為自己很幸運。我的獄友來自非洲東北部國家厄利垂亞（Eritrea）。他不敢相信這裡有多好。他說在他的國家，囚犯是被關在沙漠的貨櫃裡，每箱關三十名囚犯。我聽到這句話，就覺得自己過得還不錯。」

巴里說道：「但如果把所有的情況都視為幸運，那就是在幻想。」

「但這樣至少還沒有失去想像力。」杰羅姆如此回答。

「我有一個獄友，整天都不說話，卻整夜在睡夢中大笑。」巴里說道。

「你可以從中發現積極的一面。」杰羅姆說道。

「等你和我一樣睡眠不足時，再回來說風涼話。」巴里說道。

杰羅姆的手一直在顫抖。「我並不是說積極總是好的。」

我向前傾身，問道：「為什麼不是呢？」

「在監獄裡真的很容易會覺得自己很幸運。」杰羅姆說道。「我環顧四周，二秒鐘之內就能看到比我處境更糟的人。有人不知道父親是誰；有人不認識自己的爸爸或媽媽。有人是被收養的；還有人沒有讀過書。我認為自己很幸運，所以才能重新振作起來。然而，善於振作已經不再讓我感到自豪了。因為我知道自己可以從混亂的情況中反彈，所以我不再介意自己是否陷入混亂的情況。」

「你是否不該認爲自己很幸運？」我問道。

「我不是那種認爲自己不幸的人，但我也不能一直說自己很幸運。我需要找到另一個字來描述。」杰羅姆如此回答。

「是哪一個字呢？」我問道。

我聽到有人用鑰匙開門的聲音。一名獄警打開了門。奧斯曼走了進來，他離開我的班級去廚房工作。他從教室邊緣拿起一把椅子，然後坐在圈子裡。獄警走出教室，關上門後並上鎖。

我說道：「我以爲你……」

「我現在不想談這件事。」奧斯曼說道。

「好吧！我們正在討論福耳圖娜，她是羅馬的命運……」

「我那個死弟弟！」奧斯曼罵道，「我媽沒有告訴我他在這裡。但這並不奇怪，她一直認爲他不會幹壞事。」

「發生了什麼事？」杰羅姆問道。

「我這幾天一直在廚房工作，工作非常順利，眞是太棒了。我睡得好，就像個嬰兒。然後我今天走進廚房，看到我弟弟在那裡，他騙到一份在廚房的工作。」

杰羅姆說道：「奧斯曼，你可不要放棄廚房的工作，也別去管你弟弟。」

「他討厭煮飯和洗碗。他接受那份工作就是爲了氣我。」奧斯曼說道。

一群人面面相覷，臉上露出尷尬的表情。奧斯曼將手肘放在膝蓋上，用拇指按摩著兩邊的太陽穴。

幾分鐘後，杰羅姆和巴里針對哲學女神的觀點進行辯論，也就是討論「沒有什麼是不幸的，只有思想才會讓人感覺如此」的想法。

巴里把手高舉，說道：「快樂的人通常會說自己很幸運，不是嗎？波愛修斯試圖告訴自己很幸運，藉此逆向創造㊲一丁點幸福感。這就像哲學女神允許他印鈔一樣，但我們都知道他其實並不幸運。他只是夢見了一個女人告訴他是這樣，讓他不會打爆自己他媽的腦袋。」

我看著賴斯。他用舌頭將筆蓋從嘴巴的一側移動到另一側。他把口水吸回去，然後吞嚥下去，接著繼續咀嚼。

杰羅姆傾身向前說道：「但波愛修斯是蒙受了冤獄。我曾經什麼都沒做，就被關了十一個月。我坐過很多次牢，曾經入獄六年又七個月，可我活該，關我關得好，因爲我

㊲譯註：原文是reverse-engineer，本意為逆向工程或還原工程。

犯了罪。但前面那十一個月比這六年更難熬。」

「爲什麼？」我問道。

杰羅姆回答：「在入獄六年那次，我是很積極的。我去讀書、上健身房、參加支持小組，以及幫助剛入獄的人。但在那十一個月裡，我就是只有憤怒。我想到自己蒙受不白之冤就憤恨不平，好像我得奮力搏殺，才能度過每一天。」

「這是否意味著波愛修斯認爲自己很幸運？」我問道。

「如果他不這樣做，他會耗盡精力。」杰羅姆說道。

我的牙齒又開始抽痛了。我環視這群學生。奧斯曼似乎不想和別人說話。賴斯眼皮低垂，我看不清他當時的心情。我問他：「波愛修斯是否必須認爲自己很幸運？」

賴斯從嘴裡取出筆蓋。黑色塑膠筆蓋上布滿齒痕。他吮吸著多餘的口水。「波愛修斯被關了多久？」賴斯問道。

「直到他被處決爲止，不會太久。」我說道。

「如果十年後哲學女神再次拜訪波愛修斯，她還會告訴他，說他很幸運嗎？」賴斯問道。

「我不知道。她應該這樣做嗎？」我如此回答。

賴斯聳了聳肩。

我說道：「德國哲學家黑格爾（Hegel）認爲，隨著時間的推移，波愛修斯的態度給世人造成了奇怪的事情。」

我看到賴斯的臉上閃現出一絲情緒。「像是什麼？」

「黑格爾指出，如果你不斷重複一句口頭禪，說世界上其實沒有什麼東西是壞的，只是你的思想讓它變壞了，那麼隨著時間的推移，你就會失去與這個世界的聯繫。宇宙會變得不比我們頭骨大。我們會變得冷漠、疏離和不快樂。」

「波愛修斯再也不會重回世界。」賴斯說道，「他怎麼樣都會死在牢裡。」

巴里說道：「黑格爾的意思是，波愛修斯不可以老是跟那個想像的女人相處。否則當他眞正面對一個裸體女人時，會不知道該怎麼辦。」

巴里被自己的笑話逗樂了。賴斯把筆蓋放回嘴裡，繼續嚼咬它。

二十分鐘後，外面走廊上的一名保安人員高喊「自由通行」，示意這些人該返回牢房了。學生們魚貫走向門口。巴里拍拍我的手臂，告訴我一定要去看牙醫。奧斯曼在後面徘徊，說道：「安迪，剛才的事情很抱歉。我只是在氣我他媽的弟弟。」

「家人可以是……。」

「我低著頭過活。我很高興能夠好好坐牢。但現在他在這裡。老實說，我現在只想出獄。」

奧斯曼離開了，我等他走後才關上門。我走到辦公桌前，打開紅色的文件夾，裡面記錄了賴斯今天的情況。我向前翻到一處沒有標記文字的頁面，寫下賴斯看起來有點頭暈，但他還是發表了意見，多數時間都能關注正在發生的事情，他偶爾會笑，但有時卻又保持鎮定。

我再次感到牙齒一陣刺痛。我看看自己所寫的東西，但我看不出我的文字有什麼意義。我又補充了一些話，說賴斯很放鬆，人雖平靜，卻不必擔憂，但這樣寫似乎並沒有好多少。我用舌頭去按摩牙齦。我又寫道，說他看起來並不具有攻擊性，並且能和別人相處融洽，但我只是覺得自己在重複空話。

幾分鐘後，一位薑黃色頭髮的獄警走進我的教室。「我們正在找一個紅色的文件夾。你有看到嗎？」

「再給我一點時間。」我說道。

他走到我的身後，透過我的肩膀看著。「你對這份自殺報告已經寫得夠多了。發生了什麼事？」

「他今天很ＯＫ。」

獄警拿走桌上的文件夾，然後夾在腋下。「午餐時間到了。出去吧！」

06

快樂

正是這種不適、打擊、寒冷和渴望，使我們在無底的絕望虛空中懸浮在高處。

——普利摩・李維（Primo Levi）

我在監獄授課之前，必須填寫許多安全審查表格（security clearance form），其中一份文件問道：「你有坐牢的親戚嗎？請勾選『是』或『否』。」我在「否」的方格旁邊寫道：「目前沒有。」

二年前，我媽發訊息給我，說我叔叔弗蘭克在牢裡蹲了三年之後剛剛被放了出來。他當時住在我奶奶位於倫敦東區的公營房屋（council flat）[38]。我最後一次見到我叔叔是十年以前，那是在一次家族婚禮上。他當時穿著一套價值二千英鎊的亞曼尼（Armani）

[38] 譯註：又稱政府福利房。英國政府提供的廉租房，這種房子是由每個地區級政府服務機構（Council）管理，故名。

西裝。當時我需要一台新電腦，弗蘭克跟我說他剛買了三百台筆記型電腦，可惜的是，這些電腦都是空殼。

我搭了巴士去我奶奶的公寓。她所住街區的混凝土樓梯間都散發一股尿騷味。奶奶所在大樓的對面是一座四個窗戶都懸掛著聖喬治旗幟（St George's flag）[39]的房子。房子旁邊是一間福音派教堂（Evangelical church），教堂有紅磚鋪面和雙層玻璃窗。一群操著奈及利亞口音的婦女正在門口閒聊。

我敲了敲奶奶的門，弗蘭克出來應門。他坐牢三年，飲食正常，所以臉看起來比婚禮時更圓。

「叔叔，你看起來氣色不錯。」我說道。

他拍著肚子，說道：「我都快變成死胖子了，希望我能結實一點。」

然後，弗蘭克帶我去廚房，給我倆泡了茶。他在給自己喝的茶裡放了三顆糖，接著問我要放幾顆。

我說道：「我不要放糖。」弗蘭克撕下一張舊彩票的一角，把它當作菸蒂（roach），捲了一根（大麻）捲菸。「你要來一根嗎？」他問道。

[39] 譯註：象徵英格蘭的白底紅十字，是英國國旗的標誌性圖案。

「我不抽菸。」我說道。

我們後來走進客廳。牆上掛著一張奶奶珍藏了四十年的瑪麗蓮・夢露（Marilyn Monroe）照片，照片已經褪色。此外，奶奶每隔一天都會用吸塵器清理淺綠色的地毯，所以地毯毛茸茸的。我坐在扶手椅上，弗蘭克則坐在沙發扶手上。我透過窗戶看到金絲雀碼頭（Canary Wharf）[40]。奶奶正在看白天的烹飪節目。她的假牙放在咖啡桌上的一個罐子裡。

弗蘭克沒有戴假牙。他吸了一口菸，向我講述八、九年前他在戒備鬆散的監獄服刑時在運動場經歷的事情。

「那天很熱，熱烘烘的。排球場只有我和維尼（Vinnie）二人。」他說道。

電視聲音開得很大，我向前傾，想聽維尼說了些什麼。

他說道：「我們本來只能待一小時，但獄警給我們放風更久。他們很鬆散，所以我們可以多曬點太陽。」

奶奶嘆了一口氣。弗蘭克喜歡講他坐牢的故事，但她不喜歡聽。奶奶從咖啡桌上的罐子裡取出假牙，放進嘴裡。這就是她默不吭聲的抗議。

---

[40] 譯註：位於倫敦市中心東方道格斯島的北部，是繼倫敦金融城之後的新興中央商務區。

「我們互相把球打向對方，然後……」

弗蘭克移到沙發一角，雙手分開，說道：「牆上有個這麼大的蜂巢。那顯然是前幾天才出現的。每個人都跟蜂巢保持距離，於是維尼看了我一眼。我認爲我們應該再多玩一會兒，因爲那天眞是太棒了。」

我奶奶拿起遙控器，調高了購物頻道的音量。頻道正在兜售抗衰老眼影。

「獄警即將宣布放風時間結束，想把所有人都圍起來。維尼一看到獄警把哨子放到嘴邊，就把球踢向蜂巢。安迪，你應該要看看那個場景。天空瞬間變黑，蜜蜂到處亂飛。」

奶奶關掉電視，哼了幾聲，拖著腳步走出客廳。

「獄警就把我們關起來。」弗蘭克說道，「我們必須在裡面待三天。他們不知道該指控我們什麼，只好在紙上寫下『搞出惱人的蜜蜂』。」

「你們爲什麼這麼做？」我問道。

「什麼爲什麼？」

「你們爲什麼要把球踢去撞蜂巢？」

「因爲這樣更好玩啊！」

弗蘭克十四歲時，從東區（East End）[41]的一家商店偷了一箱可口可樂。他被捕並在監獄還押（on remand）[42]了四個月。當他的案件最終被提交法庭時，法官表示將這麼年輕的孩子關押這麼久，眞是讓人震驚，因此駁回了此案。然而，不到一年的時間，弗蘭克又因盜竊罪再度入獄。他後來成爲一名慣竊，但他從不闖空門，別人慫恿他武裝搶劫，他也會拒絕，因爲用他的話來說：「鳥太遠，打不到（The bird is just too long）。」他習慣到倉庫和百貨公司行竊，這是他最拿手的勾當。

弗蘭克二年前出獄時，發現多數的同夥要嘛死了、要嘛還得關很久，再不然就是太老了，不適合再一起犯案。維尼加入了哈瑞奎師那（Hare Krishna）[43]，卻因皈依前犯下的罪行而被捕。在監獄裡面，其他囚犯嘲笑維尼手腕上戴的念珠。當維尼和獄友來往時，會在右手上套一個手提袋來隱藏念珠。從那後，維尼就再也不想坐牢了。

---

[41] 譯註：倫敦東區（East End of London）的簡稱，屬於非正式認可區域，位於中世紀倫敦市的東部和泰晤士河以北。

[42] 譯註：又稱押候，提審中將被告監禁。

[43] 譯註：這個組織的工作包括教授奉愛瑜珈和推廣素食，已經在各地建立廟宇和生態農場。

弗蘭克叔叔出獄後的那個夏天，我見過他六次。他知道我對他很好奇，所以我們每次碰面，他都會給我講故事。在某個平日的下午，我和弗蘭克待在我奶奶家裡。他告訴我在三十年前，他和維尼必須在坎特柏立女王陛下監獄（HMP Canterbury）[44]服刑二年。

「其他囚犯第一天就很討厭我們。當我們走下平台時，他們大喊：『你們這兩個該死的倫敦王八蛋。』我看著維尼，說道：『他們會把我們宰了。』第二天，當我們在淋浴時，有兩個傢伙走進來。我知道他們會這樣幹，所以我帶了從桌子上掰下來的木頭。其中一個人把一顆電池藏在襪子裡。」

「保安在哪裡？」我說道。

「安迪，他們根本懶得管。」

「爲什麼？」

「安迪，你要記住，那時獄警的制服上都戴著國民陣線（National Front）[45]徽章。不管怎樣，那個男人進來時，襪子裡包著一顆電池。那是一隻長襪，他握著頂部，所以襪子垂掛著，大概有一英尺長。我看到了，知道他們根本不知道自己在做什麼。你應該握

---

[44] 譯註：位於英國坎特柏立的前監獄，目前這座舊監獄已被坎特柏立基督教會大學所收購。HMP代表Her Majesty's Prison。

[45] 譯註：英國的一個極右翼新法西斯主義政黨。

在離電池只有幾英寸的地方，所以當那個傢伙向維尼揮舞襪子時，我立刻抓住襪子的中間，這樣他就沒轍了。然後維尼就拿木頭打那些混蛋，打到其中一個的頭開始流血，然後他們就跑掉了。」

「他們後來有找你算帳嗎？」我問道。

「我們後來經常和那些傢伙一起吸安非他命。坎特柏立很棒，因爲它就在多弗（Dover）附近，可以看到卡車從渡輪上下來。我在那所監獄裡嘗試了我甚至都沒聽過的毒品，好比「金髮黎巴嫩人」（Blonde Lebanese）、「紅色摩洛哥人」（Red Moroccan）和「阿富汗手指」（Afghani Fingers）[46]。二年後，我和維尼不得不離開，因爲服刑期滿了，但我們不想出獄。」

「你一直在服用鎮靜劑，對吧？你想要熬過坐牢的日子。」

「我們會在牢房裡吸食迷幻藥（LSD）[47]。獄警叫我們小聲點，因爲我們整晚都笑得很大聲。我經歷過各種事情，在監獄裡遇過三教九流的人，嘗試過各種毒品。我不後悔我所做的事。」

---

[46] 譯註：這些屬於「哈希什」（hashish），亦即大麻麻醉劑，泛指由大麻花頭刮出的脂所製成的毒品，有別於由大麻植物的葉和莖製成的毒品，後者稱「大麻」（marijuana）。

[47] 譯註：全名為麥角酸二乙胺（lysergic acid diethylamide）。

我掃視弗蘭克的臉，看看是否有任何可能與他嘴裡冒出的話相互矛盾的表情。我不知道他是否真的相信自己所講的。

「你被逮捕時怎麼辦？」我問道，「難道你不後悔嗎？」

「我們倒數第二次被逮的時候，警察問我們茶裡是否要加牛奶和糖，他們還稱我們爲『先生』，並且問我們他們能做些什麼。他們非常和善。在這些警察中，許多人通常只是四處搜捕小癟三罪犯[48]、商店扒手和吸毒犯，但我們是專業慣犯。他們二年來一直想逮捕我們。警察的牆上掛著一張英格蘭地圖，上面用圖釘標示我們四處犯案的地點。」

柏林圍牆（Berlin Wall）倒塌後，某些東柏林人經歷了「腦中之牆」（the wall in the head），感覺自己仍然無法前往柏林的另一側（西柏林）。有些人出獄後也會有類似的殘留監禁感（sense of residual confinement）。他們人是出獄了，但在這些人的頭腦中，他們還被關在裡頭。我在去年夏天和叔叔談話時，不時打斷他的故事去提問，比如「你

---

[48] 譯註：two-bob criminal，bob是英國先令（shilling）的俚語，two bob就是二先令，一英磅有十二先令，所以這個詞語通常用來侮辱人，罵人毫無價值。

爲什麼這麼做？」或者「但是你沒有爲此惹上麻煩嗎？」弗蘭克不得不給我點說法。當他說出妙趣橫生的話語時，我通常得愣一下才會發笑。我不知道他什麼時候是在開玩笑，什麼時候又是認眞的。我時而難以置信，時而感到愚昧無知。我覺得自己經歷「腦中之牆」，但感覺卻是人在另一邊。我根本進不去。

這加劇了我長期存在的傷口。我失去了哥哥，因爲他在坐牢。我父親離開時，我感到寬慰，但我仍然懷念擁有父親的感覺。對我來說，我生命中的男人常常是遙不可及。我的叔叔讓我再次經歷那種分離感。

我今天待在一座維多利亞式監獄。它有五個平台，有單獨的側翼，可以容納的囚犯人數比某些監獄更多。我沿著二樓平台，或者所謂的「二樓區」（the twos），走向我的教室。有一名男子透過牢房門的檢查窗口（inspection hatch）大喊。他正對著獄警咆哮：「這不公平。我要操死你們！」其他囚犯也從牢房門後高聲喊叫和敲打東西，那個男人的叫喊聲就淹沒在這一片喧鬧之中。

我放慢腳步，朝牢房看了一眼，門是開著的。我瞥見一位穿著運動褲的中年男子。他坐在床上看電視，喝著一杯茶，還吸著電子菸。幾十年來，我叔叔被關在這座監獄裡好幾次。其中一間牢房就是他待過的。

我踏上金屬樓梯，上到了三樓。一名年輕人無精打采，靠在牢房外的欄杆，說道：「小姐，妳這是幹嘛呢？」他穿著一件背心，鎖骨上紋著「NO REGRETS」（毫不後悔）的字樣。一名女警抱著一台電視機，從牢房裡走出來。只要囚犯違反規定，獄警可以讓他們回到「基本」級別，表示監獄會減少囚犯的探視時間、讓他們賺不了比較多的錢，並且沒收他們的電視。

女警要把他的電視搬回辦公室。

「操妳媽的，老子才不在乎呢！我會再去弄一台電視。」

當囚犯回到「基本」級別後，他們有時會到另一間牢房偷電視機。

我想要上廁所，但我無法去職工廁所並在上課前及時返回教室，只好前往教育走廊的單獨隔間，學生和老師都可以使用那間廁所。廁所門上畫滿了塗鴉，有一個大方孔，但玻璃窗已被拆除。我推開門後便走進去。積存過久的尿液發出惡臭，我非得屏住呼吸才不會吐出來。水槽和牆壁已經逐漸分離。垂直的銅色污痕嵌在馬桶的瓷器上，看起來就像是雕刻在上頭。馬桶的U型彎管因腐爛而顯出黑色。水面上有一層薄膜，上頭閃爍著靛藍色和綠色的光芒。

我小便完後，用指尖按下沖水把手。水沖了下來，卻讓陳舊尿液的氣味更加濃烈。我摀著鼻子，快步走出廁所。

幾分鐘後，我到了教室。我把今天課程的書從包裡拿出來，放在桌子上，然後把椅子圍成一圈。我抬頭看了牆壁一眼，牆上本來掛著一個時鐘，但已經被人拿走了。我沒戴手錶，就把頭伸出門外，看到一名獄警沿著走廊走來。

我說道：「請問，我可以借用其他教室的時鐘嗎？」

獄警走進我的教室。他年約六十歲，身材精瘦，前臂有一個美人魚紋身，目前業已斑駁。他別著有照片的徽章，徽章標示他的名字：亞當森（Adamson）。亞當森上下打量著我。

「我忘記戴手錶了。」我說道。

「這裡的東西總是會不見。有間教室上個月丟了一張CD，結果發現有一個囚犯把它折斷，做成了一把小刀。」

「他們會拿時鐘互相攻擊？」我問獄警。

「在這個地方最好戴自己的手錶。」

「我知道了，我只想問一下。」

「他們隨便都能把東西做成武器，你會非常驚訝。這些傢伙有大把時間來發明新玩意。」

亞當森說話的口音和我叔叔一樣，是老派的東倫敦口音。「他們會折斷馬桶刷來做刀子。當他們離開時，你要確定他們沒有偷走你的筆。我曾親眼目睹他們拿筆去割別人的喉。」

我必須準備好上課。獄警通常不會跟我聊這麼久，只會回我幾句，深怕我會分散他們的注意力，但亞當森告訴我一串時鐘不見的原因。我點點頭，說「我明白」、「是的」和「你說的沒錯」，希望他快點結束長篇大論，然後離開。「他們會從時鐘取出電池，把電池塞進襪子，然後拿它去打別人的頭。」亞當森說道。

我走到電腦前，按一下滑鼠去點擊螢幕。

「你看，這裡會顯示時間。」我說道。

亞當森繼續他的話題，說道：「然後就會出事。」

我指著螢幕的一角。「時間已經到了嗎？」

「所謂出事，就是得處理文書作業。」

我咬緊牙關，希望我不再說話，他也可能會不再囉嗦。

「那你來這裡做什麼？」亞當森問我。

「我是哲學老師。」我回答。

「那你來這裡**做**什麼呢？」

他低頭看著我桌上的一堆哲學書，用手指敲擊一本名爲《幸福哲學》（*The Philosophy of Happiness*）的書。我感到很尷尬，就像個剛被祖父母發現做了蠢事的青少年一樣。

「這裡的很多人都很高興能坐牢。」他搖搖頭，說道：「我認爲監獄應該嚴苛一點。」

走廊裡的一名獄警喊道：「自由通行。」亞當森一聽，便轉身離開。

首先來到教室的，是叫吉姆（Jim）的男人。他曾是英國特種空降隊（SAS）[49]的士兵，胸膛寬闊，手臂強壯。他像往常一樣，跟我肩撞肩打招呼。我縮起肚子來抵擋衝擊力。

「早安。」我說道。

吉姆嘆了一口氣，目光掃視教室。他身強力壯，情緒卻很低落。

吉姆的耳朵上覆蓋著一簇簇赤褐色的頭髮，彷彿是爲了阻隔飛機著陸的聲音。

---

[49] 譯註：全名為Special Air Service，又稱空勤特遣隊或空降特勤團，屬於英國陸軍的一支特種部隊，成立於一九四一年，專門對付破壞活動或打擊恐怖組織。

一名新學生走進來，向我介紹他自己，說他名叫薩爾瓦多（Salvatore）。他有一雙明亮的藍眼睛，T恤正面印有「Cheers」字樣，這個字出自美國電視劇《歡樂酒店》（英文劇名為*Cheers*）[50]。他和我握手時，手勢複雜，但我跟不上。他再次向我講述手勢的編排。先握緊手，然後拇指併攏，接著手指蠕動，最後又開手指，相互擊掌。「兄弟，早安。」薩爾瓦多說道。

「你好嗎？」我問他。

「我很好。」他回答我，然後把手放在心口上，說道：「兄弟，我一直都很好。」薩爾瓦多轉身想和吉姆握手，但吉姆抱緊雙臂，懶得理他。薩爾瓦多把手放在心口上，說出印度梵文：「Namaste。」[51]

薩爾瓦多看上去比二十五歲多一點。他告訴我，他被判刑九個月，已經入獄二十二天了。這是他第一次坐牢。

「我很難過。」我說道。

---

[50] 譯註：美國國家廣播公司早年播出的半小時情境喜劇電視影集。

[51] 譯註：印度、尼泊爾或斯里蘭卡常聽到的招呼語。說這句話時，雙手合十放於胸前，微微向對方鞠躬，帶有尊敬和愛意，意思是「我禮敬你內在的靈，這靈也存在我的心中」。

「你爲什麼要難過？」他說道。「我已經放下了。時間對我來說過得很快，因爲我沒有抗拒。我現在人就在這兒。這是我該來的地方。我不會讓自己痛苦。這是一次學習的過程。我正在從中學習。兄弟，別爲我難過。我已經接受了事實。現在是該回饋一些東西的時候了。我告訴獄友，說我要教他蜥蜴式弓箭步（lizard lunge），做這種瑜伽姿勢可讓人接受現實。我們越早接受現實，時間就過得越快。時間就是我……」

「我們可以繼續上課嗎？」吉姆說道。

吉姆被判刑十四年，目前刑期已滿三分之一。椅子圍成一圈，他就坐在薩爾瓦多的對面。其他六個人也到了。名叫優素福（Yusuf）的二十一歲的年輕人走了進來，坐在一張桌子旁，背對著圍成圈的椅子。我走過去看看他是否還安好，發現他正在填寫一份申請表，請求將他轉移到單人牢房。優素福說道，上週一名獄警問他，說他是否想要一位跟他一樣也是穆斯林的獄友。他就說好。

「但我受不了這個傢伙。」優素福說道，「他扔掉我所有的巧克力餅乾，因爲他說那些餅乾不符合伊斯蘭教規（halal）。前幾天晚上，我正在看一部影片，看二十分鐘後，畫面出現一個穿短裙的女人，他就切換頻道。他說看這種影片並不虔誠。每當他從螢幕上看到女人的大腿時，都會這麼做，甚至連肩膀都不行。他媽的，看肩膀都不行啊！」

「你先塡好申請表，塡完後再來上課。」我說道。

「他們最好把我送到別處，我要住單人牢房，這種生活我受不了。」

我走到門邊，把門關上，然後在白板上寫下「邊沁（Bentham）」和「幸福＝快樂（Happiness = Pleasure）」。我說道：「（英國）哲學家傑瑞米．邊沁（Jeremy Bentham）定義……」

話說到一半，教室門打開了。亞當森走了進來，手拿著一個白色的掛鐘。他把掛鐘立著，靠在電腦旁邊。

我感到疑惑，但指著身後的電腦螢幕。「我可以用……」

此時，亞當森走出教室，隨後把門關上。

全班同學都看著我，等我繼續講下去。

我說道：「邊沁認爲，幸福和快樂是同一件事。當我說我很幸福時，我正在體驗快樂。當我說我感到快樂時，我就很幸福。」

「在監獄裡可以很快樂，你知道嗎？」薩爾瓦多說道。

優素福轉過身來，瞪著薩爾瓦多，眼睛彷彿要射出雷射光。

「即使我被關在這裡，我每天仍然很快樂。我今天早上喝了咖啡，非常享受咖啡的美味。我沒有抱怨咖啡不好喝。只要你接受現實，就可以再度享受這些樂趣。」

薩爾瓦多嘴裡每吐出一個字，吉姆看上去就顯得更加不耐煩。

薩爾瓦多繼續說：「我聽到別人告訴我，說他們很無聊。你知道他們的意思嗎？我不知道。我一輩子都從未感到無聊。我的腦子裡沒有牢房，別人總是對我說：『薩爾瓦多，你爲什麼老是笑得那麼燦爛？』我告訴他們……。」

吉姆打斷了薩爾瓦多的話，指著白板上的名字「傑瑞米．邊沁」，說道：「他設計了全景監獄（panopticon）[52]。」

「你說設計了什麼？」薩爾瓦多問道。

「我還以爲你對監獄瞭若指掌呢！」吉姆回他。

薩爾瓦多向吉姆微笑，態度頗爲誠懇。

「邊沁設計了米爾班克監獄（Millbank prison）[53]。」吉姆說道，「它是一棟圓形建築，中間有一個觀察哨。獄警可以從那裡監視囚犯，但囚犯看不到獄警，所以永遠不知道獄警是否在看著他們。這座監獄就是根據那裡來建造的。」

---

52 譯註：又稱環形監獄，屬於監獄等公共設施的一種管控體系，由邊沁於一七八五年提出。建築由圓形大廳組成，中央設置百葉窗檢查室，只需一名警衛便能夠監視囚犯，但犯人則不知道自己是否正受到監視。邊沁指出：「這種新的監視模式，其力量之大，前所未見。」

53 譯註：Millbank又稱磨坊岸，是中倫敦西敏市的一個地區，該地曾有一處屬於西敏寺所的水磨，故名。

「那麼，如果邊沁設計了這種地方，你認爲他知道幸福是什麼嗎？」我問道。

「我不知道。當我意識到他是誰時，我就懶得理他了。」吉姆回答。

「兄弟，別這樣。你知道嗎？人皺眉頭時，使用的肌肉是微笑時使用肌肉的二倍。」

薩爾瓦多說道。

「你要用多少肌肉才能閉上嘴巴？」吉姆回嗆他。

二天後的晚上，我坐在奶奶公寓的客廳裡，弗蘭克就在旁邊。火已經生起來了，窗戶也關著。從吃晚餐起，屋內就瀰漫著一股淡淡的魚腥味。奶奶在咖啡桌上放了一盤企鵝牌巧克力棒（Penguin chocolate bar）、一打巧克力餅乾和三塊巧克力酥餅。

弗蘭克知道我在監獄教書，冷不防便趁機講述他坐牢的經歷。打從我在監獄工作以來，我聽到他的故事時感覺便有所不同，就好像他的話多了一些可以想像的空間。他提到了監獄側翼，我彷彿就能夠繞著它走一圈。我可以聽到平台的喧鬧聲，也能聞到腥臭的味道。

我告訴弗蘭克，說我已經在他關過的監獄裡教書。

「你記得你的牢房編號嗎？」我問他。

「我記得操場是一個古老的墓地。」他說道，「裡面埋了多年來被吊死囚犯的屍體。」

他閉上一隻眼睛在回想事情。

他說道：「維尼和我在一起總是生悶氣，因爲我拉的大便太臭了。你關在牢裡時，只能在桶子裡拉屎。我過去常常拿報紙包住我的大便，然後把它扔出窗外。很多人都這麼幹，所以院子裡堆滿了屎。如果獄警討厭你，他們就會叫你出去把大便撿乾淨。」

「你還記得你關在哪一個側翼嗎？」我問道。

「記不得了。老實說，我可能只去過那裡二、三次。」他說道。

客廳裡的空氣溫暖而悶熱。我推了推弗蘭克，說道：「下禮拜的天氣應該會很好。要不要一起去荒地？」

他聳了聳肩，說道：「你想去的話，就一起去吧！想不到你竟然在我關過的監獄裡教書。現在那裡變得怎麼樣了？」

「現在鬧哄哄的。」我說道。

弗蘭克的臉亮了起來。

「自從下了禁菸令以來，囚犯們就很煩躁。」我說道。

「然後呢？」

「去年所有的監獄都禁止吸菸，連在操場都不准抽菸。」

「我的天啊！」

「香菸在監獄內已經是違禁品，現在只能吸電子菸。」

「他們怎麼能這樣？好了。我再也不想進監獄了。他們怎麼敢這樣蠻幹。」

弗蘭克還是個孩子的時候，會沒買票就跳上火車，然後避開車掌，一直坐到肯特郡（Kent）的桑威赤（Sandwich）。他會去沿海的自然保護區，坐在岸邊看夕陽。

弗蘭克爲我們泡了那天下午的第六回茶，然後回到客廳，把茶遞給我。我吹散熱茶冒出的蒸汽。他坐在我旁邊沙發的扶手上，手肘碰著我的肩膀。我聞到他衣服上的菸味。窗外，金絲雀碼頭上方的陽光閃閃發亮。

我再次碰了碰弗蘭克，說道：「我們可以去桑威赤嗎？」

「我小時候經常去那裡撿鳥蛋。」

「撿蛋？」

「搶鳥的蛋。我曾經收集過鳥蛋。我有一顆綠松石色的烏鴉蛋。還有一顆有斑點的棕色蛋，是紅隼生下的。但現在不能偷鳥蛋了，有太多人在監視。」

「我們爲什麼不去桑威赤呢？可以一起呼吸新鮮的空氣。」我說道。

「好吧，等放晴了，我們就出發吧！天氣晴朗時，天空和樹上會有很多的鳥類。可以看到翠鳥、布穀鳥和魚鷹。」

「今天的天氣還不錯。」我說道。

「是這樣沒錯，但還是等放晴再說。」弗蘭克回答。

過了一會兒，弗蘭克告訴我，說他十五歲時曾在青少年犯感化院（borstal）過了六個月。那個教養院曾經以「快速而有效的」（Short Sharp Shock）[54]懲戒而聞名。我把馬克杯放在咖啡桌上讓它冷卻。

「要吃飯時，你必須在牢房外立正。他們會叫你的名字，你馬上就得大步走出去。」弗蘭克說道。

他從沙發扶手上站起來，抿著嘴巴，一臉嚴肅，然後大步走過客廳，動作誇張。

「但我只是這樣走出去。」他說道。

他轉過身，拖著腳，搖搖擺擺走了幾步，在鬆軟的地毯上留下了痕跡。

他坐回沙發扶手上，說道：「獄警見狀，就揍我的肚子，但我隔天還是我行我素，沒有大步走。我每天都這樣幹，他們就每天打我的肚子。」

[54] 譯註：直譯為「短暫、劇烈、震驚」，表示懲罰迅速有效。

他的臉上露出了笑容。

「然後獄警改變了做法。他們會喊我的名字。我就慢慢走出去，然後他們給了我晚餐，但是將鹽巴撒滿整個盤子。我不得不用刀子把鹽巴全部刮掉。但我每天還是堅持不要大步走。他們一直給我吃整盤撒滿白色鹽巴的食物。一週後，他們把我關進『塞格』（seg）。」

所謂塞格，就是隔離單位（segregation unit）[55]。

我從咖啡桌上拿起馬克杯，用雙手握住它。

他說道：「我在那裡只能睡在混凝土壁架上。獄警每天早上都會叫醒我，帶我出去，給我一把鏟子，讓我挖一個八英尺深的洞。外頭全是濕漉漉的泥土。然後在一天結束時，我必須把洞填回去。第二天早上，他們又會把我叫醒，帶我出去，讓我再做同樣的事。我挖洞後，又要把洞填回去。」

「你沒拿鏟子去砸獄警的頭嗎？你應該被搞得要發瘋了吧！」我說道。

「當獄警早上打開房門時，我會跳起來，給他一個燦爛的微笑。我說：『我喜歡挖洞。』」

---

[55] 譯註：關禁閉。

「但你討厭挖洞？」我問道。

「我只是假裝喜歡挖洞。我喜歡挖洞。」

我感覺自己又站在牆的另一邊，跟弗蘭克隔了開來。我把馬克杯放在桌子上，轉過脖子，直視弗蘭克的眼睛。

「你並不喜歡挖洞，對吧？」我說道。

他從沙發扶手上站起來，從耳後拿出一根捲菸，塞進嘴裡。「安迪，我喜歡挖洞。我只是假裝自己喜歡挖洞。」

幾天後，我到了一座戒備森嚴的監獄。在教師辦公室裡，烹飪老師告訴我，說二天前出了安全問題，所以每班暫時都不能使用刀具、熱水和大部分的廚房用具，以免有人偷走它們，拿到側翼當作武器來傷人。這位烹飪老師也不能帶食物進來，因為安全部門在打擊走私毒品的工作人員。她告訴我，那天早上她手裡既沒有刀，也沒有洋蔥，卻要向學生模仿該如何切洋蔥。她說切洋蔥時，指關節要位於指尖前面，這樣就不會割傷手。學生模仿她的動作，她必要時就糾正他們。有一名男子還假裝被洋蔥的氣味刺激到流眼淚。

第二天早上，在這座維多利亞式的監獄裡，我路過那間恐怖的廁所，聞到腐臭的尿騷味。我走進教室，白板寫滿了上週憤怒管理（anger-management）課程的課堂筆記。「尊重」（Respect）、「加劇」（Escalation）和「暴怒」（Rage）這三個字都是大寫，中間畫著紅色的箭頭。我拿板擦去擦掉它們，但擦不掉。我更用力擦，字還是擦不掉。到底是哪個傢伙拿永久性麥克筆寫下這些東西。

我探出頭，看到走廊上的亞當森獄警。我揮手示意他停下，他便朝我走來。他手裡拿著超市的培根生菜番茄三明治（BLT sandwich）[56]和一包哈瑞寶碳酸軟糖（Haribo fizzy sweets）。

「請問哪裡有白板噴霧劑？」我問他。

「如果你想把這類液體帶進監獄，必須將它們密封起來。」他如此回答。

「那我會試著用熱肥皂水。」

他看著我，好像我是個外星人一樣。「你想端著熱水走過這棟大樓嗎？」

「白板上寫滿了別人上課的筆記。可以從什麼地方再弄一塊板子嗎？」

---

[56] 譯註：英美很普遍的三明治，基本食材包括培根（Bacon）、生菜（Lettuce）和番茄（Tomato），故簡寫為BLT。

「如果我爲你的心理學課翻箱倒櫃找白板，我就會擅離職守……」

「那我在紙上做筆記好了。」

「萬一出了事情，但我不在這裡……」

此時，亞當森的無線電機響起，他把聽筒拿到耳邊。我便趁機離開，回到教室後把門關上。

我拿了一張A4紙，上頭畫了一個人，推著一塊巨石上山。我把這張紙放在圍成圈的椅子中間。

走廊上的獄警喊道：「自由通行。」第一個來到教室的是名叫古爾曼（Gurman）的男子。他二十多歲，入獄前曾擔任戶外活動教練。他剛刮完鬍子，整個人精神飽滿。十分鐘後，沒有其他人來到教室，因爲監獄最大的側翼發生事故，囚犯還沒有被放行。

「我們難道就不能開始上課嗎？」古爾曼問道。

「別人來了後，我還得重講一遍。」我回答。

他說道：「我們可能要等到天荒地老。」他走到教室後面放雜誌和報紙的桌子前，翻尋最近的報紙。他找到了，報紙是二週前出版的。他翻了四到五頁，然後把它放回桌子上。

幾個月以前，古爾曼叫他的媽媽送一個時鐘到他的牢房。那個時鐘的秒針不會發出滴答聲，走動連續且平穩。古爾曼說，他認爲這樣太「冷酷」。幾天後，他把時鐘拿去換了一包餅乾。

十分鐘後，吉姆來到了教室，罵道：「有個白痴把一杯尿扔向獄警，所以我們得等待牢房解鎖。他們把這個傢伙送到『塞格』關禁閉，然後清理殘局。一早就被這些該死的傢伙弄得烏煙瘴氣，眞是氣死我了。」

薩爾瓦多尾隨吉姆走進教室。他的藍眼睛看起來又紅又腫。他在吉姆旁邊的椅子上坐了下來。吉姆似乎一臉不爽。

大家都到了。我坐在圍成圈的椅子上，指著中間地板的圖案。「這就是薛西弗斯（Sisyphus）。他……」

「他們把我的獄友帶走了。」薩爾瓦多說道，「他們把他關進塞格。現在我獨自一人住在牢房裡。」

「你抱怨個屁？我還巴不得自己單獨住一間牢房。」吉姆說道。

「我的獄友很會殺蟑螂。」薩爾瓦多說道，「我昨晚一直感覺蟑螂在我身上爬來爬去，根本睡不著。到處都是那些該死的東西。」

站在薩爾瓦多身後的一個男人撓著他的耳朵。薩爾瓦多拍開他的手，說道：「別這樣。」聽他說話的聲音，好像他快要哭了。「我不敢相信我還得在這個地方待八個月。八個月！」

「你別這樣敏感行不行啊？」吉姆說道。「在我們之中，有些人得坐牢十幾、二十年，而你只要關八個月。你認爲我聽你在抱怨，心裡會有何感受？」

另外四到五個人也咕噥著表示同意。「我剛出去九天，又被關回這裡。」有一個人如此說道。另一個人指出：「我的孩子們要來這裡看我，到這裡要花三個小時，再坐火車回去也要花三個小時。你知道要花多少錢嗎？」

薩爾瓦多說道：「對不起。我不應該抱怨，但是……」

「我可沒說你不應該抱怨。」吉姆說道。

薩爾瓦多的臉色變得柔和起來，吉姆的話激勵了他。「我知道，大家的處境都一樣。只是……」

「你儘管去抱怨。」吉姆說道，「只是別向我抱怨。我在這裡每天醒來時都很開心。不管明天或後天，我也會這樣。我不會讓任何人破壞我的好心情。」

薩爾瓦多感到絕望，臉都垮下去了。「他們爲什麼不讓另一個人和我關在一起呢？這個該死的地方應該人滿爲患才對啊！」

「我還以爲你來這裡是爲了回饋一些東西。」吉姆說道，嘴角浮現一絲微笑。

薩爾瓦多的肩膀垂了下來，臉色鐵青。他閉上嘴巴，不再喊出自助口號。他突然發現自己是在坐牢。我先前把好幾瓶自來水和塑膠杯放在教室角落，便從椅子上站起來，走到那裡，倒了一杯水，把水遞給薩爾瓦多，然後坐下來。薩爾瓦多把杯子放在椅腳旁邊的地板上。

坐在薩爾瓦多旁邊的是名叫阿米爾（Amir）的二十一歲男子。他的兩個前臂上各有一個獅子紋身。他說道：「你必須充分利用在這裡的時間。」他像拳擊手一樣將拳頭舉到臉頰旁邊。「我就是在監獄裡訓練。」

「這裡有拳擊場嗎？」薩爾瓦多問道。

每個人都在嘲笑他。

「監獄就是拳擊場。」阿米爾說道。「我遵循佛洛伊德・梅威瑟（Floyd Mayweather）[57]的三項原則。保持距離。使用刺拳。避免爭吵。」

薩爾瓦多看起來一臉迷惑。

---

[57] 譯註：美國前職業拳擊運動員，曾是超級拳王。他身體柔韌、速度極快、步伐靈活、閃躲出色，以技術性打法而聞名。

「保持距離：我只聽別人說話十五秒。如果他們聊負面的內容，我就轉身離開。使用刺拳：我進去，然後就出來。我會去拿食物，然後將食物帶回牢房。我會去洗澡，然後回到牢房。我不會在平台上和別人鬼混。我只顧自己，這裡不是交朋友的地點，時機也不適合。避免爭吵：我不會搞無聊的東西。這裡的人把打鬥當作娛樂，但它很耗精力。我不想成爲暴徒，我是一名戰士。」

薩爾瓦多說道：「兄弟，謝謝你。你認爲獄警今晚之前會給我配一個新獄友嗎？」

「我什麼都不想。我保持距離，我使用刺拳，我避免爭吵。」

薩爾瓦多眨了眨眼，臉上的憂慮刻畫得更深了。

我和薩爾瓦多、吉姆、古爾曼、阿米爾和其他人圍坐在一起。我指著地板上的畫，畫的是一個人推著一塊巨石上山。

我說道：「這是薛西弗斯。諸神讓他在陰間推一塊巨石上山。當他把石頭推到山頂時，巨石又會滾下來。他必須先下山，再把巨石推上山。當他到抵達山頂時，巨石又會再度滾落下去。」

男人們都笑了。薩爾瓦多的表情卻越來越凝重。

「他必須回到山下，把巨石推到山頂，但石頭會滾下來，然後他必須再回去，把它推到山頂，一遍又一遍，重複同樣的動作。」

「我們必須做類似的事情，但要對付的是垃圾桶。」布倫丹（Brendan）說道。布倫丹七十三歲。他的聲音帶有刺耳的鼻音，這是由於多年頻繁吸毒造成的。「我十六歲時，因爲逃兵而被關進軍事監獄。」他說話時，中間還吸了一口氣。「他們給了我們黑色的大垃圾桶，我們必須磨掉上面全部的黑色油漆，讓垃圾箱重回鋼鐵的模樣，然後再把鋼鐵擦亮，讓它亮到可以照出我們的臉。」他吸了另一口氣。「等獄警滿意後，他們會給我們一盆黑色油漆，叫我們必須重新漆垃圾桶。」

「我比較願意這樣做。」古爾曼說。「我以爲我入獄後會受到懲罰，但我只是整天坐在牢房裡看電視，待在這裡簡直浪費我的時間。」

布倫丹看著古爾曼。「如果你不喜歡看電視的話，把你的電視機給我。」

「根據哲學家卡繆（Camus）的說法，薛西弗斯是一位英雄。」我如此說道。

吉姆看著我，感到不耐煩。

我說道：「當薛西弗斯活著的時候，他是一個叛逆者。死神想銬住他，把他帶到陰間，但薛西弗斯欺騙死神，讓死神把自己的雙手銬在一起。後來，當死神最終奪走薛西弗斯的靈魂時，薛西弗斯卻用甜言蜜語迷惑冥界王后[58]，讓他回到人間度過一個下午。他答應當晚就會回到冥界，但他沒有。衆神被冒犯了。他們打算粉碎薛西弗斯的叛逆精神，因此讓他把巨石推上山，永世重複同樣的事情。」

「他當英雄的時間並不長，對吧？」吉姆說道。

「卡繆認爲，薛西弗斯即使是在推巨石，仍然可以成爲英雄。」我說道。

「這怎麼說呢？」吉姆問道。

「因爲薛西弗斯並不期待巨石會留在山頂，他知道自己必定失敗，但他還是把石頭推到山頂。薛西弗斯成爲英雄的時刻，並非是當他抵達山頂的時候……」

「是在他回去的時候。」阿米爾說道。

「沒錯。薛西弗斯決定要很高興地再次去推石頭。這是他面對諸神時最叛逆的行爲。原本他應該感到空虛，他卻翻轉過來，用這件事來充實自己。」

「他怎麼會高興這樣做呢？」薩爾瓦多說道，「他會氣壞的。」

「薛西弗斯沒有生氣。薛西弗斯是反抗的。」阿米爾說道。

「生氣，反抗。他仍然不高興。」薩爾瓦多說道。

---

[58] 譯註：珀爾塞福涅／貝瑟芬妮（Persephone），宙斯之女，被冥王劫持娶作冥后。

阿米爾挺直肩膀。「如果他生氣了，就表示他還沒有接受自己的處境。假使你不接受自己的處境，你就不會快樂。反抗是指你接受自己的處境，但仍繼續前進。薛西弗斯很高興，因爲他反抗了。」

門打開了。亞當森帶來一塊「A板」（A-Board）白板。教室裡現在有一名獄警，學生們便不再說話。亞當森架起白板，檢查支架，看看是否平整且不會晃動。

我若是向亞當森要什麼東西，他會嚴詞拒絕，但一旦我讓他開口拒絕並讓他詳細解釋爲什麼他要拒絕，他稍後就會回來，拿給我先前我要求的東西，但到了那時，我已經習慣沒有那樣東西也能順利教課了。

「謝謝你。」我說道。亞當森頭都沒有點，人就離開了。

二十分鐘後，阿米爾在記事本上勾勒出薛西弗斯推著巨石的圖案。薩爾瓦多用手搓著臉，就像在擦洗一樣。但他根本沒有碰水。

「如果薛西弗斯說：『去他媽的，我不想再推這塊巨石了』，這樣會發生什麼事呢？」吉姆說道。

「衆神會讓他幹很簡單的事情。」布倫丹說道。

「如果薛西弗斯可以在推巨石和什麼都不做之間做選擇，我保證他會去推石頭。」

古爾曼說道。

「薛西弗斯會希望一切能夠結束。」薩爾瓦多說道。

我說道：「卡繆指出，假使薛西弗斯開始希望結束苦勞，他就無法承受這項勞動。」

「因爲薛西弗斯若是充滿希望，他的心中就會有所懷疑。」阿米爾說道。「就像他不相信自己的反抗精神一樣。如果他希望巨石能夠停留在山頂，當他到達山頂時就會感到欣喜，但一旦他看到巨石滾落，他就會沮喪。因爲他不希望自己能夠快樂走下山。因爲他不抱持希望，所以他會不斷取得成果。」

薩爾瓦多垂下眼瞼。他的睫毛因爲淚水而濕潤。阿米爾把目光從他的身上移開。

椅子圍成圓圈，我指著椅子中間的薛西弗斯圖案。「如果薛西弗斯告訴你他很快樂，你們會相信他嗎？」

薩爾瓦多說道：「我可以想像巨石從山上滾下去，薛西弗斯對著隔壁山上推著巨石的人大喊：『眞他媽的有夠悲慘，對吧？卡繆已經死了，生前還跟大家說我很高興。』」

男人們把目光從他身上移開。古爾曼聽到薩爾瓦多激動的聲音時努力忍住不笑。薩爾瓦多感到絕望，吉姆對此顯然感到不悅。

我指著薩爾瓦多椅子旁邊的那杯水。

「薩爾瓦多，喝口水。你現在必須照顧好自己。」我說道。

一個月後，我在奶奶家的浴室裡小便。白色的瓷器馬桶很乾淨，散發檸檬漂白劑的味道。

我小便完後走進客廳，坐在叔叔旁邊的沙發上。他的大肚子撐滿了他的T恤。他正在看一部叫《神鬼獵人》（*The Revenant*）的電影。該片講述某個男人試圖在冰凍的荒野中獨自求生的故事。螢幕裡的李奧納多・狄卡皮歐（Leonardo DiCaprio）掏出一匹死馬的內臟，然後爬到馬肚子裡睡覺。弗蘭克的臉上帶著和煦的微笑。

我問他：「你在感化院挖那些洞時，有沒有反抗過？你曾經希望不要再幹那種事情嗎？」

他轉過身來，說道：「安迪，我他媽的很討厭做那件事，但表示我又有點喜歡它。它涵蓋一切，是我的全部，所以我也得全力以赴，根本沒有時間希望能做別的事情。」

「那你回到牢房之後呢？沒有獄警在那裡讓你假裝喜歡這件事時，你有怎樣的感覺呢？」

「我睡得像死豬一樣。我挖洞都挖了一整天。」

「那你醒來之後呢？你當時被關在一間混凝土牢房裡。」

「獄警把我吵醒了。我從床上跳起來，說道：『我們開始幹活吧！』」

他回頭看著螢幕。

今天本來天氣晴朗，但現在天色已經暗下來了。弗蘭克和我沒去海邊。我們坐在沙發上看電視。他穿著運動褲和人字拖鞋，喝著茶，抽著捲菸。

電影被廣告中斷。弗蘭克再次轉向我，說道：「我只在『塞格』待了一個星期。他們把我帶回主平台後，吃飯時仍會喊我的名字，但我還是不肯大步走，於是他們又在我的盤子裡撒鹽。但我仍然不想大步走。」

「你眞的很喜歡挖洞，是吧？」

「我有一天漫步走下去，他們遞給我食物，結果上面沒有任何鹽巴。」

「他們尊重你了。」

「他們已經懶得理我了。老頭把盤子遞給我，我轉頭向獄警說：『你在跟我開玩笑吧！我他媽的鹽巴在哪兒？』」

07

時間

我在逗你玩呢！想打發時間，這樣最棒了。逗弄別人時會讓時間錯亂。

——英格蘭藝術評論家兼小說家約翰・伯格（John Berger）

我二十五年前第一次去監獄探望我的哥哥，此後坐牢的人犯增加了一倍，但監獄空間卻沒有增加。單人牢房放進了雙層床，原本容納二張單人床的牢房則改成要放三張單人床。囚犯人數之所以增加，主因是有更多的人因爲過去所犯的罪而遭到判刑，還有犯人被判了更長的刑期。

幾個月前，我的班上來了一個名叫盧卡斯（Lucus）的人。他三十多歲，留著一頭淺金色頭髮，不時把頭髮從眼睛上撥開。監獄的理髮師有好幾次叫他去理髮，但他就是懶得去。盧卡斯可以輕易唸出我們在課堂上使用的古希臘術語，但我請他發表意見時，他卻從不搭理我。他在上課時通常會坐在一張桌子旁邊，將《聖經》文句抄寫到橫格紙上。盧卡斯筆跡潦草，寫了整整一沓紙。大約一個月後，他開始抄寫《古蘭經》

（*Quran*）[59]。

盧卡斯有一個禮拜在班上抄寫《法華經》（*Lotus Sutra*）[60]。我笑著對他說：「你這樣得寫滿整本記事本。佛經浩瀚眾多，足以塞滿一間小圖書館。」盧卡斯沒有笑著回答我，只是用一根手指壓著書頁，另一隻手則不停在紙上抄寫經文。

上課結束時，另一名學生告訴我，說盧卡斯正在服「保護公眾監禁」（**Imprisonment for Public Protection**，簡稱IPP）[61]的刑期。我當下就明白盧卡斯爲什麼不會笑著回我了。

因「保護公眾監禁」而入獄的人至少會被判處五年徒刑，但國家有權把他們關押九十九年。這些人服刑五年後，可以向假釋諮詢委員會（**parole board**）申請獲釋。如果委員會拒絕，他們就得繼續關押，二年後才能再度提出申請。「保護公眾監禁」刑罰於二〇〇五年推出，旨在處置最嚴重的犯罪行爲。英國政府原本預計只會有二百到三百人被

---

59 譯註：又譯《可蘭經》。伊斯蘭教最神聖的經典，號稱是獨一神真主阿拉（安拉）透過大天使加百列降示先知穆罕默德（Muhammad）的訓誨，作為穆斯林個人與社群生活的引導。

60 譯註：全名《妙法蓮華經》，以蓮花（蓮華）表示出淤泥而不染，比喻佛法潔白清淨，表達清淨之意，究竟圓滿，無上微妙。

61 譯註：英國政府以前實施的措施，主要目的是讓暴力犯和性侵犯者留在監獄，以免他們危害社會。

判這種刑罰，但實際遭判刑的人超過八千名。有些人因爲在商店行竊、偷手機或犯下刑事損害金額低於二十英鎊的罪刑而被判處「保護公眾監禁」刑罰。這套措施在二〇一二年廢除，但不溯及既往。像盧卡斯這種人還不知道會在監獄裡待多久。

在古希臘神話中，宙斯（Zeus）想要給父親柯羅諾斯（Chronos）承受他所能設想到的最瘋狂懲罰，於是讓柯羅諾斯數算秒數、分鐘和小時，一直數到永遠。「保護公眾監禁」刑罰等於將柯羅諾斯所受的酷刑寫入法律。二〇〇七年，名叫肖恩・斯特勞頓（Shane Stroughton）的十九歲男孩被判處二年半的「得提報假釋期間」（tariff）[62]以及九十九年的「保護公眾監禁」刑期。十年後，他被人發現吊死在牢房裡。

接下來的幾個月，盧卡斯繼續帶著《法華經》來上課。他一向話很少，我也沒要他多發言，依舊跟往常一樣繼續教學，偶爾會偷看他是否仍在抄寫玄妙的佛經。

上完薛西弗斯課程後的一個禮拜，我前往一所戒備比較不森嚴的監獄，然後在平台上與一位名叫戴維斯（Davis）的保安閒聊。戴維斯滿頭白髮，與那層平台的多數囚犯

[62] 譯註：此處的tariff並非指關稅，而是量刑標準，淺白的說法是「得提報假釋期間」，亦即受刑人必須服刑滿這段期間才能夠申請假釋。

關係良好。我曾經遇到一位即將被釋放的學生，他在我的課堂上給戴維斯寫了一封兩頁的信，上頭寫著：「謝謝『你』（YOU）認爲我很有潛力。謝謝『你』保護了我。」他把「你」這個大寫的英文字寫了五到六次。

戴維斯說：「前幾天，G側翼的斯金納（Skinner）跟我講了你的課，還問我各種問題，說我們如何知道自己是否是自由的？他的確把我問倒了。我想到你的課堂上坐十分鐘，聽聽他們對這個世界有何看法。」

他告訴我，說有一個叫弗雷德里克（Frederick）的人，二個月前參加上訴聽證會（appeal hearing），結果卻被判了更長的刑期。從那時起，他就不想參加監獄爲他提供的課程、工作或活動。戴維斯說：「我有點擔心他。他變得很沉默。我想叫他報名你的課程。我不知道他能夠參與多少，但說句實話，能讓他從牢房走到教室，這樣就夠了。」

到了下個禮拜，弗雷德里克來到我的教室，一隻眼睛半閉著，十年前他跟人在平台上打鬥，傷了這隻眼睛。弗雷德里克的Polo衫已經褪色，顯得硬梆梆的，但他把鈕扣一直扣到最上面，好像深怕露出什麼會讓他感到屈辱的東西。在他的右臂上，從手肘向上紋著一行又一行的標記，記號最終消失在T恤的袖子底下。我問他那些是什麼。弗雷德里克一聽，就把袖子捲到肩膀上，一共有四十六行標記。幾年以前，當他服刑四十六個月後剛刑滿釋放時，就紋了這些記號。

我開始上課，告訴他們古希臘哲學家芝諾（Zeno）的「箭矢悖論」[63]。「芝諾指出，箭射中目標之前，必須先飛行一半的距離。然後，箭要飛完剩餘的距離，還必須先移動剩餘距離的一半。一旦飛行完一半，又還得飛行剩餘距離的一半。」

學生們聽完我的話，咕噥著不停。

「即使箭距離目標一公釐，也必須先移動半公釐，才能射中目標。然後，它必須移動半公釐，先移動剩下距離的一半，之後再移動剩下距離的一半。芝諾說，箭永遠不會射中目標。無論距離有多近，總是有剩餘距離的一半需要飛行。」

他們在討論這個悖論，但多數人覺得談這個很煩人。他們一直說：「不過，箭會射中目標。」「在現實生活中，它會射中。」「箭會非常接近，然後它會越來越近並射中目標。它一定會射中的。」

他們看起來很煩躁，而且心不在焉，所以我宣布休息十五分鐘。大家都到走廊去吸電子菸。我走過去和他們站在一起。我發現弗雷德里克左臂T恤袖子底部還有更多的記

[63] 譯註：飛行的箭是靜止的，由於這支箭在每一時刻都有確定的位置，因此是靜止的，故箭不能處於運動狀態；然而，箭要達到每一時刻的固定位置，就必須存在動能，所以箭必須處於運動狀態。兩相牴觸，故為悖論。作者的解釋則是指出「無窮」（infinity）這個概念所揭露的危機。

數。他發現我在看他的手臂，就捲起袖子給我看。總共大約有十二個記號。

「當我這次被關進來時，我就開始做標記，」他說道，「我每個月都會添加一行。但是當我看到手臂上還有那麼多空白皮膚時，我就感到很沮喪，所以我開始在每個禮拜結束時添加一行。不過，這讓我感覺更糟糕，我最後終於放棄。」

我的朋友大衛・布雷克斯皮爾（David Breakspear）已經坐了好幾年的牢。他十幾歲時曾和同夥打電話報警，然後放下話筒，立刻跑掉。當他二十多歲的時候，監獄就像是他的家。他最近告訴我：「別人會對我說：『如果你受不了坐牢，就不要去犯罪。』但我想坐牢。犯罪是讓我達到目標的一種手段。懲罰就是獎勵。」我問他以前如何在監獄裡打發時間。他回答我：「出去過夜。」所謂「出去過夜」，就是一種委婉的說法，表示要「嗨起來」。到了五點，警衛會把他關起來過夜，他就會吸一些海洛因（heroin），然後恍惚進入一個不存在時間的現實世界。他醒來後，就會大口喝水，因爲他知道如果被要求做尿液檢測，一旦獄警發現他的體內殘留海洛因，就會把他多關三十天。「出去過夜」是一場豪賭，可能會讓他消磨時間，但也可能會害他被關更久。吸食海洛因後，通常在七十二小時之內做尿液檢測時會被測出來，但大衛喝了大量的水，每二十分鐘就小便一次，這樣非常有效，可以在隔天十二點以前讓毒品從他的體內排出去。

大衛上一次出獄時，就快半百了，而在過去五年裡，他一直致力於推動監獄改革。如今，他的日常作息和以前入獄時一樣，每天按時起床、睡覺、吃飯和小睡一番。「但我不再需要出去過夜，」他說道，「我現在忙得很，希望一天能有更多的時間。」

我週末時坐在家裡的書桌前用筆記型電腦尋找資料，思考上課時該教些什麼。我當時看到一篇文章，說六〇年代時，愛爾蘭劇作家山繆．貝克特（Samuel Beckett）的戲劇《等待果陀》（*Waiting for Godot*）曾在加州的聖昆丁州立監獄（San Quentin）上演。演員是在拳擊台上表演，以前那裡是設置絞刑架活板門的位置。

我二十歲出頭時，訂了二齣山繆．貝克特戲劇的票，分別是《克拉普最後的錄音帶》（*Krapp's Last Tape*）和《不是我》（*Not I*），這二齣戲的演出時間相隔一個月。我很高興能首度欣賞貝克特的不朽作品，於是走進劇院，坐下來觀看《克拉普最後的錄音帶》。燈滅了，我看到一位老人在骯髒的房間裡聽著自己的錄音，然後又錄製更多自己的聲音。戲演完了，我如釋重負，離開劇院，去相隔幾家的義大利餐廳，吃了一份提拉米蘇。一個月後，就在我打算去看《不是我》的那天，我下班回家後打開電視，聽到《不是我》的舞台漆黑一片，只有女演員的嘴被照亮。那張嘴語速迅猛，講的是胡言亂語。幾個小時後，當我該出門去劇院時，電視開始連續播放好幾集《六人行》

（*Friends*）的影片。我拿起電話，要披薩店給我送一份瑪格麗塔披薩（Margarita）[64]。

我在筆記型電腦上向下滑動頁面，繼續閱讀這篇文章。作者提到了里克．克拉奇（Rick Cluchey），克拉奇是在聖昆丁監獄坐牢時知道貝克特的。他獲釋後與貝克特成爲朋友，並且在這位劇作家的指導下演出了《等待果陀》。研究貝克特的學者蘭斯．杜爾法德（Lance Duerfahrd）聲稱，克拉奇「演繹貝克特的角色時極爲出色，上過表演學校的演員根本望塵莫及」。

我將視線從筆電移開，抬起頭，凝視著不遠不近的距離。那時通常是Freeview頻道播放《辛普森家庭》（*The Simpsons*）[65]舊劇集的時段。

我回頭看著螢幕，試圖集中注意力。我下載了一份《等待果陀》的劇本，然後做了一些筆記。

二天後，我回到了教室。第一個來上課的人名叫齊吉（Ziggy）。他的臉很窄，鬍鬚卻很寬，尾端還翹起來。他那天手裡拿著一件T恤，懶洋洋坐到椅子上，然後把T恤

---

[64] 譯註：拿坡里披薩的代表，有綠色的羅勒、白色的莫札瑞拉起司，以及紅色的番茄醬，看似義大利國旗，故瑪格麗特王妃便以自己的名字來命名這款披薩。

[65] 譯註：美國福斯廣播公司的成人動畫情境喜劇，嘲諷美國文化和社會。

蓋在臉上。

「齊吉，你還好嗎？」我問道。

他把頭上的T恤掀開一半，好像那是一層面紗，問道：「昨天我們有這節課嗎？」

「昨天是禮拜天。」我回答。

「有個鬼魂整晚都在跟我說話。我幾乎沒有闔眼。」

「這隻鬼聽起來似乎不太體貼。」

齊吉握著T恤，手肘向外上舉。「說句實話，那還滿愉快的。」

「是女鬼嗎？」我問道。

「這裡是男子監獄。」齊吉說。

「他是被關在鬼監獄裡嗎？」

齊吉咂著嘴，發出嘖嘖聲。「我的牢房就在以前設置絞刑架的地方。」

「跟鄰居碰面總是不錯的。」我說道。

「我看得出來，他還算正派。」

「不知道他爲什麼被絞死。」

「我不想問。」齊吉將T恤放回臉上，然後交叉雙臂。

過了一會兒，韋恩（Wayne）進來了。他的刑期不定。十三年前，韋恩被判處要服刑六年後才得以申請假釋。他四個月前才轉入這所監獄，在先前待的監獄裡，他得參加時裝課程才能離開牢房。他每節課都會縫製自己正在做的一條褲子，但在課程結束前二十分鐘時會解開一些縫線，這樣他就可以繼續上課。韋恩還沒縫製好褲子，突然就被調離了，監獄的時裝課老師把褲子裝進信封寄到這裡。韋恩上週收到了它。

韋恩沒有坐下，而是站在椅子後面。他問我：「你幾歲了？」

「三十二。」我回答。

「你他媽怎麼能三十二歲？我都三十八歲了！」

韋恩看著頭上蓋著T恤的齊吉，然後回頭看著我。

「他的獄友很健談，搞得他整晚沒睡。」我說道。

「跟我住的是一個白痴。」韋恩說道。

「他無家可歸，所以想要被逮，過冬時才有張床可睡。但他昨晚開始抱怨，說他收到一封信，信上說他表現良好，十二月時將被放出去。我是因爲『保護公衆監禁』才被關的，這傢伙卻老是抱怨，說他不想離開。」

齊吉把T恤從臉上掀開。「絕對不要因爲『保護公衆監禁』被關。這種規定實行後，我就不敢碰暴力犯罪了。被判這種刑罰是很可怕的。」

「我他媽就是這樣被關進來的。」韋恩說道。

「哦，哇！」齊吉說道，隨即把T恤蓋回臉上。

過了一會兒，維姆（Wim）來了。他是荷蘭人，四十歲出頭，在過去九個月裡已經戒毒成功。他有一頭飄逸的長髮，看起來比監獄身分證的照片年輕十歲。維姆看了齊吉兩眼。「我們是在阿布格萊布監獄（Abu Ghraib）[66]嗎？」

「有人讓他整晚沒睡。」我說道。

維姆說道：「上個禮拜，他們讓一個十九歲的孩子和我住了一晚。他隔天早上就要被保釋，但他受不了壓力，整晚都沒睡，每隔十分鐘就要按一下對講機，問獄警：『你們知道我明天要上法庭，對吧？』二十分鐘後，他又去按對講機：『你們確定已經準備好讓我明天出庭的文件了嗎？可別忘了！』他最後終於睡著了，但我卻氣得睡不著。我一直幻想對他大喊，叫他不要浪費生命。」

維姆走到齊吉的椅子前面，問道：「齊吉，你和誰一起住？」

「我住單人牢房。」齊吉的聲音被T恤悶住了，話說得模糊不清。

---

[66] 譯註：在伊拉克戰爭初期，美軍占領伊拉克之後，曾在這所監獄侵犯伊拉克戰俘。

維姆撓撓頭，動了動嘴唇，似乎想說點什麼，但他只是朝椅子坐了下去。

最後幾個人進來後，在圍成圓圈椅子上就座。安德魯（Andrew）是最後進來的，他三十出頭，是英國裔的牙買加人。他戴著眼鏡，眼鏡架用透明膠帶固定。我上次和他說話已是十四天以前的事情了。在這十四天裡，他先被釋放，然後又被關回監獄。我根本沒有發現他出過獄了。

「我又回到這裡，實在很氣自己。」安德魯說道。

「眞是糟糕。你還要多久才能再度被放出去？」我問道。

「十個月。」他嘆了口氣，「不過，我希望時間很快過去。這就是坐牢時很奇怪的地方。從你被判刑的那一刻起，就會意識到時間有多麼寶貴，所以你開始希望時間很快過去，因爲你想再次出去。」

安德魯坐了下來。我把教室的門關上。

我說道：「劇作家山繆·貝克特住在巴黎時，家的對面是一座監獄。他的視線比監獄的牆還高，從窗戶便可看到裡面。他會站在陽台上，用燈和鏡子跟牢房裡的人溝通。」

「他是毒販嗎？」維姆說。

「他寫了一個劇本，裡頭有兩個老人，名叫嘀嘀（Didi）和哭哭（Gogo），穿著髒兮兮的西裝，站在一棵枯樹旁邊。他們在等一個叫果陀（Godot）的人。他們等了一整天。在日落以前，有一個孩子過來告訴他們果陀先生今天不會來，但明天會來。太陽下山了，嘀嘀和哭哭繼續等待。」

齊吉調整了頭上的Ｔ恤，免得它掉落。

「嘀嘀和哭哭隔日又等了一整天。夜幕降臨以前，那個孩子又回來告訴他們，說果陀先生今天不會來，但明天一定會來。嘀嘀告訴孩子，說他昨天也是這樣說，但男孩卻說他昨天沒來，來的人一定是他的哥哥。男孩後來離開了。哭哭說道：『我可等不下去了。』嘀嘀回答：『你就是這樣想的。』」

韋恩瞇起眼睛看著我。

我說道：「時間緩緩流逝。嘀嘀和哭哭迫切需要分散注意力。他們在整部劇中不停問對方：『我們現在該做什麼？』、『我們將要做什麼？』，以及『我們等待的時候應該做什麼？』」「他們做了什麼？」安德魯問我。

「他們試了很多的東西，有一次還想打架來殺時間。」我說道。

「昨晚我旁邊牢房裡的兩個傢伙打得很兇。」維姆說道，「一個想看ＢＢＣ[67]，另一個想看ＩＴＶ[68]，獄警不得不將他們分開。」

安德魯說道：「第一次進監獄時，看到牢房裡有一台電視時會想：『眞是太棒了。』但我現在知道，電視都是重複播放老片。」

安德魯開始談論昨晚《東區人》（*EastEnders*）[69]中兩個角色的爭吵情節。維姆也跟著閒聊。有些人則在談論《辛普森家庭》和《戀愛島》（*Love Island*）[70]。我舉起手，想引起全班同學的注意。他們注意到了，但幾乎所有人都在談論電視節目，沒人理我。我放下手，人靠在椅子上，等待大家聊完。他們談論《聖橡鎮少年》（*Hollyoaks*）[71]、《蓋酷家庭》（*Family Guy*）和一部名爲《深入全球最難熬的監獄》（*Inside the World's Toughest Prisons*）的系列紀錄片。

我靠在椅子上三～四分鐘，等待學生聊完電視節目。當大家都把話說完後，我坐起來，繼續上《等待果陀》的課。「啼啼和哭哭打算睡覺來消磨時間。但對方開始作夢

---

67 譯註：英國廣播公司（British Broadcasting Corporation）。
68 譯註：英國獨立電視網（The Independent Television service，後來縮寫為ITV）。
69 譯註：英國廣播公司第一台播出的長篇電視肥皂劇。
70 譯註：一齣英國的戀愛實境秀。
71 譯註：英國的長壽肥皂劇。

時，他們又覺得很討厭。」

「用睡覺打發坐牢時間是最難熬的。就像在被關在水底監獄一樣。」維姆說道。

齊吉把T恤掀開一半，說道：「我昨晚根本沒睡。」

「為什麼啼啼和哭哭不離開呢？」韋恩問道。

「他們有一次說要離開，但後來又繼續站在那裡。」我如此回答。

「果陀到底是什麼東西啊？」韋恩問道。

「啼啼和哭哭不知道果陀長什麼樣子。他們試圖去回想果陀為什麼要見他們，但他們記不得了。他們只想起果陀說他只能提供『不是非常明確的東西』，還說他『不能承諾任何事情』。」

「所以這只是一場騙局。果陀什麼都不是。」

「我們都在等待，」維姆說道，「也許是等待上帝，也可能為了等死，或者是想要頓悟。」

「維姆，你以為這很深奧，但我認為不是。」韋恩說道，「果陀就像恐怖電影的怪物。你總是害怕這種怪物，因為你沒有見過它，你只是感覺它的存在。恐怖電影製片人確實很聰明，但沒什麼深奧的。貝克特只是想要呼攏你。」

「也許我們甚至不知道你在等什麼，你只是在等待那個能夠解釋我們為何一直在等待的東西。」維姆說道。

「聽起來很玄，但我不知道你在講什麼。」韋恩說道。

維姆用手梳理頭髮。「當我乞討時，最糟的事情就是失去耐心。如果你發脾氣或語帶諷刺，沒有人會給你錢。無論你被拒絕多少次，你都得堅持下去。」

韋恩嗤之以鼻，然後搖了搖頭。

我說道：「啼啼試著講個笑話來打發時間。但就在他快要講到笑點時卻不得不去小便，因爲他的膀胱沒力。後來，啼啼打算唱一首講狗死掉的歌曲，但他總是忘記歌詞。他們無論想做什麼，不是失敗，就是適得其反，不然就是很快就失去動力。」

「他們可以提醒自己，如果有必要的話，他們可以自殺。」韋恩說道，「我不是說他們應該自殺，但要知道這是一種選項，可讓事情變得更容易。」

我說道：「在這齣戲快結束時，他們拉扯哭哭腰帶的兩端，測試腰帶是否堅韌到能夠用來吊死他們。結果啪的一聲，二人差點摔倒。哭哭的褲子掉到腳踝處，此時戲就結束了。」

韋恩張大鼻孔，說道：「貝克特只是想要我們。」

我問全班同學：「嗁嗁和哭哭應該如何等待果陀？」

「也許果陀會來，他只是習慣了黑人時間（black people time，簡稱BPT）[72]。」安德魯說道。

在場有些黑人學生，某些人一聽就笑了。

安德魯說話時，眼鏡一直在晃動。「如果黑人說要在十二點跟你碰面，那就表示他會在一點半左右出發，而且他仍然是提前早到一個小時。這就是我的理論，爲什麼政府可以把我們這麼多黑人關進監獄，但我們卻不站起來反抗，因爲我們根本不在乎時間。老實說，嗁嗁和哭哭應該去牙買加等待果陀。」

齊吉仍然無精打采坐在椅子上，頭上罩著一件T恤。韋恩似乎越來越惱怒。

維姆把頭髮從眼睛前面撥開，說道：「如果嗁嗁和哭哭一直朝路邊看，看果陀是否來了，他們會發瘋的。然而，假使他們試著不再去想果陀，他們也會發瘋。這就像努力不去想粉紅色大象[73]一樣。所以他們不應該想果陀，也不應該不去想他。」

---

[72] 譯註：一種美式說法，暗指非裔美國人經常遲到。

[73] 譯註：pink elephant指喝醉酒或吸毒時產生的幻覺。大象沒有粉色的，不可能看見這種大象，只要看見了，鐵定是出現了幻覺。

「他們怎麼能做到這點？」韋恩問道。

「分散他們的注意力。」

「這和避免去想果陀是一樣的。」韋恩說道，他下顎的牙齒此時向前傾斜。

「不去想果陀就表示他們始終記掛果陀。分散注意力表示他們已經暫時忘了他，就像在這裡的我一樣。我申請一份工作，幾週後，我請我看到的每一位獄警去打探結果。我昨天就想要答覆，但我非得等到明天才會得到我不想要的答案。除非我分散注意力，不去想這件事，否則我會把自己逼瘋的。」

「啼啼和哭哭沒有什麼可以分散注意力的。」韋恩說道。

「他們可以等那個孩子明天回來時給他們帶一點消息。」維姆說道。

整個教室的學生哄堂大笑。

「我會把啼啼和哭哭打得屁滾尿流。」韋恩說道。

「沒錯，啼啼和哭哭就是問題所在。」維姆說道，「如果我在那兒等著，我會遠離他們，自己一人獨處。我看到他們恐慌和抱怨，只會感到沮喪。只需要保持清醒，就可以控制時間，而不是像那二人一樣。時間已經控制了他們。」

「啼啼和哭哭怎樣才能控制時間？」我問道。

維姆說道：「啼啼和哭哭醒來時，應該盡量堅持到中午。到了中午，他們應該試著撐到傍晚，然後嘗試堅持到晚上。如果這樣不行，那就試著去熬過接下來的一個小時或後續的二十分鐘。或者是接著而來的二分鐘。」

韋恩做了個怪臉。「然後那個孩子過來，告訴他們必須把事情重新做一遍。我坐牢時最討厭的就是當我向獄警要東西時，他們會告訴我明天再跟他們要。然後第二天我想要東西時，他們卻不在這裡。他們不是放假，就是沒有輪到他們的班。我希望他們別他媽的騙我。跟我說『不』就行，而這我可以忍受。」

我問韋恩：「你認爲啼啼和哭哭應該對孩子說什麼？」

「千萬別理他。」韋恩說道。

維姆伸展雙臂。安德魯向旁邊的人問幾點了。教室的氛圍正逐漸冷卻。齊吉把T恤從頭上拿掉，打著哈欠，說道：「還在談論那兩個乞丐嗎？」

「我們正在討論啼啼和哭哭應該如何等待。」維姆說道。

「這得看那個傢伙什麼時候會到。」齊吉說道。

「他們不知道。」韋恩說道。

「他們一定知道。否則，他們爲什麼還待在那裡？」齊吉說道。

「他們不知道他什麼時候來。」韋恩說道。

「好吧，但他們需要問出他什麼時候會來。」

「大佬，你有沒有在聽啊？他們他媽的不知道。這就是這個愚蠢故事的重點。」

「那時我睡著了。」

「那你爲什麼還要發表意見呢？」韋恩說道。

「他們應該要問出他什麼時候來。」齊吉說道：「不確定是不好的。如果他不來，他們就應該離開。」

韋恩說道：「你幹嘛不回去睡覺呢？」他站起來，走出教室，碰的一聲把門關上。

大家面面相覷。維姆顯得很尷尬。

「他們應該跟著那個孩子，這樣就可以找到果陀。」齊吉說道。

我讓大家互相交談一會兒。我走過去，透過玻璃門往外看，看到韋恩在走廊裡來回踱步。他低聲嘀咕著。在我身後，安德魯和維姆在談論《戀愛島》。有人提到了《龍穴》（*Dragons' Den*）[74]，教室裡的聲量變大了。每個人都在談論電視節目。

---

[74] 譯註：又譯《龍穴之創業投資》，一齣商業投資實境秀節目。

08

瘋狂

親愛的各位，你們必須知道，從地球上所有人的角度以及為所有人之故，我們每個人都有罪，這點毫無疑問。

——俄國作家杜斯妥也夫斯基（Dostoyevsky）

在過去的二個月裡，我一直擔心自己會把房子燒掉。我早晨從前門出去，走到街道的盡頭時，老是覺得爐子的火沒關。我告訴自己，我沒有把爐子開著，但我又會想，要是我下班回家發現房子陷入熊熊大火，而消防隊正忙著滅火，那時該怎麼辦？我還會看到室友燒焦的屍體被裝進袋子，拉上拉鍊後被運走。

於是我會跑回家檢查是否已將爐火關閉，我有時還得跑回家二趟，以便確定我第一次檢查無誤。即使我那天早上沒有使用爐子，腦子裡的劊子手（executioner）[75]也會

[75] 譯註：作者內心自我批判的聲音。

告訴我，說我鐵定幹了什麼壞事。那種恐懼太強烈了，所以我必須回家去確定我沒做蠢事。

為了節省時間，我會在離開家以前拍下爐子的照片。現在，每當我走到街道的盡頭卻擔心爐火沒關時，我就可以查看手機，確認爐子沒有打開。我偶爾看著照片就能放鬆心情，那揮之不去的恐怖思緒也會消退平撫。然而，即便我這樣做，有時還是無法消除恐懼，彷彿內疚早已深入骨髓，無需任何情節，就會讓我心生恐懼。這種感覺模糊不清，好像有毒的氣體，讓我快要窒息。

三個月前，在某個美麗的夏日，我和認識二十年的朋友強尼（Johnny）一起乘運河船[76]順流而下。我們只要看到一棵探出頭的垂柳時，就會駕船穿過它懸垂的枝椏。每當樹葉拂過我們的頭頂時，我們都會咯咯地笑。我昨晚拿出手機，想看一下當天拍的照片，竟然要滑過將近六十張的火爐照片後，才能看到有運河的相片。

[76] 譯註：英文為 canal boat，這是一種狹長的船隻，通行於英國四通八達的運河系統。

我今天在教室裡等待，準備教導一群「易受襲擊的囚犯」（Vulnerable Prisoner，簡稱VP）[77]。如果這些人和其他囚犯混在一起，他們可能會被砸到頭破血流。許多VP是因爲性犯罪而入獄，但也有人是欠毒債或面臨主流監獄囚犯[78]幫派的威脅而被關押在這個側翼。這間教室有一面大窗戶，裝著強化玻璃，可以看到樓層平台。警衛叫我要隨時把教室的門鎖好，要是讓某些主流囚犯跑進教室，將會爆發一場「大屠殺」（bloodbath）。然而，我必須將百葉窗打開，讓警衛隨時監視上課情況，免得這些傢伙互相攻擊。

七名囚犯在兩位獄警的護送下抵達教室。他們走了進來，分成二組，坐在教室的兩端。左邊那組比右邊的年輕三十歲。在被關押在VP側翼的犯人中，欠債的通常都是青少年或二十歲出頭的傢伙，其餘的人通常都五、六十歲了。

獄警離開時把門鎖上。

艾什（Ash）和德文（Devon）坐在一起。艾什被關進來以前是教授地理的教授，

[77] 譯註：通常是涉及性犯罪的囚犯，譬如戀童癖和強姦犯，獄方會避免他們與其他囚犯接觸，因為這類罪犯不受歡迎，有可能被別人襲擊。

[78] 譯註：此處使用mainstream（主流），代表多數囚犯，有別於受到保護（易受襲擊）的犯人。

比我大三十歲，書比我多讀了不少。他穿著一件紅藍格子長袖襯衫，我想他教書時應該是穿成這樣。我在六月時曾拿一些書到他的牢房，當時看見他的床邊放著一張聖誕卡。

德文穿著一雙監獄發的鞋子，身上則穿著一件T恤，正面印著棕櫚樹和夕陽的圖案。他快要四十歲了，但不識字。我認爲他有學習障礙，只是沒被診斷出來。有些同學上禮拜談論土星。德文看起來很困惑，以爲土星和月亮是一樣的，當別人告訴他土星和月亮是不同的東西時，德文對他們發脾氣，因爲他認爲這些人在取笑他。德文今天帶了一封法律信函，艾什跟他解釋內容，試著教他如何發音。德文說道：「訴訴訴……。」他瞇著眼睛看著信，結結巴巴唸著：「訢訢、狀律律、師[79]。」

在教室的另一邊，有人一邊假裝咳嗽，一邊說道：「強姦犯（Nonces）[80]」。坐在他旁邊的年輕人一聽，便哈哈大笑。埃多（Edo）今年十九歲，他逢人便說自己是因爲毒品罪而被關進來，只是因爲在先前待的側翼和人吵架，才被調到這個側翼，但他其實是因爲性犯罪而坐牢的。

---

[79] 譯註：他唸的是solicitor，在英國是指初級律師或事務／訴狀律師，這種律師無權在法庭上公開辯護。

[80] 譯註：尤其是指強姦幼童的罪犯。

有六個被送回牢房的人從窗外經過。其中一人敲打著玻璃，大喊：「該死的強姦犯。」坐在椅子上的埃多彎腰去解開鞋帶，然後重新繫好，藉機遮住臉。他等這幾人走過去後才重新挺直腰，坐了起來。

*

學生們看著我，等待我開始上課。我教主流囚犯時，需要等很久才能讓他們聊完天並集中注意力，但這些VP卻不喜歡彼此攀談。

我說道：「《聖經》記載一則故事，說耶穌進了聖殿，發現有人在那裡放債。他就用繩索做了一條鞭子，把大家趕出去，並推翻他們的桌子，叫他們『不要把我父的聖殿變成商場。[81]』」

艾什說道：「這句話應該是『不要把我父的聖殿變成賊窩。』」

---

81 譯註：語出《馬太福音》第二十一章：耶穌進了神的殿，趕出殿裡一切做買賣的人，推倒兌換銀錢之人的桌子，和賣鴿子之人的凳子，對他們說：「經上記著說：『我的殿必稱為禱告的殿』，你們倒使它成為『賊窩了』。」

我回答他：「艾什，是賊窩沒錯。我說錯了，抱歉。」
「耶穌爲什麼要把桌子推倒？」德文問道。
「因爲他很生氣。」艾什回答。
「爲什麼？」德文又問。
「因爲那些人在聖殿做買賣，而聖殿是『神聖』（sacred）的場所。」艾什說道。
「什麼是『神聖』？」
「所謂『神聖』，就是指特別的東西，絕對不能去破壞它。」
阿爾菲（Alfie）撇起嘴唇，露出厭惡的表情，說道：「呃！」。他大約十九歲，因爲吸毒欠債而被關到這裡。
我試圖引導同學討論耶穌潔淨聖殿的話題，但這些人不斷互相攻擊。我才上課幾分鐘，就已經氣力放盡。
班上有一個叫路易斯（Louis）的男人，他跟我第一任女友的父親長得非常像。他以前是二手車的推銷員，雙手戴著金戒指，皮膚曬得黝黑。我每次看到路易斯，都會立刻被他蠟黃的肌膚所震驚。自從我上第一堂課起，路易斯就不喜歡艾什。我尤其記得艾什當時說：「我讀寄宿學校後，學會如何在監獄中求生存。」路易斯一聽便反駁：「我在公營房屋長大，學會了如何在監獄中求生存。」

我努力讓課堂繼續下去。「耶穌把放債的人趕出聖殿。還有哪些地方應該遠離買賣呢？在加州，囚犯只要付八十二美元，就能在豪華牢房過夜。透過網路就可以花錢請專業人士捉刀，幫你寫一封『道歉』信。」

「沒有什麼問題是不能用錢來解決的。」路易斯說道。

艾什搖了搖頭。

路易斯說道：「有些人跟我做了同樣的事情，但他們沒有坐牢，因爲他們可以花錢，根本不必上法庭。」

「問題還是沒有解決。」艾什說道。

路易斯在椅子上向前傾，說道：「有錢人活得更久。他們吃得很好。」

「這與錢無關。麥當勞比新鮮水果和蔬菜貴得多。」艾什回嗆。

「你不了解什麼是貧窮。」

「人要學會自我節制。」

路易斯從椅子上站了起來，關上百葉窗。我走到窗戶前，再次打開百葉窗。

「我們可以關上百葉窗。」路易斯說道。

「獄警說我們必須打開百葉窗。」我說道。

「一半的獄警都很腐敗。」路易斯說道。

我打開了百葉窗。

在接下來的半個小時裡，我不斷提出新的想法，讓大家持續討論，減少彼此爭吵的機會。我說道：「美國有一個爭議頗大的慈善機構。它會給海洛因成癮的女性三百美元，叫她們絕育。」

「這不是要她們同意嗎？」艾什說道。

埃多輕輕推了阿爾菲一下。二人都笑了。

「你們笑什麼？」德文問道。

「德文，他們沒在笑什麼。你別理他們。」艾什說道。

一個禮拜後，我拍了一張我家爐子的照片，然後出門前往監獄。我走在路上時感覺大禍臨頭，便拿出手機，看了那天拍的爐子相片，但依舊無法安心。腦中的劊子手告訴我，說我就算眼下沒幹錯事，但很快就會出錯了。我無法轉變這種念頭，想挺身對抗也太晚了，只能安靜走著。一個小時後，我在教室裡，把百葉窗打開。教室裡有三排桌子。我把背包扔在地上，將桌子推到牆邊，在教室中間把椅子排成一圈。一位獄警進來教室，告訴我哲學課改教室了。這些桌子之所以被排成一排排，是因爲這裡將被當作客服中心（call centre），讓囚犯獲取工作經驗。他們要用電腦撥打電話，要求接聽者參與市場調查問卷，每天的報酬大約爲三英鎊。

我拿起背包，朝門口走去。

「你可別走，」警官說道，「請先把桌子放回去。」

我把桌子擺回原狀，然後鎖上門，穿過監獄，朝新教室走去。走廊牆壁有一面展覽板，上頭掛著四、五十張不同的肖像。這些人是先前的囚犯，監獄每個月都會邀請他們談論犯罪後的生活。他們曾因毒品交易、武裝搶劫、幫派犯罪或謀殺罪而入獄，如今卻能侃侃而談，講述自己如何成爲馬拉松運動員、得獎的藝術家、企業家、青少年中心職工、大學講師或著作等身的作家。他們樹立榜樣，鼓舞人心，證明他們也能將惡習轉化爲美德。在這些肖像中，沒有一幀是性犯罪者的相片。

我走到管控門禁的安全門，然後進入辦公室簽到。一位五十多歲的獄警坐著，身軀靠在椅背上，手裡端著一杯茶。他是約克夏人（Yorkshireman），爲人冷漠，名叫斯泰爾斯（Stiles）。另一位獄警和我年齡相仿，正在辦公桌前伏案處裡文書。我打開簽到簿。

「你是保健員嗎？」斯泰爾斯問道。

「我和ＶＰ一起研究哲學。」我回答。

「哲學？和那些傢伙？他們都是禽獸。」他說道。

我表情僵硬扭曲，一直在想，當拿著你門口鑰匙的人認爲你是禽獸時，住在牢房的你會是什麼感覺。我幻想自己被關在這種牢房。腦中的劊子手告訴我，說那是我應該去的地方。

年輕的獄警開口說道。「我們該怎麼辦，給他們麵包和水就好了？」

「你會讓他們照顧你的孩子嗎？」斯泰爾斯問道。

「那不重要。我們仍然得照顧他們。」年輕的獄警如此回答。

這兩位獄警繼續爭論，我把我的名字和詳細資訊寫在日誌上。

我走到教室，打開百葉窗，等待學生到來。十五分鐘後，有一大群人走過窗戶。他們是主流囚犯。獄警會等到這些人被送去該去的地方並且把他們鎖在裡面，才能將ＶＰ解鎖，然後把他們帶過來。這二批人不得同時穿越平台。基於同樣的原因，ＶＰ必須比其他囚犯更早返回牢房。

我把白板擦乾淨，先將白板筆按照紅、黑、綠、藍的順序擺在桌上，然後又重排，改爲黑色、藍色、紅色和綠色。我排完後，靜靜地等待。

我十幾歲時，內心深處知道我腦海中的劊子手很不理性，於是會告訴自己，說我沒有做錯任何事。

然而，大約在那個時候，《世界新聞報》（*News of the World*）[82]刊登被定罪的戀童癖者姓名、照片和傳聞的行蹤。不久之後，有一百五十人在其中一名罪犯的公寓外群聚鬧事。他們向那傢伙的窗戶丟石頭，同時掀翻一輛汽車並縱火焚燒。他們也朝到場警察扔磚頭，砸傷了其中一名刑警的臉。在英格蘭的其他地方，被報紙點名的罪犯也遭人襲擊。有些受害者的確是戀童癖，但某些人只是和那些戀童癖者同名的倒楣鬼。我打開電視，發現自認的正義使者[83]在某位小兒科醫生的房子上塗鴉，寫了「戀童」[84]這個字，我當時感到不安。我知不知道腦海的劊子手是不理性的根本沒關係；但我看了電視才知道，我有可能會無緣無故受到懲罰。

[82] 譯註：起初是英國的全國性報紙，一九八四年被新聞國際公司收購後轉型為小報，成為了太陽報的週日版，素以報導名人事蹟而出名，尤其熱愛報導性醜聞。這份報紙最後因為竊聽醜聞而停刊。

[83] 譯註：英文為vigilante，本意為「認為警察辦事不力而自發組織的治安會成員或保安團團員」，有人曾以此稱呼蝙蝠俠。

[84] 譯註：表示「兒童」（paedo）的字根，此處等同戀童癖者（paedophile）。

我等了四十分鐘，學生還沒來，整個教室空蕩蕩的，我坐都坐煩了，便起身來回踱步。桌子上有一份《暗房裡的人》(*Inside Time*)，這是監獄內發放的報紙，於是我坐在桌子前，隨手翻閱內容，其中一頁刊登大量的律師事務所廣告，這些律師專門替人上訴。下一頁有一則廣告，上面寫著，如果你過去二年在監獄裡沒犯錯卻發生事故，便可能有資格獲得數千英鎊的賠償。

我發現一篇討論某位中年男子近期死於肝硬化的文章。在一九八〇年代，這個人曾在某間青少年拘留所（youth detention）被名叫內維爾・赫斯本德（Neville Husband）的獄警強姦。據說赫斯本德在監獄服務期間性侵了三百多名男孩。他下手的目標都是那些被人照管但欠缺家庭支持的兒童。一名受害者指出，赫斯本德每次強姦他後都會道歉，並發誓永不再犯，然後威脅他，說他要是向別人透露此事，他就會死在牢房裡。許多獄警知道赫斯本德的惡行惡狀，卻袖手旁觀，什麼也沒做。

我闔上報紙，感到不安，還有一股莫名奇妙的羞恥感。我在監獄教書，難以忘記這種機構經常使囚犯喪失人性尊嚴和遭受創傷，其迫害程度與他們被判定的罪行一樣恐怖。我讀到濫用權力的文字時，幾乎感覺自己和獄警串通一氣。

門打開了。進來的是斯泰爾斯警官，身後跟著一排VP。斯泰爾斯把他們領進教室，我便闔上了報紙。

斯泰爾斯對我說：「如果有人找你麻煩，就用無線電告訴我，我會來處理。」

我沒有回答斯泰爾斯，因爲我想避免和他同謀，但這樣根本沒用。

斯泰爾斯關上門，把門鎖上，然後離開。學生們紛紛就座。這禮拜只來了五個人。阿爾菲因爲欺凌某個戀童癖而被人從這個側翼踢出去，阿爾菲被送回監獄的主要區域，但那裡的毒販會向他討債，所以他被關在單間牢房，外面有一名專職獄警看守他。

路易斯走到窗前，關上百葉窗。我走過去，再次打開它，但路易斯此時卻跟我搭話。

他說道：「安迪，我想說的是，我認爲你有一些非常特別的地方。你講故事的方式很特殊，身段也很特別。我那天在想，你很像一位演員，但我不確定你到底看起來更像克里斯汀．貝爾（Christian Bale）或湯姆．克魯斯（Tom Cruise）。你很有天分。我認爲你以後不但可以教書，還能夠當演員。」

「路易斯，我喜歡教書。」我說道。

「我知道你喜歡教書，那很不錯。但我只是感到沮喪，因爲別人看不到你的才華。要不我乾脆把你介紹給我的同夥？」

「路易斯，我不想要這樣。」我如此回答。

「安迪，我說的是電視、電影、音樂劇。我有一些門路，包準讓你出名。我可不會對誰都這麼說，因爲我認爲你有大好的前途。」

「謝謝你，路易斯，你就別費心思了。」我說道。

「不必今天就給我答覆，你回去好好想一想。」

我打開了百葉窗。

我開始上課，卻感到無精打采。我教主流囚犯時，很享受和一群人在一起討論的熱鬧氣氛。然而，我從這些VP身上卻感受不到那種猶如兄弟的感覺。我比較中規中矩，部分原因是我想保持距離，這樣一來，路易斯就無法跨越我的界限，但我也許像斯泰爾斯一樣，爲人自負，自認爲和這些傢伙是不同掛的。

埃多本週沒有稱任何人爲「強姦犯」。他很安靜。我問他問題，他只回答了一個字。我請他再多說一點，但他咯咯笑，略顯緊張。他說得越少，露出馬腳的風險就越小。這些囚犯之間存在一種沉默以對的文化，埃多深切體認了這點。許多主流囚犯會漫不經心談論自己欺詐，或者會很自豪地稱自己爲毒販，但VP幾乎閉口不談自己的罪行。他們若是被帶到這個話題，要嘛否認、自我矮化和自我傷害，要嘛會有強烈的羞恥感。我試圖把話題帶回到哲學上。

上課上了三十分鐘後，艾什進來了。他先前和安置官（resettlement officer）開會，討論獲釋後可以做什麼工作。他上個月首度參加這些會議時，仍然希望能夠透過線上評分考試去從事教育工作。然而，他不確定釋放條款是否允許他上網。在另一次會議後，艾什說他很樂意在建築工地工作，但另一個人笑著說：「等到有人用Google找到你，你就得滾蛋了。」有個人說：「眞希望從來沒有人發明過網路。」艾什本週告訴坐在他旁邊的男人，說他要申請前往動物救援中心（animal rescue centre）上班。

幾分鐘後，我對全班說道：「德希達（Derrida）[85]認爲，只有不可饒恕的行爲才值得寬恕（forgiveness）。」

「我認爲這沒道理。」艾什說道。

「他說要寬恕就必須拋棄一般的邏輯思維。德希達指出，寬恕的特別之處在於，它不是經過權衡或計算的。這是生命中唯一眞正讓人驚喜的地方。」

「這該怎麼做呢？」艾什問道。

「德希達說，人要瘋狂才能寬恕。」

「他是神經病嗎？我知道這個側翼有這種傢伙。他們前一分鐘還在幹壞事，下一分鐘就忘記。」

---

85 譯註：法國解構主義大師。

「你認爲寬恕需要某種瘋狂嗎？」我問他。

「我待在這個地方，時時刻刻都在避免發瘋。」

我給他們講了一個故事。「西蒙・維森塔爾（Simon Wiesenthal）是猶太裔建築師[86]，一九四三年被關在倫貝格集中營（Lemberg Concentration Camp）[87]。他被人從集中營帶到醫院，前去一名垂死納粹士兵的床邊，那個人名叫卡爾・塞德爾（Karl Seidl）。卡爾說他以前把約三百名猶太人塞進一間房子，然後朝屋內投擲手榴彈。有一家人試圖從二樓跳窗逃跑，但卡爾在他們跳窗之前就開槍射死了他們。幾週後，卡爾在戰鬥中面對俄羅斯猛烈的炮火。他站在戰場中央，整個人僵住了。」

「哦，眞是糟糕。」路易斯說道。

「他告訴維森塔爾，說他『看到了那全身起火的一家人，父親帶著孩子，他們身後是母親。他們來見我。不，我不能再度向他們開槍。』此時，一枚砲彈爆炸，卡爾頓時失去了知覺。」

德文在打鼾。艾什推了推他，他就醒了。

---

86 譯註：大屠殺的倖存者，乃是著名的納粹獵手，一生致力追查納粹黨人，要他們為所犯的罪行負責。

87 譯註：Lemberg 也譯成倫堡或蘭堡，是利維夫（Lvov）的德語名稱。

我說道：「卡爾在醫院病房醒來後，很快就會因爲傷勢過重而死亡。他要求將一名猶太人帶到他的床邊，這樣他就可以請求對方的原諒。」

「原諒什麼？」路易斯問道。

我繼續說下去。「西蒙不知道該說什麼。他默默和卡爾坐在一起。卡爾的呼吸越來越微弱，最後停止，人就死了。幾十年後，西蒙不斷詢問哲學家、作家和牧師，問他是否應該對塞德爾說些什麼。」

路易斯高舉雙手，說道：「卡爾不需要請求別人原諒。」

「請西蒙原諒是對西蒙的侮辱。卡爾沒有把西蒙視爲一個人，而是將他視爲猶太人。」

艾什說道。

「如果西蒙生來就是卡爾，他也會幹同樣的事。」路易斯說道。

十分鐘後，艾什說道：「我認爲卡爾不只是害怕死亡。我認爲他真的想要別人寬恕，因爲他知道自己做錯了事。」

「你爲什麼這麼想？」我問他。

艾什向我解釋。「當他從來福槍的準星中看到女人和孩子時，他意識到自己做了什麼事。他僵硬站著，認爲自己該死，他想讓子彈擊中他的頭部。這是他請求寬恕的方式，但這還不夠，所以他必須醒來，並且繼續經歷這一切。」

「這是否意味著他不可原諒？」我問道。

艾什望向我，但目光卻越過我的肩膀。

我轉過身，看到三名男子將額頭抵在玻璃上，凝視著窗外。

自由通行前二十分鐘，斯泰爾斯警官到我的教室來接這些犯人。

「我們還在討論呢。」艾什對斯泰爾斯警官說。

「你給我冷靜一點。」斯泰爾斯回他。

艾什氣得咬牙切齒。

囚犯們站起來，魚貫而出。艾什跟我握手，問我是否可以再延長二節課，因爲我們的課程比主流囚犯的課程要短。我跟他說我會考慮一下。

學生們離開了。我在他們離開後把門鎖上，然後跌坐在椅子上，閉上雙眼，等待血壓回落。

突然嘣的一聲，窗戶發出了巨響，把我嚇了一跳。我睜開眼睛，看到有個人將粗大的拳頭按在玻璃上。

他盯著我。

我也回瞪他，盡量不表現出任何恐懼的表情。我大腿使勁用力。

他瞇起眼睛看著我，然後笑著走開。

我長嘆了一口氣，伸展雙腿試圖放鬆，但胸口仍然緊繃，舒緩不了。

雖然我發現自己在監獄的這個區域教書會觸發我腦海中的劊子手，但我應該會答應艾什的要求，把課程延長。其實正是在這裡教書如此觸動我，所以我想繼續下去。我不想讓劊子手獲勝。我已經讓他從我身上奪走太多的東西了。我最近在照片中看到自己時，發現自己似乎比以前矮了一些，好像因爲畏縮而矮了二英寸。我想再度抬頭挺胸。我要繼續教這堂課，當有毒氣體包圍我時，我要證明自己可以站穩腳跟。當劊子手來的時候，我會狠狠盯著他。

幾天後，我前往離家二百英里的一所鄉村監獄。我下了公車後一路步行，沿途聆聽Spotify爲我製作的混合音樂庫，耳機裡播放著麥可．傑克森（Michael Jackson）〈比利．珍〉（'Billie Jean'）的前奏。我只要在手機上按一顆小愛心，Spotify就會爲我播放更多傑克森的音樂。我也可以滑動頁面，這個應用程式就會將傑克森從我未來的混合音樂庫中刪除。

我走到監獄的門口，取出了耳機，然後關掉手機。

這所監獄只關著六名性犯罪者。裡面有園藝和烘焙課程。我聽到某些牢房傳來古典音樂的旋律。囚犯從圖書館借閱的書籍往往帶有文學色彩，但這裡的書幾乎都是嬰兒小天使的圖片，很難找到探討藝術史的書籍。我置身此處，戒心放得比較低。這裡和普通監獄相比，比較不會出現暴力、自殘和吸毒的情況。某些監獄要求獄警將囚犯稱為「居民」（resident），但我覺得這太歐威爾式了（Orwellian）[88]，根本無法遵守。然而，在這個機構中，有些囚犯穿著亞麻褲，讓「居民」這個詞顯得頗為合適。

三十分鐘後，我在圖書館教一個二十人的班級。這群人真的很樂於發表意見，彼此之間也很開放。我告訴學生，普羅米修斯（Prometheus）因為給予人類火種而受到懲罰。我總算不必在繼續講故事之前仔細詢問教室裡是否有被定罪的縱火犯。

上這堂課很快樂，隨時大約有十到十二個人舉手要發言。整個團隊氣氛歡樂且輕鬆。這裡有一種我在普通監獄的VP身上看不到的幽默。如果我想盯著劊子手，在這裡要找到他可真不容易。

當獄警告訴我們這些囚犯該回牢房時，大家還在繼續交談。有幾個男人走到我面

---

[88] 譯註：專斷獨行。

前，代表團隊遞給我一張手工製作的感謝卡。

學生們離開了。我向圖書管理員秀出卡片。

「這堂課對他們來說很重要。」圖書管理員說道。

「其中一半人擁有博士學位。我認爲他們大多已經知道我所教的東西。」我說道。

「他們喜歡上這門課，渴望享受一段自我迷失的時刻。」

隔天，我前往一座戒備森嚴的監獄，待在一處關主流囚犯的側翼。我在樓層平台上聽到身後傳來吼叫聲。

「去你媽的！去你媽的！」

我轉過身。在我身後大約五公尺處，四名獄警正在制伏一名男子。他們把他放倒在地，把他的雙手靠在背後，然後給他戴上手銬。看著這一幕可眞讓人心疼。

「操你媽的！」這個男人喊道，但聲音小了一些。

又有兩名獄警衝到現場。他們把這名男子扶了起來。他的臉漲得通紅，呼吸非常粗重。

獄警押送他到隔離室。我也在朝這個方向走。我走在後頭，跟著他們穿過一條又長又空曠的走廊。牆壁是塗覆白色乳膠漆的空心磚所砌成。男人低著頭彎著腰走路，我看不到他的頭。

我感到不安。獄警故意放慢腳步，以便緩和緊張的場面。我被迫以低於常速的方式走著。我想過快步超越那個男人，卻想證明自己可以忍受這種景象，於是便留在後頭，緊緊跟隨著他。

那天晚上，我躺在床上呼呼大睡。我醒來時有一種墜落的感覺，好像我的腳要從路緣滑落一樣。我處於胎兒姿勢，並且過度換氣[89]。我的手指捲曲了，無法扳直。我打算起床，但雙腿好像變成石頭，僵住而無法移動。

我想到廚房裡的刀子。劊子手說我會拿刀去傷人。他說我也許已經傷過人，而且已經封鎖了這項記憶。我心生警惕，檢視上週的每一天，以確保自己沒有傷害任何人。我知道這種想法很荒謬，但我卻滿懷愧疚之心。就算我過去沒有傷害過人，也不能確定將來不會。

---

89 譯註：過度換氣（hyperventilation）表示呼吸頻率既快又深，呼出的二氧化碳量大於吸入的量，導致體內的二氧化碳濃度迅速降低，導致供應腦血流的血管變窄，減少腦血流供應，會發生頭暈和手指發麻的症狀，甚至可能會讓人失去意識。

恐懼達到頂峰，然後逐漸消退。我等到呼吸放緩後，又可以活動手指了，於是便從床上坐了起來。我告訴自己，說我很好，我沒有做錯事，也無意傷害別人。但劊子手實在太強勢了，恐懼具有這種威嚴，面對我或多或少幹過非法的勾當。

我的呼吸又急促起來，手指向手根內彎，身體再次被恐懼壓垮。

隔天早上，我準備去上班。我走進廚房，給爐子拍了一張照片，我看到瀝水架上掛著一把六英寸長的菜刀。我打開一個抽屜，把刀塞到最裡面，然後碰的一聲，關上抽屜。

「眞是他媽的。」我說道。

我閉上眼睛，嘆了一口氣。今天早上，劊子手贏了。

幾個小時後，我打開教室的百葉窗。學生們陸續進來坐下，但路易斯從教室的角落向我走來，說道：「安迪，我對我們的計畫有了一個新的想法：唸旁白。我們應該讓你做汽車廣告。你知道你的聲音很好聽嗎？」

「該上課了。」我說道。

「我認識一些選角導演，他們會爭搶你。」他說道。

「路易斯，我考慮過這點。」

「好極了！」

「這是不可能的事情。」

「在我的同夥中，有些是頂尖的商業人士。」

「我們可以繼續上課嗎？」我問道。

他露出不悅的表情，就像個脾氣暴躁的孩子。

「我們今天把百葉窗打開一半就好。」他說道。

「百葉窗必須完全打開。」我說道。

路易斯坐了下來，生起悶氣。

過了一會兒，我將愛德華・科斯頓（Edward Colston）[90]雕像的圖片遞給艾什、路易斯和其他人，一人一張。雕像下方的牌匾寫著：「此處站著這座城市最有道德情操的人。」

---

[90] 譯註：英國商人，曾經參與奴隸貿易。

我說道：「科斯頓是慈善家，出錢爲布里斯托（Bristol）的窮人建造學校、醫院和房屋。」

「抱歉，打擾一下。」艾什說道，「你是否有空將課程延長幾週？」

「我不會延長課程。」我說道。

艾什眼瞼下垂，緊咬著牙關。

我指著他手裡的科斯頓照片，說道：「科斯頓也販賣奴隸。他的公司綁架了大約十萬名西非人，這就是他賺得盆滿缽滿的方式。」

艾什把照片放在腿上。

「應該拆除雕像嗎？」我問道。

「如果你允許雕像存在，那就好像你認爲不人性是可以的。」艾什說道。

「我從來都不明白這個詞，」路易斯說道，「人怎麼可能沒有人性呢？不管怎樣，當時的人並不認爲奴隸制是不對的。」

「科斯頓知道那是不對的。」艾什說道。

「就像我們這裡一樣。若是回到二百年前，VP現在被判的罪甚至不會構成犯罪。」

「看看科斯頓捐出了多少錢，」艾什說道，「他心知肚明，曉得自己幹了壞事。」

路易斯說道：「我們應該假裝他這種人不存在嗎？乾脆把雕像拆掉好了！但條件是

我們必須拆除所有的雕像。讓無罪的人先去丟石頭[91]。不，等等，不要這樣做！讓我們記住每個人所做過最糟糕的事情。」

「我認爲這不是我們該做的。」艾什說道。

他拿起圖片並看著它。

「拿把電鋸把雕像從中間鋸開，只留下一半就好。」他說道。

[91] 譯註：請參閱《約翰福音》第八章第三節到第十一節。從來沒有犯錯的人才有資格指責別人，這樣完全的人才有權力丟第一塊石頭，但如果不是，他們就沒有這種權力向罪人丟石頭。

09

信任

信任我們的人會教育我們。

——英國小說家喬治・艾略特（George Eliot）

幾個禮拜以前，我開始在一座新的監獄上課。當時我和十幾個人坐在一間悶熱的會議室裡，聆聽一位名叫科恩（Kern）的資深獄警發表安全演講。

他說道：「居民[92]有時會請你爲他們做一些事情。儘管他知道自己不能看今天的報紙，他還是會向你索討。如果你答應了，他就會每天向你要一張報紙，直到你習慣給他帶東西爲止。他會讓你誤以爲可以信任他。然後，他會請你幫他寄一封信，你會心軟，也看不出這有什麼壞處，所以你就照做了。後來他會要求你帶其他的東西，比如金錢、毒品和電話。如果你拒絕，他就會威脅你，說要舉報你帶過報紙進來。我們最近發

[92] 譯註：獄警對囚犯的稱呼，前面一章提過這點。

現這所監獄有人為囚犯的非法手機加值，就將她解僱了。這一切都發生於二年前，她那時只是施點恩惠而已。你可能不會認為自己被盯上，但你別忘了，這些傢伙有大把時間，可以跟你打持久戰。」

科恩向我們展示了一張圖片，裡頭是一把臨時鋼刀，長十二英寸，以手工打造，刀柄上纏著金屬絲。然後，他又給我們看了十幾張照片，展示了一些簡易的武器，看起來很可怕：插上刮鬍刀片的牙刷、帶有釘子的掃把、一隻裝有一顆撞球的襪子。「如果你看到某個囚犯動作不自然，好像他們身上藏著武器，請馬上告訴別人。」科恩指出，過去十年以來，監獄平台發生的暴力事件越來越多。在幾個月前，他不得不制止某個傢伙對別人潑水（jugging）。所謂潑水，是指將水壺煮沸，把糖倒入水壺，然後將熱水潑到別人臉上。滾燙的糖會灼傷對方的皮膚。此外，也有越來越多人襲擊監獄的工作人員。「絕對不要讓任何人離你太近，」他說道：「務必得保持距離。」

科恩說道：「牢房裡的每件物品都可以藏匿毒品。無論是一根牙膏或一罐除臭劑，或者一包餅乾的中間、運動鞋鞋底的切口、一本書的封面，甚至是他們上課時偷的筆裡面。」

他指出：「但現在最新的是網路犯罪（cybercrime）。」科恩告訴我們，他監管的一個傢伙曾偷偷帶進智慧型手機，搞了約會詐騙，用英俊的年輕男子照片，建立虛假的約會檔案，然後搜尋聲稱在尋找幸福的五十多歲女性，趁機操弄她們，讓這些女人將數百英鎊轉入他的銀行帳戶。「這裡的一個小伙子去年打開圖書館的電腦，然後駭進網路。誰都沒想到他會去聯絡目擊者並恐嚇他們。」

科恩最後說道：「睜大你的眼睛。儘早讓他們知道你不是白痴。永遠不要相信囚犯。」

如果我像科恩一樣對班上的學生心生恐懼和表現出懷疑的模樣，他們就會交叉雙臂，不和我目光接觸，同時閉上嘴巴。假使他們知道我絕對不會相信他們，他們幹嘛要費心去讓我感覺他們值得信任呢？科恩的建議對於維繫平台的秩序可能有效，但若想靠它去建立關係，根本就是天方夜譚，它不會幫助人們成長。

我目前在二所監獄工作，一所是現代監獄，另一所則是舊監獄。現代監獄比舊監獄乾淨，走廊更寬敞，窗戶也更大，但它也有更銳利的彎角；每個牢房的角落都更加方正，而舊監獄的角邊是圓弧的。我不確定哪一所檢查得更嚴格，不過，現代監獄看起來就像高解析度的懲罰場所。

當我第一次開始在現代監獄工作時，一位老師告訴我別害怕這些人。「一旦你了解他們，你就會發現他們有一顆善良的心。」二個月後，她因爲偷偷幫某個傢伙帶東西而被解僱。教師和獄警有時會彼此對抗，如同一對感情不睦的父母：獄警越是嚴厲和疑神疑鬼，教師就越放縱和空想浪漫。

幾個月以前，我在同一所監獄裡教一班主流囚犯。當這些人成對交談時，一位名叫米奇（Micky）的人向我走來。他年紀稍長，面容溫和，向我展示了他的手錶，說道：「我的電池快沒電了。幾個禮拜以前，我提出申請，要求更換電池，但到了今天還沒有下文。」

「他們可能已經忘了。我要是你的話，會再寫一份申請書。」我說道。

「那我就等等吧！別擔心，我會耐心等待。」

「再寫一份申請書，你一定會拿到電池的。」

「希望如此，這是我哥哥去世前的手錶。你身上有沒有電池？」

「我沒有電池。」我說道。

「哈！」他說道，好像承認現在對我來說比分是一比零。

我現在在那所監獄裡教書，遇到一個和我年齡相仿的學生，名叫加百列（Gabriel）。在過去幾個月裡，他一直在牢房裡寫一本監獄回憶錄。上週他給我看了前十頁，說道：「安迪，我知道自己不像你那樣認識很多單字，但我有很多故事要說。」

我讀了內容，但很多字難以辨認。加百列有讀寫障礙，所以用潦草的字跡來掩蓋拼寫錯誤。我也有閱讀困難症，用手寫字時也是字跡潦草，如果我沒有一台有文字處理軟體和拼寫檢查功能的電腦，我不可能當一名作家。我從加百列可以辨讀的句子中看出他的故事非常引人入勝，而且他的想像力非常豐富。他每天都在寫，但我擔心他只會寫出越來越多讓人難以卒讀的東西。

今天下課後，學生們陸續離開。加百列留下來幫我把椅子疊好。「加百列，我自己來就行。」我說道。但他充耳不聞，把全部椅子都堆了起來。

我把東西裝進包包裡，然後把背包扛在肩上。加百列拿起他的報紙。那是一份一個多星期前的舊報紙，正面有一張朱利安．亞桑傑（Julian Assange）[93]的照片。我作勢要走向門口。加百列站著不動，問道：「你讀過我寫的東西嗎？」

「我讀過了，但有些句子我看不懂。」我回答他。

「我自己也看不懂。我寫字太潦草了。」

「你能用圖書館的電腦寫文章嗎？」

「我每個禮拜只能在圖書館待二個小時。如果發生禁閉的話，我根本就不能去。我

---

[93] 譯註：澳大利亞記者兼行動主義者，曾於二〇〇六年建立維基解密。

要是有一台筆記型電腦就好了。」

在這所監獄中，老師可以爲正在上遠距教學課程的囚犯提供一台筆電，讓他們在牢房裡使用，但必須先獲得安全部門的批准。如果犯人是因爲持有兒童性虐待照片或網路犯罪而坐牢，或者安全部門認爲存在其他風險，他們就不能擁有筆電。

「你能幫我弄一台嗎？」加百列問道。

我掃視他的臉。

「這樣眞的能幫助我寫作。」他說道。

「我會找資深的獄警談談。」我回答他。

教室外的一名女獄警把頭伸進門裡，說道：「先生，我現在得請您離開了。」

加百列根本不鳥這名獄警，低頭看著報紙上的亞桑傑照片。「貝爾馬什（Belmarsh）在哪裡？」

「普拉姆斯特德（Plumstead），靠近伍爾威治（Woolwich）[94]。」我說道。

他瞇起眼睛看著我。

「在倫敦東南部。」我說道。

---

[94] 譯註：有人譯成「伍利奇」，在英國，這二種發音都有人唸。

「我知道普拉姆斯特德在哪裡。」他說道，好像我剛剛對他說話時認爲他是個白痴一樣。「我多次路過那裡，但從未見過監獄。但你從來沒有見過那所監獄，是嗎？我直到上次來到這個地方才知道它的存在。我以前每天送孩子去學校時都會開車經過它。」

「先生，我們現在眞的必須離開了。」那位獄警說道。

「到處都有監獄。」加百列說道，「但它們總是遠離道路，都被樹木圍起來，因爲不想礙人眼。監獄會種又高又密的灌木叢，所以你看不到它們。」

獄警走進教室。

加百列繼續說道。「在我被召回這裡以前，我曾經坐過一趟長途巴士，看到路邊有很多綠色的東西。我感到緊張，胃很不舒服。」

「先生，我必須——」

加百列轉身，推開獄警，然後從門口走出去。

獄警翻了翻白眼。

「有時就像管理貓咪一樣。」她說道。

第二天，我來到舊監獄。我從二人身邊走過，經過三名正在搜索某間牢房的獄警。空氣瀰漫著囚犯的氣味：體味、老舊床墊、雜草、地板清潔劑、口臭以及這間搖搖欲墜的監獄不斷塗在牆壁和鋼柵門的乳膠漆等混合交雜的味道。

一分鐘後，我打開教室的門，一股惡臭撲鼻而來。我走了進去，推開已經關了二十個小時的窗戶。老舊的地毯已經發黴、椅子的泡棉裸露，顯然已經被許多待過這所監獄的人坐過。一隻小老鼠沿著壁腳板竄了過去，消失在櫃子後頭。新鮮空氣流進來後，氣味總算消散，房間變得更為涼爽。

幾分鐘後，五、六個人魚貫而入，每人在圍成圓圈的椅子上坐下。我指著桌上的登記冊和筆，請他們簽名。一個三十歲出頭、名叫韋斯利（Wesley）的男人進來後說道：「我準備在天堂度過一天了。」他一側的頭髮因為睡覺的關係被壓扁了。韋斯利穿著一件監獄發的藍色T恤，但只穿在一隻手臂上，所以襯衫斜著穿過他的身體，露出下面的白色背心以及他的肩膀和二頭肌。他拿起我的筆，看著我，說道：「這支筆不錯。」

「謝謝。」我說道。

「真的，這是一支很好的筆。」他說話時微微低著頭，把拳頭放在嘴前，好像用麥克風在說話。「這裡買不到好筆，而且這支筆也很講究。下次帶原子筆，免得有人偷你的東西。這裡怎麼這麼冷？大個子，把窗戶關上！」

我走到窗戶邊，說道：「關上窗後，大家就得忍受臭味。」這些人茫然看著我，他們早就適應了。我把窗戶關上一半。

我走到白板前面，先畫了一條河，又在河邊畫了一隻青蛙和一隻蠍子。一隻蟑螂在我的腳邊翻背朝天，不停蠕動。我一腳就把牠踢開。

「我今天想討論一個問——」

一架飛機突然在我們的頭頂低空飛行，引擎嗡嗡作響，吵到我們無法交談。我把手放在屁股上，停了下來。在這片喧鬧聲中，韋斯利跟身旁的兩個傢伙聊天。他的兩個朋友聽到他說的話後，點了點頭。飛機聲逐漸減弱，韋斯利說道：「不是嗎！」他低下頭，對著拳頭說話。「我每次在監獄裡吃雞腿，總是吃到右腿。」

「你怎麼知道吃的是右腿？」我問他。

韋斯利站起來，把雙手夾在腋下當作翅膀，然後抬起一條腿。「雞用哪一條腿站立？」

我看著韋斯利的腳。他的左腳踩在地上。「左腿？」我回答。

「右腿，右腿做了所有的工作，所以肉會更少。他們就是給我們這個。左腿被送到國家健保局（NHS）[95]。」

「但你是怎麼分辨的呢？你看著一隻雞腿，怎麼知道它是左腿或右腿？」

---

[95] 譯註：全名為The National Health Service，譯成英國國家健保局，這也可以指國民保健制度。

「如果我們抱怨，有誰會相信我們？」韋斯利說道。他身旁的兩個傢伙對我搖搖頭。

「我並不是不相信你。我只是不知道該如何區分雞的左腿和右腿。」我說道。

「所以你認爲他們在乎我們吃得健康不健康嗎？」

「我想說的是，你是如何分辨左腿和右腿的？」

「安迪，我喜歡你。得了吧，你又不是白痴！」

「我吃素。」

教室的門打開了，拉威爾（Ravel）走進來。他剛結束法律探訪，所以遲到了。他的牙齒很短，而且都平的，好像是因爲磨牙才變成這樣。拉威爾坐了下來，抱怨教室角落有兩個黑色的捕鼠器，說裡頭裝著毒藥。這讓他很惱火，因爲囚犯不能在牢房裡使用漂白劑，免得他們喝漂白劑自殺，所以他必須忍受牢房廁所的臭味。

「就連老鼠也比我們有更多的特權。」拉威爾說道。

「你說什麼？你認爲獄警會使用人道陷阱來捕老鼠嗎？」韋斯利問道。

我說道：「今天我想討論一個古老的寓言，叫做〈青蛙和蠍子〉。」

又有一架飛機從頭頂飛過。

我繼續講課。「故事一開始是說有一隻青蛙坐在河邊草地上，看著太陽下山——」

飛機引擎的聲響太大。我不得不停下來，等待聲音消退。

韋斯利轉身，又和他的兩個朋友聊天。引擎聲漸漸遠去，韋斯利向上指著，說道：「總有一天，有一架飛機會墜落到這裡。」

「百分之百。」他的朋友嘀咕道。

「這裡？」我說道。

韋斯利說道：「如果飛機引擎故障而必須迫降，飛行員會被指示飛去哪裡？我告訴你，就是離他最近的監獄。」

我揚起一邊的眉毛。

「飛機正在下降。飛行員從駕駛艙向外望去，看到了學校、醫院和豪華住宅。他當然會飛向監獄。」韋斯利說道。

我看向拉威爾，他點了點頭。

「他們請我來這裡教書時，並沒有告訴我這一點。」我說道。

「他們想要報紙刊出什麼標題？〈孩童死於空難〉或〈小偷和吸毒犯死於空難〉？」韋斯利說道。

「不是所有的人都會逃走嗎？他們會寫〈小偷和吸毒犯在飛機失事後逍遙法外〉嗎？」

韋斯利發出嘖嘖聲。「我打賭你認爲九一一事件不是美國人自己幹的。」

「讓我們回頭來談故事。」我說道。

「你是這樣想的，不是嗎？」

「這個故事有不止一種解釋。」

「安迪，你知道我猜對了。」韋斯利說道。

我之前嘗試在這裡討論過陰謀論，但我不會再這樣做了。這些囚犯告訴我，說我們是如何被邪惡勢力所控制，而我則試著告訴他們，說世界比他們說的更複雜。他們互相看了看，然後都笑了。

「你認爲是蓋達組織（Al-Qaeda）[96]撞毀雙子星大樓[97]的嗎？」韋斯利說。

「青蛙坐在草地上。」我說道。

「那登月如何呢？真的還是假的？」

「青蛙在河邊。太陽正在下山。」

「安迪，電子菸進入了你的大腦。」

---

96 譯註：由賓拉登成立的伊斯蘭教組織，策劃了多起針對美國的恐怖攻擊，已被聯合國安理會列為恐怖組織。

97 譯註：九一一事件造成紐約地標雙子星大樓倒塌。

「青蛙在草地上，牠坐在河邊，太陽正在下山。草叢裡鑽出一隻蠍子，蠍子對青蛙說，牠需要過河回家，但牠不會游泳，而且天黑後待在外頭很危險。蠍子問青蛙，說是否可以爬到青蛙的背上，載牠過河。」

韋斯利終於聽我講話了。

「青蛙說不行，」我說道，「但蠍子說自己可以向青蛙保證不會螫牠。『如果我過河時螫你，你就會淹死。這就表示我也會淹死，我倆都會死。我不想死。你可以相信我，我跟你保證。請你帶我過河好嗎？』」

韋斯利瞇起眼睛看著我。

「青蛙想了想，覺得有道理，就同意幫蠍子渡河。蠍子爬到青蛙的背上，青蛙游進水中，但游到一半時，青蛙感到頭部一陣劇痛。」

韋斯利翻了白眼。

我說道：「疼痛順著背脊傳遍青蛙的全身。牠感覺四肢沉重，蠍子竟然螫了牠。青蛙開始下沉時問道：『你爲什麼螫我？現在我們都得淹死了。』蠍子回答：『我忍不住，我天生就想螫人。』」

「你不是說這個故事不只有一種解釋。」韋斯利說道，「那隻青蛙吸了大麻。可以這樣解釋嗎？」

「牠應該要吸才對。」拉威爾說道，「至少那樣牠會比較去猜疑。蠍子若想要請青蛙幫忙渡河，青蛙會說：『噢，不不不不要！老兄，我覺得這樣不太好。』」

「好吧，那就玩完了。青蛙是產生幻覺了嗎？」韋斯利問道：「牠為什麼要背一隻蠍子？」

「這就好像你申請假釋時，你試圖說服他們你已經改變了。然後你又受到傷害，你會認為上次放你走是他們的錯。」拉威爾說道。

「你知道我想知道什麼嗎？」韋斯利說道。「蠍子是從頭到尾都知道自己要螫青蛙，還是只有在螫牠時才知道自己會這樣幹？就像這裡的人一樣，他們說是你的朋友，不會搶劫你，然後他們又搶劫了你。但是當他們和你交朋友時，他們知道自己會這麼做嗎？還是他們只有搶劫你的時候才知道這點？」

「我知道了。」拉威爾說道。他走到白板前面。我退一步讓開。拉威爾用拳頭的側面擦掉畫在白板上的河流。「如果沒有這條河，這一切就不會發生。環境是罪魁禍首。」

拉威爾回到坐位後，韋斯利說道：「但總有一個環境。如果沒有環境，就不會有動物。」

「但是搶劫你的監獄朋友，也許在不同的環境下不會這樣做。」

「他們被稱爲『監獄朋友』。這個名稱就說明了一切。這就是他們所處的環境。」

過了一會兒，我問道：「其他人有沒有意見？如果認爲青蛙是罪魁禍首的，請舉手。」

又有一架飛機從頭頂飛過。

六個人都高舉或半舉著手，但布萊克（Blake）除外。他坐著時，椅背稍微向後靠。布萊克有一個彎曲的鼻子和壯碩的二頭肌，所以他穿的T恤綳得很緊。

飛機的噪音逐漸消散。

「布萊克，我告訴你，青蛙是個白痴。」韋斯利說。

「如果你責怪人們善良，會發生什麼事呢？那就沒人願意再友善待人。」布萊克說道。

「但這個故事的寓意是，在自然界中，善良就活不下去。」韋斯利說道。

布萊克不理會韋斯利，說道：「如果蠍子知道自己的本性，那麼牠就得告訴青蛙牠的本性是什麼。這就好像你若是吸毒，或者你因爲家暴而被關起來，那麼下次你交女朋友時，你就得告訴她你的本性。」

「你怎麼知道自己交了這個新女友後本性不會改變？」韋斯利問道。

「吸毒者的本性就是會上癮。」

「你說話的口氣就像大佬一樣。你看看我，我坐牢坐了這麼久，已經坐二年了。即使他們要在我服刑滿一半後放我出去，我仍然還得再待二年。我沒時間討論這個狗屁青蛙的故事。」

布萊克眼帶憤怒。韋斯利的夥伴輕輕推了他，小聲告訴他，說布萊克是「保護公衆監禁」的囚犯，他才被釋放四天，剛剛又被抓回來。

韋斯利說道：「布萊克，所以你知道現實世界是什麼樣子。如果一個你不認識的人對你說：『哦，到我的牢房裡來一下吧。』你應該不會進去，對吧？如果有個人說：『哦，非常感謝，我會的』，然後進去後就被人拿刀子捅了，或者被人潑熱水。當這個傢伙抱怨時，你會對他說：『你他媽的腦子進水了啊？』正常的人應該會說：『為什麼要我進去你的牢房？我們還是在平台上談談就好。』那隻青蛙應該問更多的問題。」

「要是在十五年前，我會怪青蛙。」布萊克說道：「我總是站在肇事者的立場，不知道受害者就是受害者。」

「沒用的傢伙總是會給很糟的建議。」韋斯利說道。

「你們年輕人總是認為，要在監獄平台上存活，就只能當蠍子。」布萊克說道。

韋斯利咧嘴一笑，用拳頭敲著嘴巴。

幾分鐘後，布萊克問道：「蠍子是在螫了青蛙之後才意識到自己的本性嗎？還是牠一直都知道自己天生是如此的？」「不清楚這點。」我回答他。「要是牠一直都知道，又會怎樣呢？」

「那麼牠得負雙重責任。自我意識越強，責任就越大。我知道吸毒是我的本性。所以當我這樣做時，我得負更多的責任。我今天坐牢的罪名和十年前沒兩樣。但我的愧疚感比以前更重。」

我聽到一架飛機逐漸飛近監獄上方。

「布萊克，我現在想起來了，我一直跟女人說我是個騙子。」韋斯利邊笑邊說。「我說：『妳應該知道我是非常擅長說謊的傢伙。』你知道那些女人對我說什麼嗎？她們說：『謝謝你對我說實話。』她們說：『你很誠實，真是太好了。』」

韋斯利又笑了，但笑聲被飛機引擎的嗡嗡聲所淹沒。

*

我第一次見到拉馬爾（Lamar）是在午餐時間，當時我在監獄拐角的一家素食咖啡館裡撞見他，他穿著獄警制服。他說自己吃素，這樣才能在工作時處於最好的狀態。

拉馬爾在監獄工作時，會把鑰匙放在一個特製的布袋裡，不是放在標準的皮革袋。他在二年前成了獄警，他認爲還能以更具想像力的方式管理監獄，他聽說挪威和瑞典有一些特殊的機構，對待囚犯像對待普通人一樣，而且囚犯的再犯率很低。英國的治療監獄（therapeutic prison），比如白金漢郡的格雷頓（HMP Grendon）[98]，可以培養而不是破壞囚犯的能動性（agency）[99]和自主性（autonomy）。他希望跟別人一起推廣這種文化，然而，拉馬爾當獄警一年後卻很沮喪，因爲他通常都只是把囚犯趕進或趕出牢房，並且把他們關起來，沒啥時間和他們建立良好的關係。此外，資深的獄警也不一定認同他的想法。拉馬爾值夜班時，會和名叫巴伯（Barber）的獄警坐在辦公室裡。巴伯已經在監獄工作二十年，經常對拉馬爾說：「囚犯只要年滿二十二歲，一生就毀了。他們十九、二十歲的時候還有救，但是當他們二十二歲、二十三歲又回來時，之後就會一次又一次坐牢，所以最好把他們關在牢裡面。」但拉馬爾不同意。「如果你不給人改變的機會，他們永遠不會改變。」巴伯竊笑道：「我曾經也像你一樣，但等你和我一樣在這裡工作這麼久以後，你的想法就會改變了。」

[98] 譯註：這所監獄由陛下監獄服務處（His Majesty's Prison Service）管理，故名。
[99] 譯註：又譯成「施為」或「創新行動」，泛指行動者在給定環境中行動的能力。

反常的是，我只能從另一面去理解巴伯的宿命論（fatalism）。當我哥哥坐牢時，我只要一聽到有人提及別國採取更先進的方法處理毒癮問題，與耳聞他們如何減少犯罪和死亡，就會感到惱火。我只要告訴自己「事情就是這樣」，日子就會好過點。如果我讓自己去幻想傑森有可能獲得他所需要的幫助，我會一直憤怒不已，就算那個世界是有可能的，但我卻不想去了解它。

上個禮拜，拉馬爾告訴我，說他逐漸不認爲自己能夠影響這裡的文化了。他指出，每當有囚犯在夜間按對講機時，就會有一名獄警嘀咕：「眞想給他們一人餵一顆子彈。」我告訴拉馬爾，說愛爾蘭詩人兼劇作家奧斯卡・王爾德（Oscar Wilde）說過，監獄最讓人可怕的，「不是它讓一個人心碎——心是用來破碎的——而是它讓一個人的心變成石頭」。

拉馬爾說道：「我擔心如果我繼續幹下去，我會習慣監獄的生活，然後變得麻木。我談論的甚至不是囚犯。」

第二天，我在現代的監獄裡教課，下課時加百列走過來對我說：「我每天都寫三頁。」

「我忘了替你問筆電的事情。我太忙了。」我說道。

「人總是會忘記事情的。」

「對不起。」

「爲什麼人要說對不起？我不相信他們。如果他們眞的感到抱歉，他們就不會這樣做了。」

「加百列，相信我，我今天就會去問問看。」

他轉身離開，沒跟我說再見。

幾分鐘後，我在走廊看到了高級警官沃爾什（Walsh）。她四十歲出頭，留著很清爽的短髮。

我告訴沃爾什，說加百列很努力在寫書，他要我幫他弄一台筆記型電腦。

沃爾什上下打量著我，說道：「你能到我的辦公室嗎？」

我走進她的辦公室，裡頭又冷又濕。她關上門，問道：「他跟你要什麼？」

「我剛剛告訴妳了。」我說道。

「上次我給某人一台筆電，但後來發現他在側翼欠了很多錢。」

「他把電腦賣掉了？」

「沒有。他的債主會去他的牢房，用那台筆電經營網路犯罪業務，這樣他就得承擔所有的責任，而不是那些傢伙。」「加百列欠債了嗎？」

「現在不應該再讓側翼有更多的筆電。」

我用手指揉搓額頭。

「這位先生對你友善嗎？」沃爾什問道。

「是的，他總是會幫我整理東西。」

「那些努力想吸引別人關注的傢伙，往往心裡都有盤算。」

沃爾什坐在辦公桌前繼續工作。

我走到門口，打開了門，然後轉身說道：「他眞的很努力在寫書。」

「我知道你想幫忙，」沃爾什說道，「這個地方也曾一度牽動我的心弦。但我現在已經心如止水了。」

我要離開監獄時，在平台上看到加百列，便告訴他我無法給他弄一台筆電。

「我沒冀望你會給我不同的答案。」他說道。

「那你爲什麼要我問他們呢？」我說道。

他聳聳肩。「不過，試著寫一本書是很愚蠢的。」

「你既然有故事想說，就不應該放棄。」

「沒有人能理解我的故事。我只會讓自己難堪。」

我希望我能推倒這棟建築，打造另一個更有想像力的建築，一個要能治癒人而非僅是收容人的地方；一個能夠培養信任和誠信的地方；那裡的剝奪並不嚴重，人不必想去「操縱別人」才能滿足自己的基本需求；那裡的安全部門能夠區分眞正危險和沒有危險的人，而不是疲倦厭煩，只能假設人人都是等待過河的蠍子。

然而，這棟建築仍然矗立著。

哲學家蘇珊．奈門（Susan Neiman）曾說，當你生活在充滿問題的世界時，很容易陷入失敗主義的陷阱，凡事聽天由命，認爲事情就是這樣，或者你會極度憤慨，認爲事情不該是如此。她指出，要想在這個世界上過得更好，就必須學會去擁抱世界原本的模樣，同時努力去改變世界。我們必須爲**現狀**（is）而生活，也必須爲**應該**（ought）而努力。如果我想要讓日子過得下去，就必須找到能在監獄教書的方法，同時也要想辦法把監獄拆掉。

隔天早上，我醒來時收到了拉馬爾傳來的訊息。他說已經遞交了辭呈。他想要和慈善機構合作，幫助被學校開除的孩子，免得他們犯罪坐牢。我得知他重新燃起了希望，感到很高興，但我知道，監獄裡少一個像他這樣的人，我會更不想進去工作。

幾個小時後，當我走進舊監獄時，我的頭開始疼痛。

我走過第二層平台時，看到一隻鴿子安靜棲息在距離天花板六英寸的一根粗管道上。我停下腳步去看牠。這隻鴿子鐵定是在自由通行期間，安全門打開時飛過圍牆後進入監獄的。牠先穿越平台層層柵欄的縫隙，然後才飛到這裡。

一名獄警從我身旁走過。我向他指出有隻鴿子在那裡。

「沒錯，牠們總是能夠飛進來。」他說道，然後繼續往前走。

我走進教室，打開窗戶，讓臭味散去。春日天空蔚藍清新，但這間朝北的教室仍然昏暗。我很慶幸是這樣，因爲明亮的光線會讓我的頭更痛。拉威爾和韋斯利走了進來，談論他們昨晚在平台上看到的一場鬥毆。

「我還沒看到人影就聽到了聲響。他一下就撂倒對方，乾淨俐落。」韋斯利說道，「就這樣蹦的一下！有時一拳就會讓你重新思考人生。這就像『嗯，嗯……嗯！』」韋斯利打自己的下巴，模仿人陷入沉思的樣子。其他人看到，立即鼓掌並大笑。

他走到我的桌前，登記了名字，然後說道：「安迪，我跟你說過，這支筆很棒。你是否想讓別人偷走它或是什麼的？」他把筆放在桌上。別的學生也陸續到齊。我關上門。一隻老鼠沿著壁腳板爬行。

我說道：「俄國作家杜斯妥也夫斯基（Dostoyevsky）寫了一本小說，名叫《白痴》（*The Idiot*）。這部小說的主角是梅什金王子（Prince Myshkin），他爲人慷慨，心胸開放，但其他人都腐敗和虛僞。他們嘲笑、侮辱和威脅梅什金，但梅什金仍然看到了他們的優點。這讓其他人更加嘲笑他，於是稱他爲白痴。」

「他是一面鏡子，讓其他人看到自己有多麼腐敗。他們太害怕了，不敢看自己的身影，所以就聯合起來攻擊他。」布萊克說道。

「這傢伙是王子吧？他會受到庇護，也不是活在現實世界。」韋斯利指出。

我說道：「梅什金年輕的時候，被送上刑場槍斃。就在士兵們準備開火的前一刻，梅什金看到陽光從教堂的尖頂閃閃發光，他認爲生命眞是萬般美好。他的處決令在最後一刻被取消。從此之後，他再也不想忘記活著有多麼的珍貴。」

「所以，如果我們希望別人友善，也許應該用槍指著他們的臉。」韋斯利說道。

我頭痛得越來越厲害。

布萊克說道：「梅什金一眼就看到了腐敗，就像我們在這裡一樣。雖然這裡關滿了罪犯，但我發現在這裡比在外面更容易表現友善。」

「爲什麼？」我問道。

「上次我被釋放後，每當我試著表現出友善或做好事時，人們都會用奇怪的眼神看著我，以爲我在打什麼壞主意。不管我在外面做什麼，我都是有前科的傢伙。這就好像我在外面的世界中只被允許處於2D的狀態。但是在這裡，當我爲第一次入獄的人提供建議，或者我拿水壺給別人喝水時，我是在幫助另一個人。我的善良不會被人扭曲。當我在這裡時，我能夠以3D的形式存在。」

「這對梅什金意味著什麼？」我問道。

「雖然他知道別人都很腐敗，但他無論如何都需要對別人好，這樣才能保持自己的立場。」布萊克說道。

「在那個世界裡表現出善良對他並不好，」韋斯利說道，「他會被殺掉的。」

「那你會跟梅什金說他需要改變嗎？」我問道。

韋斯利說道：「如果他能改變，早就已經改變了。無論如何，沒有人眞正改變過。你可以讓別人認爲你改變了，但這與實際的改變有所不同。就拿我來說，當我到達監獄時，我故意表現得比平常更糟。他們就會把這一切寫在我的檔案裡。過了一、二個月後，我就表現得像我自己。他們也會在我的檔案寫下這一點。等我服滿刑期時，他們會閱讀我的檔案，發現我已經改過自新了。但我仍然跟以前一樣壞。」

「這種是最老掉牙的把戲。」拉威爾說道。

布萊克說道：「我不會叫梅什金去改變。我會叫他離開那個世界。」

一小時後，課程結束，學生們回到自己的牢房。我用手指按住頭皮，試圖去緩解頭部緊繃的感覺。我特別想離開這座監獄，於是抓起背包，朝前門走去。

我離開監獄，走了十五分鐘，到達一處大公園，便坐在樹下的長椅上。遠處的長尾鸚鵡從一棵樹飛到另一棵樹。牠們是萊姆綠的（lime green），但在傍晚光線的映照下看起來是銀色的。一陣微風徐徐吹來，頭頂上的白楊樹隨風搖擺，樹葉沙沙作響，發出白噪音（white noise）[100]。我的頭痛逐漸消退。

我感覺手臂和手上有水漬。一場細雨落下，空氣中充斥樹木和泥土混合的木質氣味。但我還能聞到一股霉味。我的衣服上沾滿了監獄的味道。

二個月後，我發現自己對監獄變得更加麻木。上個禮拜，兩名獄警在平台打架，保安必須封鎖側翼來應付當時的情況。但我最生氣的是我不能使用影印機。然而，我也發現自己遇到某些小事時會過於沮喪，好比當我沒有足夠的筆給學生使用，或者必須使用一套破舊的鑰匙開門時。

我已經好幾個禮拜沒見到加百列，但今天另一位老師告訴我，說他又開始寫書了。

---

[100] 譯註：頻率保持一致性的規律低分貝聲音。

10 拯救

演講將會成為男人的事。

——鐵拉馬庫斯（Telemachus）

二〇一八年，一位名叫泰隆・吉文斯（Tyrone Givans）的男子於還押三週後在牢房內上吊自殺。經過調查後發現，吉文斯在監獄裡待了將近一個月卻沒有配戴助聽器。監管他的獄警並未發現他患有重聽。獄警指出，只要他們慢慢說話，吉文斯似乎就能聽懂他們在說什麼。

這個星期一早上，我正在給一群主流囚犯上課，其中一位學生格倫頓（Glennton）戴著助聽器。還有幾個二十歲出頭的年輕人。這群人非常吵鬧。打從禮拜五的晚餐時間起，他們只離開牢房二個小時。我可以從他們的聲音感受被他們壓抑的能量。

我給全班同學十分鐘去減壓，然後告訴他們：「柏拉圖講過一則故事，一名叫裘格斯（Gyges）的人發現了可以讓人隱形的戒指。只要他戴上戒指，就可以殺人、偷竊以及做任何想幹的事而不被人發現。」

「除非他們徹底搜索他的牢房。」格倫頓說道。

「柏拉圖問道，此時裘格斯需要當個好人嗎？」我問道。

「女性。」格倫頓道。

我揚起一邊的眉毛。

格倫頓繼續說道：「當我乞討時，要是看到三個小伙子，就知道我不會從他們那裡得到任何錢。他們只有讓我成為他們的笑柄之後，才會施捨一點錢。但我要是看到一個男人和一個女人，事情就會有所不同。女人提著一個購物袋，男的剛剛買了東西給她，二人散發著蜜月的氣息，我就會上前跟男的要錢，現在他有機會表現善心，證明他有錢施捨。好笑的是，我會向他說聲謝謝，但我幫他贏得那個女人的芳心。沒有我，他將跟那三個小伙子一樣，孤獨度過週六的夜晚。他應該感謝我，我可是他的貴人。」

「如果女人能看到裘格斯，他應該會當個好人吧？」我問道。

「你看看這個地方，安迪。如果把所有的女教師、護士、獄警、毒品輔導員都帶出去，你認為這裡的男人會表現得更好還是更糟？」

院子裡傳來外面的說話聲。班上的三個年輕人立即跑到窗前。他們敲打著玻璃。

「我看見你們了！我說我他媽能看到你們！」其中一人喊道。

我站在他們身後，從他們的頭頂向外望去。在內牆的另一邊，一群ＶＰ[101]正被送回他們的側翼。

其中一人高喊：「我發誓要剪掉你們的雞巴。」

「好了，你們消停一下。」我說道。

「我上次入獄時當過服務生，每天都往他們的食物裡吐口水。」

「我們能回頭討論柏拉圖嗎？」我說道。

格倫頓把他助聽器的聲量調低。

這些年輕人依舊站在窗邊，威脅要對那些ＶＰ施以酷刑，一直喊到他們消失在視線之外。我叫這群孩子坐回圈子裡，但他們實在太興奮了，三人嘰嘰喳喳，不停閒聊監獄鬥毆的事情。

十分鐘後，我終於讓他們坐了下來。他們繼續討論隱形戒指，但聲音中還殘留著一絲暴力的氛圍。

一個小時後，我離開監獄，從置物櫃拿出手機。我有一通未接電話，是我哥打來的。我回他電話，但無人接聽。

---

[101] 譯註：易受襲擊的囚犯。

幾個小時後，我收到一封電子郵件，確認我下個月可以到一間女子監獄教課，這讓我鬆了一口氣。我先前壓根沒有預料自己在監獄教男囚犯哲學時，竟然會產生複雜的天生罪惡感。我希望給女囚犯上課時不會觸發那種感覺。

隔天早上，我前去一所男子監獄，在安檢門前脫下鞋子和皮帶，將它們放入托盤讓安檢人員檢查。一名白頭髮的女獄警向排隊準備通過人體掃描器的人喊道：「下一個！」我去排隊了。一位典獄長也入列，站在我的身後。他脫掉鞋子和腰帶，開始排隊受檢。他的襪尖上有黃色和粉紅色的鋸齒狀圖案。我們聊了幾分鐘，我告訴他我即將在一所女子監獄教書。

「我只有在女子監獄工作過一天，當我離開時我對於自己是一個男人感到非常羞恥。」典獄長說道。「你要是聽了這些女人的故事，就會發現她們都是因爲某個男人才吃牢飯的。」

「下一個！」獄警大喊。

「比如什麼？」我問典獄長。

「我想說的是，超過一半的女囚犯受過家暴。她們之所以坐牢，經常是爲了讓男友吸毒而幹了壞事。許多女囚犯在青少年時期就被人口販子賣掉而成了性工作者，我在那裡待了一天就受不了。那天晚上我開車回家，一路上對自己是個男性這檔事感到厭惡。」

「下一個！」獄警大喊。

「我要在那裡待幾天。」我對典獄長說。

「先生！」獄警提高了聲音，對我說道：「下一個就是你！」

我走進了掃描器。

我六歲的時候，父親某天坐在沙發上看電視，赤裸上身，胸口和肩膀上有一圈圈的胸毛。他抽著濾嘴香菸，喝著罐裝啤酒。我坐在他和電視機之間的地板上。當時電視播出一則廣告，呼籲民眾捐款去幫助飢餓的兒童，這些小孩骨瘦如柴。父親打開旁邊咖啡桌上一罐巧克力的蓋子，拿出一塊巧克力，朝著螢幕丟去。

我轉過身，用絕望的眼神看著他，他大聲笑了起來。我想說「不要」，但話卻卡在喉嚨。他又喝了一大口啤酒，然後從罐子裡拿出一塊巧克力，又丟了一次。巧克力飛過我的頭頂，擊中螢幕時發出「咚」的一聲。

我待在父親身邊時，總是感到緊張，因爲不知道他會幹什麼事。我們開車時若是遇到後方的車子對他按喇叭，他可能會把車停下來，下車後當著那個駕駛的面大聲辱罵對方。或者，他可能會看著後照鏡罵髒話，然後繼續開車。

但我有時能猜出會發生什麼事。我們在週日下午去酒吧之前，我和父親會在客廳等我媽打扮化妝。那時經常會有警察或執行官（bailiff）[102]來敲我們家的門，鄰居們會把頭探出窗外來看好戲。然而，媽媽離家時絕對會展現出完美的模樣。父親和我會耐心等她，而我會試著避開他的目光。最後，母親會塗著口紅，滿身香水味下樓，問父親她好不好看。

「安德魯，她是誰呢？」父親會問我。

我會抬頭看他，盡量不讓他看出我有多害怕。

「她是個妓女。」我會說。

「沒錯。她就是個妓女。」父親會如此說道。

媽媽一聽，就會翻白眼。

我不記得父親什麼時候第一次教我玩這種可惡的遊戲。我只記得他當時說道：「安德魯，她是誰呢？」我知道自己要是說：「她是個妓女。」他就會回答：「沒錯。她就是個妓女。」

---

[102] 譯註：（英國查封財產的）查封官或執行官，在美國則是指法警。

我的同事帕特夏（Patricia）在這座監獄裡教書教了二十年了。她身材魁梧，帶有北方工人階級的口音，對於慣犯來說，她就像個母親。我看過男囚犯要她給點結婚的建議，或向她展示他們在孩子生日卡正面所畫的圖案。他們幾乎都是坐在她的膝蓋上哭泣，而其他男人看到帕特夏把注意力轉移到別人的身上，就會生悶氣。如果我說出帕特夏對他們說的話，我的鼻梁可能會被人打斷，她會說以下這樣的話：「如果你不閉上狗嘴，我會把你打得滿地找牙！」或者「給你們十分鐘，全都給我離開教室。這裡臭死了，你們滾蛋後，我才能呼吸。」然而，囚犯們幾乎總是像小男孩一樣，「嘿嘿嘿」笑著離開。

幾個月以前，帕特夏來到我的班上，在白板頂部寫下：「不要忘記週三的國際男人節（International Men's Day）[103]。」

格倫頓問道：「爲什麼要有國際男人節？難道這麼久以來，女人不是已經受夠了男人嗎？」

「那麼你在國際男人節那天可以來打掃我的教室。」帕特夏回答他。

「其實，現在想起來，做男人很難。」格倫頓說道。

---

[103] 譯註：國際上每年慶祝男性貢獻的紀念日，通常設在十一月十九日。

「不管怎麼樣，男人打掃都做不好，根本就辦不到。」

一位名叫布萊特（Berat）的阿爾巴尼亞人說道：「在這個國家，女人至上，然後是小孩，接著是狗，最後才是男人。」

「你屬於哪一個：狗還是小孩？」帕特夏問他。

「嘿嘿嘿。」布萊特竊笑道。

二〇一〇年，一名二十八歲的女獄警因爲和一名男囚犯發生親密關係而入獄，該名男子因爲強姦前女友並對她潑硫酸而坐牢。類似的故事長期在監獄中流傳，造成女獄警和男囚犯雙輸的局面。

去年，我和一位三十多歲的女獄警一起工作，她叫奧盧費米（Olufemi）女士。她和男囚犯交談時，總是嚴格保持距離，免得過於親密。她擔心自己如果被人認爲太過於關心囚犯，就會出現謠言，說她和某人上床了，即使她知道沒這回事，但仍然會尷尬，她的權威也會被削弱。有一天，奧盧費米女士發現一名有精神病的囚犯枕頭上畫了她的圖片，圖片中的她有著巨大的乳房。這個傢伙抱著枕頭，在平台走來走去。

她原本只是對男囚犯保持距離，後來就明顯對他們很冷淡。幾週以前，我在平台上看到一名男子問奧盧費米女士是否可以讓他享有更多的特權。他想讓家人更常來探監。

「我不能因為你提出要求就答應你。」她說道。

「拜託了，妳不是個冷酷的人，我知道妳不是。」那人回答。

「不行。」她說道。

他嘖了一聲，說道：「噢，拜託！」

「抱歉，我不能答應你。」

「賤女人，冷血無情。」那人說完，怒氣沖沖地走了。

我前往距離倫敦數百英里外的一所鄉村監獄，在一次性的研討會上教課。我很早就到了，便坐在停車場的長凳上打電話給我哥。電話響了，但他沒有接聽。

二十分鐘後，我在圖書館裡上課。當時氣氛很緊張，沒有人願意分享意見。當學生開口說話時，他們是和我分享他們的想法，但不會互相交談。我請他們彼此辯論，但他們不願意，只想直接和我交談。幾乎沒有人表達不同的意見。他們會說：「我想這得取決於你的想法。」大家越來越冷淡，最後誰都不說話，鴉雀無聲。

一小時後，課程結束，男囚犯便離開。一位笑容滿面的圖書館員幫我把椅子堆放在角落。

「課上得怎麼樣？」他問我。

「大家都懶得討論。」我說道。

「那很好。」他說道。他向我透露，在這群人中，一半是主流囚犯，另一半則是VP。

「我希望他們能夠互相交談。」我說道。

「幸好他們沒有鬥毆，打到頭破血流。」他說道。

二十分鐘後，我離開監獄，從置物櫃拿出手機，看到我哥曾給我回電。我回撥他的電話，但無人接聽。

我曾參加朋友克洛伊（Chloe）的晚宴。當時我的對面坐著一位醫生，名叫保羅（Paul），他穿著優雅的黑色禮服。我告訴他我做什麼工作，他就對我說：「所以你父親坐過牢，而你又在監獄裡教書。你想拯救你所教導的那些人嗎？」

「不完全是這樣。」我回答他。

我在第二天上課時穿著熨燙過的襯衫，這是我多年來從未做過的事。

我像專業人士那樣點名，沒有用看的來登記到場學生。

我不再稱呼學生爲「夥計」（fella）[104]，而是開始叫他們「先生」（gentlemen）。

我阻止那些打斷其他學生發言的學生，並且告訴他們不可以打斷別人說話。「你喜歡這樣做，是嗎？」有人對我說。

我下午走路回家時戴著耳機，聽著大聲播放的髒話音樂，腦海裡重新幻想我和保羅的談話。

「你想拯救你所教導的那些人嗎？」幻想的保羅說道。

「保羅，你的父母生前是做什麼的？」我問他。

「他們都是醫生。」

「你也是一名醫生。你沒有把這種類型的遺傳稱爲一種病態，眞是有趣。」

幻想保羅不知道該說什麼才好。他看起來矮了六吋。克洛伊給了我第二塊蛋糕。我吃下它，然後喝了一口正山小種（lapsang souchong）[105]。

沒有人想和幻想的保羅說話，於是他拿起外套想要離開，但我用手臂摟住了他，叫他來陽台上和我喝一杯。我在外面的星空下告訴他：「這不是拯救誰的問題，而是在你

---

[104] 譯註：這是一種親切的稱呼。

[105] 譯註：中國生產的一種紅茶，又稱立山小種，號稱紅茶鼻祖。

的系統中植入哪些知識的問題。你無法決定自己必須消化什麼。」

「我很感激你告訴我這些。」幻想的保羅說道。他看起來很害羞，幾乎像個孩子。

在下一週的星期五晚上，我去克洛伊家喝酒，保羅坐在沙發上。我選了離他最遠的座位。

我媽小時候很喜歡上美術課，但她感覺其他學生好像在「坐牢」。教室裡一片混亂，警察經常被叫來制止學生鬥毆。她在課堂上覺得老師和女同學都只是在走過場，教她們一些好像她們不需要知道的東西，她們被期望離校後結婚生子。我媽十五歲時就沒有再讀書，而是去市場擺攤，賺錢比在學校裡求生存讓她興奮得多。不久之後，她在大街上找到了一份裝飾櫥窗的工作，讓她想起她在學校畫畫的那些時刻。她十七歲結婚，到了二、三十歲的時候，她希望能夠畫畫、讀書和學習外語，但她沒有時間。我爸經常失業，他偶爾會找到工作，但幾週後就會和某人鬧翻，然後離職。我媽必須去賺錢，如果她真的坐在沙發上看書，我爸一定會嫉妒的。

當我還小的時候，我爸每週六都會去簽賭賽馬，我和我媽就會開車去城裡，度過「我和你的一日」。當我們拐過街道盡頭的角落時，我媽整個人就會變得輕鬆許多。到了城裡，我們會去服飾店，她會試穿衣服和鞋子。有些東西她買不起，但她還是會去試穿，單純只是想照照鏡子，看看自己穿戴起來是什麼樣子。我們有一次走進一家美術用品店，她從架上拿起不同深淺的綠色顏料，有萊姆綠、翡翠綠和祖母綠。她說道：「你長大後，一定要過了三十歲才結婚。」她把顏料放回架上。

我們會去麥當勞，吃完餐點後，我會說：「我們必須回家嗎？」

「小傢伙，我知道你害怕。我也害怕。」她說道。

爲了逗我媽開心，我會模仿我爸，假裝自己在開車，用蘇格蘭口音威脅車旁的司機，叫囂著說我會把他打暈。媽媽會邊笑邊哭，然後環顧四周，確保我爸沒有站在她的身後。

如今，我媽的客廳掛著一幅她畫的油畫。畫作很簡單，就是一片青山綠水。十年前，她爲買了一本英文／希臘文字典，用來查詢冰箱、椅子、窗簾等物品的希臘文單字，也就是psygeío、karékla和kourtínes。她如今可以用斷斷續續的句子談論歷史、遺跡和眾神。我偶爾會買兩本小說，然後送她一本，這樣我們就可以一起讀書，當我們在電話裡談論書本內容時，她總是比我多讀了五十頁。我媽和我爸分開後，一直努力充實自己，她看到我的生活沒有一團亂，我也沒牽扯暴力、吸毒和犯罪，便說她過去百般忍讓，現在看來一切都是值得的，彷彿我的自由就是她的救贖。這就是爲什麼當我告訴她我仍然帶著一種天生的罪惡感時，她感到很難過。然而，我試著去告訴她，說這不是她的錯。

我七歲的時候，有一天晚上和我爸一起待在家。他坐在扶手椅上，一邊看新聞，一邊不停抽菸。我坐在他對面的角落，玩著玩具。我媽那時出去加班了。

已經八點多了，我爸還沒弄吃的給我。我媽回家後，我跟她說我餓了。她坐在沙發上，告訴我她需要休息二分鐘才能去做飯。

我爸和我媽開始吵架。他討厭她加班，因爲她就會和同事馬克（Mark）一起多待幾個小時。我做了他們開始爭吵時經常做的事情，把電視從新聞頻道切換到我想看的頻道。我知道我爸很久後才會發現我轉了台。

一個多小時後，我感覺臉很熱，眼皮很沉。我餓得肚子疼，但他們還在吵架。

「媽，妳說妳會做飯的。」我說道。

「我沒騙你，我會去弄吃的。」她說道。

「我有說過你可以換台嗎？」我爸對我說。

我愣住了。

「給我轉回新聞台！」他說道。

「播報新聞已經結束了。」我回答他。

「你他媽的照我的話做。」他說道。

我提起肩膀，向耳朵方向繃緊。

「媽，我餓了。妳這個臭婊子。」

「媽的，你給我滾過來！」我爸說道。

我走過去，站在我爸的雙腿之間。他坐在椅子上，身體向前靠，臉距離我的臉只有二吋。我看見他的齒槽裡有菸草漬，我的腿一直顫抖。

「你他媽的剛才說了什麼？」他問我。

我知道如果我開口說話，就會開始哭泣，所以我緊閉著嘴。

「如果你再這樣和你媽說話，我就殺了你，明白了嗎？」

在我開始到女子監獄教書的那天早上，我站在臥室的鏡子前面。我看著我的左臉，然後又轉向，再看看右邊。我今天看起來像我的父親。我在三十歲後，開始越來越像他了。我把頭髮弄得蓬鬆，看看能否改變臉型，但我看起來仍然很像他，我的額頭和下巴跟他很像。腦海的劊子手告訴我，我根本無法改變它。

我整個早上都在想我的父親。我記得他給我買第一輛自行車的畫面，到如今我騎自行車時仍得到不少的快樂。我想像著他泛黃的指尖，他一天要吸六十支菸，他需要抽那麼多的菸，我想他一定很不愉快。我想像他目前的樣子，就是一個老人，虛弱而無害。我在腦海中尋找一個關於他的故事，讓我可以激發仁慈或憐憫的心，我昨天做飯時以及前一天想讀書時，也做了同樣的事情。自從我決定和父親斷絕聯繫以來，已經過了二十年，但我總有一天會去拯救他。

*

幾個小時後，我和帕特夏一起在員工餐廳吃午餐。她跟我講了蒂薇卡（Divika）的故事。她二十四歲，是個戲劇老師，每週都會來監獄一次為男囚犯開課。

帕特夏說道：「蒂薇卡似乎根本沒有想要避嫌，她會穿著一件絲綢襯衫，像一隻貓在教室裡蹓躂。她第一天就對拉奇（Rudge）有了特殊的愛戀。」

拉奇一側臉上有一道疤痕。他已經服刑九年了。

「最初幾週，蒂薇卡在圍成圈的椅子上坐在拉奇的旁邊，說話時總是去碰觸他的手臂。」帕特夏說道。

「美女與野獸。」我說道。

「嗯，拉奇見過太多這種事了。他服刑幾年後，早已不眷戀愛情。蒂薇卡沒有得到拉奇的回應，幾個禮拜後就換了位置，改坐在加雷斯（Gareth）旁邊。」

加雷斯因爲吸食海洛因，牙齒嚴重腐爛，當他被召回監獄時，修復牙齒的療程才進行到一半，他現在微笑時都會抿著嘴唇。加雷斯爲了抵制平台的吸毒文化，幾個月前皈依了伊斯蘭教，雖然他並不完全同意伊瑪目（Imam）[106]婚前禁止性行爲的說法，但他認爲，無論如何，進了監獄後，就無需擔憂這檔事了。

據帕特夏的說法，蒂薇卡進教室後，她的女性香氣便瀰漫在空氣中，並會在每節課結束時給加雷斯一個大大的擁抱。加雷斯只是站在那裡，蒂薇卡的頭髮會遮住他的臉。他盡量不碰她，但也不把她推開。教室裡的其他人都用手摀住嘴，盡量不讓人聽到笑聲。

*

[106] 譯註：在遜尼派中，這個詞是集體禮拜時在衆人前面率衆禮拜者。在什葉派中，伊瑪目則代表教長。

我和帕特夏吃完午餐後，就在平台走著。當時囚犯都在敲門，高音的警報聲響起。我聽到工作人員彼此呼叫的無線電聲，還有喊叫聲和鑰匙碰撞的聲音。每一種噪音都會在室內的金屬或混凝土牆壁迴盪著。我隱隱聽到一個男人在牢房裡哭泣，但我無法判斷他是在我的上方或前方。他的房門可能離我二公尺或十公尺遠。四下一片喧鬧，每一種聲音都被掩蓋，音量變小了。在我左邊的牢房門上，我透過塑膠玻璃（Perspex）的垂直縫隙看到一張嘴和鼻子。有一名男子正試圖向我右邊的牢房喊話，另一名男子將耳朵貼在狹縫上。聲音太吵，我聽不清楚他倆在說什麼，但我右邊的人向左邊的人豎起了大拇指。在這個地方，他們聽得比我更清楚。

我走到上課的教室，桌子上方的牆上有一張褪色的海報，印著一個女人被一個男人吼叫的圖案，下面寫著：「下次你要虐待女性員工時，別忘了她是某個人的**姐妹**、**母親**、**女兒**。（Next time you are about to abuse a female member of staff, remember, she is someone's SISTER, MOTHER, DAUGHTER.）」

這張海報讓我想起了海倫（Helen），她和我去年一起在某間戒備森嚴的男子監獄中任教。海倫身材嬌小，有著金紅色的頭髮和一張鵝蛋臉。有些囚犯會用難以置信的淫蕩眼神盯著她，有些人則不屑一顧，習慣性地糾正她，或者不管她說什麼都自顧自聊天。到了最後，海倫會和我一起離開監獄，然後搭乘火車回家。她一直抱怨有個名叫帕維爾

（Pawel）的無期徒刑犯每個禮拜都會挑選最好的椅子給她坐，讓她名聲不好。海倫叫他不要這樣做，但他還是照做。帕維爾稱海倫爲「小姐」（Miss），但海倫要他稱她爲海倫。當其他人打斷她說話時，帕維爾就會介入，說道：「你放尊重一點。如果她是你的妹妹，你會怎麼想？」海倫感到很沮喪，跟帕維爾說他不必去幫她，但帕維爾還是屢勸不聽。

幾週後，海倫和我在回家的火車上一起談論這件事。她看起來很疲憊。

「他就是不聽我的話。」海倫說道。

「妳在拯救他。他必須保護妳，讓妳不被別人欺負，藉此證明他和他們不同。」我如此回答。

海倫渾身發抖。

走廊上的一名獄警喊道：「自由通行。」我把背包放在桌上去擋住海報。我走到走廊上，等待學生們到來。

幾分鐘後，默文（Mervin）來了。他綁著很細的髒辮[107]，鬍鬚一直垂到胸前。我

[107] 譯註：dreadlocks是一種髮型，長髮結成辮且四下垂散。

們擊拳打招呼，然後他站在我身邊，哀嘆他喜歡的曼徹斯特聯足球俱樂部（Manchester United，簡稱曼聯）最近表現不佳。站在二公尺外的一名獄警也是曼聯球迷，他也來和我們閒聊，抱怨俱樂部招募的新血都不像樣。我們三人聊個不停。默文和我說話時會看著我的眼睛，但回答獄警時，卻是抬頭看著天花板。

名叫馬龍（Marlon）的男人走進走廊。他的鼻尖處有一塊平坦的疤痕。十年前，馬龍欠一些毒販錢，這些人便拿刮鬍刀割他的皮讓他抵債。他今天穿著一件綠色T恤，背面印有「傾聽者」（Listener）字樣，表明他是被指定的撒馬利亞慈善諮詢中心成員（Samaritan），可以爲平台囚犯提供慰藉。我上個月曾在側翼和馬龍聊天，他告訴我這項工作如何改變了他。「當我年輕的時候，我會認爲這種東西太軟弱，欠缺男子氣概。但我能傾聽他們的想法，讓他們有人可以交談。我們都必須成爲眞正的人才能有所改變。」我們互道再見，我看著他走下平台。他走路時，一步一履仍然充滿男子氣概。我心想，要在這種地方同時成長和求生存一定非常困難。馬龍可以敞開心扉，但他還是得保護自己的身體。

加雷斯和其他幾個人也到了。我們走進教室，圍坐在桌子旁邊。默文和馬龍正在嘲笑他們小時候在電視上看過的一則廣告。它給孩子一個電話號碼，說如果爸媽打他們，他們就可以打電話投訴。

「我父親告訴我，只要我想打那個號碼，他就隨我。當那些傢伙過來時，他會先搧我一記耳光，然後當著我的面搧他們耳光。」馬龍說道。

「我記得那些廣告。當電視播放這些廣告時，我父親會突然大笑起來。」默文說道。

這二人笑著，然後互相擊掌。

監獄裡經常能聽到囚犯高聲談論小時候父親如何對他們施暴。我聽到他們的故事時總是嚇得往後退，但同樣令人毛骨悚然的是，某些父親可能預料到他們的孩子有一天非得在監獄中求生存，所以暴打他們是為了讓他們可以做好準備，生活在一個懲罰不公的世界。

我在裡面聽過很多男孩子的故事，他們從施暴的父親吸入了毒素，長大後也成了有暴力傾向的人。我以前待在爸爸身邊時，總是會屏住呼吸。我為了讓自己不會重蹈他的覆轍，便下意識地指定劊子手來監視我。劊子手不讓我身陷囹圄，卻沒讓我獲得自由。

我站在學生的前面，準備開始上課。但他們還繼續聊天，東抱怨西抱怨的，說什麼食物分量太少，獄警看到他們，就像看到狗屎一樣，還有某些獄警似乎對他們很好，但根本不會幫他們。他們已經寫了四次申請書，但仍沒有得到答覆，而且被告知要重寫一次。其實，他們都還沒有被轉去別處。當他們不想被轉去別處時，獄方又要轉移他們。這些人還說淋浴的水壓太小，縫製監獄發放的平角短褲卻沒有得到報酬，或者找不到縫製平角短褲的工作。

我曾經認爲自己可以等他們抱怨完畢。我會給他們五分鐘，讓他們盡情發洩不滿，一旦抱怨聲消失，我就可以繼續上課。然而，這裡讓人抱怨的事情多到不行，但這些人卻無力改變，嗡嗡的抱怨聲永遠不會自行消失。

我會說：「請各位別再聊天了。」

他們還是不理睬我，繼續抱怨理髮時要大排長龍。他們還說，監獄發放的外套不夠厚，無法讓人待在庭院時保暖。此外，他們怎麼還沒拿到訂購的監獄外套。這些人還抱怨，說打電話時要排隊，護士也只會給你一小杯水讓你服用早上的藥物，你如何必須嗆出口水，才能和著把藥丸吞下肚。

*

一分鐘後，我再次提醒他們。有幾個人看著我。有兩個傢伙還在抱怨，必須先把話說完。

過了一會兒，教室終於安靜下來了。

「美國著名作家諾曼・梅勒（Norman Mailer）講過一則故事，說有兩個男人在街上擦肩而過並互道早安，其中一個會輸掉。」我說道。

教室裡的每個人都笑了。

我繼續說道：「某些哲學家曾說，男子氣概是透過支配掌控來實現的。爲了讓我成爲男人，別人就必須失敗。這些人通常是婦女或兒童，有時候是別的男人。」

「但有好人也有壞人。」馬龍說道。

我說道：「女權主義作家貝爾・胡克斯（bell hooks）指出，好男人的觀念帶有性別歧視。好女人的說法也是如此。」

「那你要怎麼表現得好呢？」馬龍問道。

「胡克斯說，男人應該努力成爲一個好人。」

「我在監獄裡不在乎自己是否是個好人。」馬龍說道，「但我爲自己不是一個好人而難過。當我打電話給我的前妻時，我聽說我的小女兒遇到一個不喜歡她的老師，但我無法去解決這個問題，因爲我被關在這裡，或者當我媽媽需要某些東西時我卻無法提供她，我就會感覺很糟糕。」

「胡克斯在胡說八道。怎麼不能做一個好男人呢？如果你是男人，你就是男人。」

默文說道。

我在桌子中間放了一張麥爾坎・X（Malcolm X）[108] A3尺寸的照片。他穿著西裝，站在一個講台後面說話。

「胡克斯指出，麥爾坎・X一生不去擔心自己是否能成爲一個好男人。他更加關心自己是什麼樣的人。」我說道。

「我看過一部介紹他的電影。」馬龍說道。

「我讀過他寫的一整本書。」默文說道。

我說道：「麥爾坎・X曾經脫胎換骨。他二十一歲因搶劫而入獄時還是個文盲。但他在坐牢時自我進修，出獄之後就成爲伊斯蘭民族（Nation of Islam）[109]最引人注目的喉舌之一。此外，他還改過二次名字。他曾是黑人分離主義者，但在麥加遇到白人穆斯林後便改變了想法。」

「他不是抄過整本字典嗎？」馬龍說道。

---

[108] 譯註：非裔美籍民權運動者。擁護他的人認同他嚴厲譴責美國白人對待黑人的方式，但反對人士則認為他鼓吹種族主義與暴力行為。

[109] 譯註：又譯成「伊斯蘭國度」，美國非裔人士的新宗教運動伊斯蘭主義組織。

「他在牢房裡抄了每一頁。好像他總是在追尋下一件事。他犯罪是爲了擺脫貧困，然後加入伊斯蘭民族是爲了擺脫犯罪，最後離開這個組織去追尋下一個志業。」默文說道。

我說道：「胡克斯說，麥爾坎．X被暗殺時，正在經歷另一次轉變。在他早期的一些演講中，他說男人的本性是強悍的，女人的本性則是柔弱的。他認爲女性無法領導黑人去追求解放。他建議男人如果想要受女人尊重，就應該去控制她們。」

「他是不是從小就沒了父親？這裡有人都是媽媽養大的，但他們之中有很多人都討厭女性。」馬龍說道。

「他們都怪那個還活著的老媽子，對吧？」默文說道。

馬龍說道：「這裡的人甚至不知道什麼是性別歧視。如果強姦犯關到他們的平台，他們就會跟別人一樣在那人的牢房前排隊，準備去揍他。然而，當你看到那些人在平台來回走動時……」

「他們會抓著自己的睪丸！」默文說道。

「女性工作人員每次靠近他們時，這些人都會把手放在褲前，摸著蛋蛋。他們想痛扁強姦犯，卻不知道自己的行爲就像一個強暴犯。」馬龍說道。

「這些人還會說他們如何販毒來替母親支付帳單。說的全是屁話！他們穿著耐吉限量款球鞋，戴著勞力士錶，但他們的老媽卻得到英國平價超市Iceland買東西。」默文說道。

「如果我奶奶知道我買運動鞋的錢是販毒賺來的，她會把我殺了。」馬龍說道。

「如果我穿著運動鞋走進我奶奶的房子，她就會把我幹掉。」默文說道。

我把話題帶回麥爾坎・X的身上。「他在人生後期離開伊斯蘭民族時說道：『我感覺自己像個睡著了的人，一直受到別人操控。現在我會自己去思考。』他遇到了芬妮・露・哈默（Fannie Lou Hamer）和雪莉・格雷厄姆・杜波依斯（Shirley Graham Du Bois）等令他印象深刻的女性活躍分子。麥爾坎・X承認，女人和男人一樣，也能挺身抗爭，而且經常做出更多的貢獻。他原本擔心女性可能會因爲不尊重他而讓他『去勢』，後來卻欽佩某些展現智慧和力量的女性。」

教室安靜下來。有幾個傢伙用懷疑的眼神看著我。

我繼續說道。「各位想像一下，如果麥爾坎・X繼續活著且不斷成熟，不再那麼執著於當個男人，他可能會變成什麼?他和女性的關係還能如何發展？」

馬龍雙臂環抱。默文用手指和拇指滾動著他的筆。我聽到走廊傳來獄警的無線電所發出的聲音。

「你們有什麼想法？」我問道。

「當我看到一個性感的獄警時，我會刻意什麼也不說。」默文說道，「除非絕對有必要，否則我不會跟她說話，免得造成誤會。」

馬龍咕噥著表示同意。「你會情不自禁對這裡的女人有性幻想，因爲你太渴望跟人做愛了。你已經戴上監獄護目鏡，只要是個女人，看起來都很漂亮。」「最好不要和她們交往。無論如何，她們已經認爲我們是壞人，有可能會指控我幹了壞事。」默文說道。

「或者你不想變成加雷斯。」馬龍說道。

學生們嘲笑了起來。加雷斯一臉尷尬的模樣。

加雷斯說道：「你們知道最讓我生氣的是什麼嗎？當我讀書的時候，漂亮的女孩子都看不上我，因爲她們知道我是開卡車的，所以我只能和想要壞男孩的女孩交往。但現在我三十歲了，人還在坐牢，我們那裡的女孩都生了孩子，她們只想要找一個有責任心且能供她們吃住的男人，中產階級的女孩都愛我，但我十六歲時她們在哪裡？」

「我不會跟她們閒扯，尤其是那些長得漂亮的。」默文說道。

默文說道：「上個禮拜在平台上，一名年輕的女警官在一名囚犯打開的牢房外監視他，因爲那個傢伙想要自殺。你甚至不需要看女警，就知道她很性感。」

馬龍說道：「那天平台上的所有囚犯都神采奕奕，由此就能看出這點。」

「有些人甚至在她身邊大搖大擺，走來走去，」默文說道。「甚至妻子來訪時不刮鬍子的男人那天都整裝打點。還有人穿運動鞋。天哪！我甚至看到路易威登（Louis Vuitton）的球鞋，我根本不知道還有這種好東西。」

「有些人會停下來和她聊天，問她在監視的那個人是否還好，還會向她展示手臂上的紋身。」馬龍說道。

「最後，那個被監視的傢伙向她抱怨：『妳不是來照顧他們的，妳應該要關心我。』」

「每當我看到她時，我都會站著背對她。」

「我也會這麼做。別誤會我的意思，我對她沒有敵意，我只是不想把事情搞得很複雜。」默文說道。

「你可別陷進去。」馬龍說道。

「別讓自己像個傻瓜。」默文說道。

這兩個人都靠在椅子上，雙臂交叉著。

我從桌子上拿起麥爾坎・X的照片，然後將它舉起來，說道：「如果他今天在這裡，他也會什麼都不說嗎？」

「這是最保險的做法。」馬龍說道。

「沒錯，最保險的做法。」默文說道。

三十分鐘後，我在監獄外頭的公車站等車。我感到很洩氣，我希望這些學生不要只是「什麼也不說」。克洛伊發訊息給我，請我今晚和她一起喝酒，能載我去她家的巴士將停在我的旁邊。我向它揮手，表示我要搭車。保羅可能會去克洛伊家，我想如果我告訴他今天上課的情形，他會用他乾淨的長手拿起酒杯，抿了一口，然後一臉得意，把酒杯放回桌上。

巴士到來，我上了車。我站著，抓住頭頂的橫桿。我的左邊坐著一個穿校服的小男孩。小男孩坐在他父親旁邊，那個男人正在用手機瀏覽ＩＧ的女孩。小男孩玩著兩個小樂高公仔，假裝他們在互相打架。

我曾說過，我因爲罵媽媽是妓女而被父親斥責，就在那晚過了幾週後，我坐在汽車後座玩一個可動人偶。當時我爸在開車，我媽坐在副駕駛座。我們正要去酒吧，媽媽拿出口紅和鏡子來化妝。

爸爸看著擋風玻璃，說道：「安德魯，她是誰呢？」

我捏住人偶，讓它繞圈飛行。

「安德魯，她是誰呢？」老爸問我。

我不斷讓人偶飛來飛去。

「他沉浸在自己的世界，聽不到你說話。」媽媽說道。

我公車搭了十五分鐘，最後按下下車的按鈕，讓司機在下一站靠邊停車。小男孩的其中一個樂高公仔掉到我的腳邊。他的父親還在滑手機，沒有注意到。我把它撿了起來，遞給孩子。

到了晚上，我在洗澡。我洗頭、擦臉，洗乾淨後，在水流下站了幾分鐘。

我並非眞心想救我爸爸，我想拯救自己。我想讓他變得不那麼壞，這樣我就不用繼承他的壞處。然而，長久以來，我一直陷入遺傳罪惡的邏輯之中：如果我爸是個壞蛋，我也會是壞蛋。如果我要認爲自己是個正派的人，那我爸也一定是正派的。我無法讓自己和他分開。

我走出淋浴間，站在鏡子前刷牙。我看起來很疲憊。

我走進臥室，把書本和身分證裝進背包，準備隔天早上去女子監獄。我仔細檢查袋子，確保裡面沒有放一公斤海洛因或者一把九英寸長的菜刀。

我坐在床尾，頭頂的燈還亮著。我聽到最後一列火車從公寓後方車站駛出的聲音。

我拿起手機，打電話給我哥。

他接起了電話，說道：「阿弟，現在很晚了，怎麼會打電話給我，你還好嗎？」

「我只想聽聽你的聲音。」

11

遺忘

傷痛有千百種，最讓人痛苦的便是記憶。

——美國作家瑪麗．博伊金．切斯納特（Mary Boykin Chesnut）

這座女子監獄原本是男子監獄，但隨著女囚犯日漸增多，政府便轉移男囚犯，將小便池換成隔間，然後收容女性囚犯。這裡有鐵柵欄門，但某些走廊被漆成了淺粉紅色。在我教書的其中一所男子監獄的保全室裡，掛著裱框的阿爾薩斯犬（Alsatian）照片。在這座女子監獄裡，有幾張同一隻白色小貓的畫布照片。那隻貓咪有著翠綠色的眼睛和超大的耳朵。從某一張圖片中可看見牠在玩琴弦。而在另一張照片中，牠被捧在某個人的手掌中。

這座女子監獄是我上週授課男子監獄的二倍大，但容納的人數卻只有四分之一左右。因此，監獄對感官的壓迫較小：沒有高聳的建物，有更多的綠地，光線也比較充足。我聞得到青草的味道。這裡與男子監獄不同的是，當我走過庭院時，陌生人會向我打招呼。

我的老闆漢娜（Hannah）聽說我要到女子監獄教書時笑著說：「我保證她們都會想和維斯特先生一起研究哲學。」我上第一堂課時，有十五名女性擠進教室聽課。今天是第二堂課，只有四人到場。

留著尖刺灰色短髮的艾格妮絲（Agnes）把手伸進大手提袋，拿出二塊小號的瑪氏巧克力棒（Mars bar），然後遞給我。

「這些是妳的。」我說道。

「但我想要給你。」艾格妮絲說道，再次將巧克力棒推給我。

一名走過教室的獄警看著我們。監獄規定，工作人員不得接受女囚犯的禮物。保安擔心替對方整理儀容以及有不恰當關係之類的東西，也害怕工作人員可能替女囚犯偷運東西。

「艾格妮絲，很抱歉，我不能收妳的東西。」

她舉起的手瞬間落到腿上。「是誰定了這些該死的規則？不好意思，我說了髒話。這只不過是一根他媽的巧克力棒。」

她把巧克力放回手提袋。獄警便離開教室。

一位名叫索菲亞（Sofia）的羅馬尼亞婦女問道：「可以開始上課了嗎？」她穿著

一件適合面試時穿的寶藍色襯衫。她入獄已經十多年，但不知何故，只要感覺事情進展緩慢，仍然會很洩氣。索菲亞上個禮拜告訴我，說獄警有時會在早上準時打開她的房門，但偶爾會晚個二十分鐘或一個小時才開門。她根本不管時間，會去做伏地挺身、單車式捲腹（bicycle crunch）和俄羅斯扭轉（Russian twist）等高強度運動。她告訴我：「他們打開我的房門時，不會看到我坐在那裡枯等。他們會看到我在運動。」

我開始上課。我談論記憶和身分，談了幾分鐘後便發問：「如果妳失去了記憶，妳還算同一個人嗎？」

「我認爲隨著年齡的增長，人會更加充實。」名叫迪塔（Dita）的女士說道。她戴著墨鏡，因爲她今天早上沒時間化妝，眼袋沒有遮住。

「比方說，自從我來到這裡後，我變得更加自我了。」她說道。

「這裡？」我問道。

「這是『充實自我』的時間。」

在這些女性之中，某些人來到這裡以前是露宿街頭，或者十五歲就當了媽媽，甚至從事性工作，從皮條客那裡獲得百分之十的抽成。

有人在敲門。我打開了門，然後八個學生魚貫而入。她們有說有笑，說今天會遲到是因爲有一位朋友被釋放，她們走到大門向她告別。

他們各自坐在圍成圓圈的椅子上。有些人坐得很近，幾乎就是坐在彼此的大腿上。我感覺這是與我在男子監獄教書時最大的差異，男囚犯儘管住在同一層樓，但彼此並不熟悉。我必須幫他們組成一個團體。但女子囚犯早已自成一個群體。她們會決定我是否能夠打進這個圈子。

名叫伊瑪尼（Imani）的年輕女子彎腰坐著，手裡抓著一塊手帕。她的兩側都沒人坐。伊瑪尼的對面是一位和她年紀相仿的女子，名叫安琪拉（Anjela）。她的兩旁都坐著一個朋友，這二人都把頭靠在安琪拉的肩膀上。

安琪拉哼著巴貝多歌手蕾哈娜（Rihanna）的〈雨傘〉（'Umbrella'）。她的兩個朋友跟著她一起哼唱。伊瑪尼抽泣著。

我試著與伊瑪尼的眼睛對視，想知道她是否還好，但伊瑪尼一直盯著她的手帕。

我又開始上課，問道：「如果妳失去了記憶，妳還算同一個人嗎？」我們聊了幾分鐘後，安琪拉說道：「安迪，我有一個問題。如果你以前很俊俏，但現在很醜，該怎麼辦？那你就不再是同一個人了，不是嗎？沒有人會再想要你了。」

伊瑪尼淚流滿面，起身走出教室。

「她怎麼了？」安琪拉說道，臉上浮現微笑。「我什麼也沒做啊！」

這裡的建築不像男子監獄那麼幽閉恐怖，但社交氛圍卻異常緊張。在我來此以前，衆人言談底下的潛台詞（subtex）⑩早已存在。儘管我是老師，但我有時是教室裡最後一個了解對話涵義的人。

課程進行到一半時，一名勤務工送來茶水和餅乾，我們稍作休息。監獄裡的茶不僅苦澀，還有發黴的味道。我喝完茶後，總是會吸吮牙齒，想去除掉殘留的化學味道。女囚犯們走到教室的角落喝茶，然後閒晃聊天。我則是坐在桌前看我的教學筆記。

艾格妮絲走了過來。「我幫你倒杯茶吧！」她說道。

喝茶是「不接受囚犯物品」規則中的一個漏洞。

「謝謝！」我說道。

艾格妮絲看起來很高興，她轉身朝教室的角落走去。幾秒鐘後，索菲亞走到我身邊，把一個盛好茶的小保麗龍杯放在我的桌上。

「你老是在打哈欠，應該少吃點糖。」她說道。

我拿起杯子，然後遞給她。「我已經……」

「你早餐吃什麼？」她問我。

---

⑩譯註：話語背後隱藏的意思，亦即「話中有話」。

「塗奶油的吐司。」

「你早上必須吃水果。」

艾格妮絲拿著一個小保麗龍杯走過來。「嗯，」她轉向索菲亞，「我要給他倒杯茶。」

「我已經給他倒茶了。」索菲亞說。

我們討論了一下，決定這週我喝艾格妮絲的茶，下週換索菲亞給我倒茶。

二十分鐘後，我們重新開始上課。另外兩名女囚犯安慰了伊瑪尼，所以她回到座位上。我們繼續討論記憶的問題。

艾格妮絲說：「無論妳有多麼老和多麼健忘，妳永遠不會忘記所愛的人，不是嗎？這才是最重要的事。」

索菲亞說道：「並不是妳忘記了人，而是妳記錯了人，但妳沒有意識到自己記錯了。」

「嗯，我才不會記錯。」艾格妮絲如此回答。

幾分鐘後，我說道：「神經科學家指出，我們的記憶不像攝影機。它會重新建構和編輯事件，從中創建一個適合當前情況的故事。我們的記憶總是在改變，這樣我們就能適應現在正在發生的一切。」

「你在說什麼？」艾格妮絲說道，聲音不停顫抖。「我在這裡沒有我父親的照片。我表妹留著他僅存的一張照片。當我出去時，我要去找她，這樣我就可以看到照片。我一直等待那一天，每天晚上睡覺以前，我都會在腦海中想像我父親的臉，讓它浮現著。」

「對不起。我不是說……」

「你是說我會花很多年的時間來記錯他嗎？」

我張開嘴巴，但不知道該說什麼，才不會讓艾格妮絲更加生氣。

坐在椅子上的索菲亞向前傾身，碰觸艾格妮絲的膝蓋。「親愛的，別折磨自己了。妳還在監獄裡，要保持冷靜。」

「我不想這樣。」艾格妮絲說道。

隔天早上，我把一個蘋果切成片，然後放入碗裡吃。我意識到監獄對我來說似乎更加殘酷了，因爲我已經走進了一個關押女性的監獄。我聽到很多人在裡面說這樣的話「在監獄裡要保持冷靜」或「越早忘記外面的世界，就能越快坐完牢」。許多女囚犯在踏入監獄大門前，就已經學會如何切斷自己與外界的聯繫。然而，像艾格妮絲這種人不是天生就能夠遺世獨立。我透過她，重新看到坐牢後與親友的分離會有多麼痛苦。

儘管牆上塗著粉紅色的油漆，女子監獄最終還是提醒了我，監獄是最能體現父權（patriarchal power）的地方。我已經習慣了這個機構如何迫使男人走路時挺胸、還要半握拳頭，隨時準備鬥毆。我在這座女子監獄裡也看到女人會這樣走路，但我也看到監獄如何讓某些女人變成更脆弱的少女。當你進入監獄時，要嘛變成一隻阿爾薩斯犬，不然就變成一隻小貓。

*

我和艾格妮絲一樣，手邊沒有父親的照片。十年以前，有位家族成員給我看了一張父親的照片。在接下來的二週裡，我有一種模糊的罪惡感，感覺自己就像個劊子手。從此之後，我就再也沒有去看父親的照片。然而，我在搭公車、在酒吧廁所的小便池，或者翻到報紙的人臉照片時，仍然會暫時把某些男人誤以為是他。我想要忘記父親，但我的腦子不允許我這樣做。我無法忘記，而這就是羞恥之所在。這是最難磨滅的記憶。

索菲亞要艾格妮絲保持冷靜時，其實是叫她要活在當下。對我來說，活在當下就要讓自己離開監獄，擺脫自己繼承的罪惡感。

12 事實

在我們的謊言背後，我放下了阿里阿德涅（Ariadne）[111]的金線球，因為最快樂的事情就是能夠追溯自己的謊言，一路回到源頭，在一年中睡上一個晚上，將所有的上層結構（superstructure）洗掉。

——美國作家阿內絲・尼恩（Anaïs Nin）

我告訴學生：「美國哲學家山姆・哈里斯（Sam Harris）曾說，說謊會讓我們錯失加深與他人連結的機會。善意的謊言也不例外。他認爲，人會說謊，通常都是因爲軟弱。說出眞相也許會讓我們太難堪，所以我們不願意承認，或者我們不喜歡和別人起衝突，所以只好撒謊。哈里斯認爲，這些謊言會逐漸破壞我們的人際關係，如果你對某人

---

[111] 譯註：古希臘神話人物。阿里阿德涅的線球（Ariadne's thread）是以她的傳說命名，指面對難解問題時，以多種可用之道去「抽絲剝繭」。

說謊，你們之間的關係就會出現裂痕。說謊也會給說謊者帶來壓力，讓他和別人疏遠。因此，哈里斯認爲，人應該常說實話。」

頭髮銀白且面色紅潤的特里（Terry）環抱雙臂。「如果一個怪老頭找到哈里斯，想知道他家人的下落怎麼辦？如果哈里斯發現這個老頭似乎很不高興，這時該怎麼辦？哈里斯會怎麼跟他說呢？」

我回答特里：「哈里斯指出，那是極端的情況，不適用於說謊的一般規則。他拿太空人做類比。太空人位於太空時，必須服用藥物，免得在零重力下喪失骨質密度，但他們返回地球後，就不必繼續服用這些藥了。」

「他媽的！他爲什麼要講到太空人？」特里說道。

「他是說在極端的情況下，別人會勒索或威脅你，你別無選擇，只能說謊，但這種情況通常不會發生，所以你多數的時候要說實話，應該遵守一般規則。」

「如果有人想強姦他的妹妹時該怎麼辦？哈里斯會透露她在哪裡嗎？」特里問道。

「不。但這又要講到太空人。我們通常都是在正常的環境中做選擇。有人告訴你，說他打算強姦你的妹妹，這不算正常的情況。因此，強姦犯要找你的妹妹時，你必須撒謊，但這並不表示在其他時候撒謊是一件好事。」

「好吧，如果他想要強姦他的媽媽，該怎麼辦？」

「特里，還是那樣，這又得扯到太空人。」我說道。
「嗯，哈里斯聽起來是個很誠實的傢伙。」他說話時笑得很誇張。
「特里，你是怎麼想的？」我問他。
「我想，」他張開雙臂說道，「我想我要去拉屎了。」
他把手放在膝蓋上，呻吟著從椅子上站了起來，然後朝門口走去。

我那年才七歲。快到聖誕節，而我已經有好幾個月沒見到我哥哥了。我媽告訴我，說傑森在一家工廠上班，幾個月後就可以結束工作，然後就會回家。

到了平安夜，我坐在車子的前座，媽媽坐在旁邊。我們要去探訪我哥。我們下了高速公路，沿著鄉間小路行駛，最後抵達一處停車場。那裡有一個很大的牌子，上面寫著：「女王陛下監獄（Her Majesty's Prison）」。

我一臉疑惑，看著媽媽。

「傑森出外工作了。」她說。「他很快就會回家，你別擔心。我們今天只能見他一個小時。讓我們一起度過愉快的時光，好嗎？」

我們下車，走進大樓。我們到了安檢處。媽媽給我一個大大的微笑，讓我覺得不該說「但這是一座監獄」。獄警讓她帶一包裡頭有四塊未開封的瑪氏巧克力棒入內。我們把我的玩具、媽媽的錢、鑰匙和其他東西都放在儲物櫃裡，然後一位獄警帶我們走向訪客大廳。

二十分鐘後，我和媽媽坐在大廳裡，那裡擺了很多桌子，桌子和桌子之間的距離很寬，窗戶上有欄杆。我們對面有一張空的塑膠椅，隔壁桌是一對母子，他們的對面也有一張空椅子。一列男人從門口魚貫而入，穿著亮黃色的圍兜，就像足球訓練時穿的那種衣服，表示你是哪一個球隊的。其中一人是傑森，我見到他時很興奮。

他走過來抱我，鬍渣刮著我的額頭。一名獄警告訴我們：「不可身體碰觸。」傑森在我們的對面坐下，說道：「媽媽可能跟你說過了。我只是在這裡忙著做一些工作。」我坐在自己的雙手上，來回踢著一條腿。

傑森坐了下來，媽媽遞給他一塊巧克力棒。傑森撕開包裝，咬了一口，然後他倆便低聲交談，我媽想知道傑森有沒有惹麻煩。我記得他用拇指和食指比了一個小O形，告訴她飯菜中的番茄有多小。保安人員不停在房間裡巡邏。傑森又咬了一口巧克力棒，當他把它從嘴裡拉開時，一串被拉長的焦糖折斷了，黏在他的下巴上。

「你有自己的牢房嗎？」媽媽低聲問道。

「他們已經給我換了三間牢房。」傑森回答。

「你在坐牢？」我說道。

傑森和我媽都看著我。

「老弟，我只是在這裡做工。」

「我看過《羽毛鳥》（*Birds of a Feather*）[112]。這是監獄。」

《羽毛鳥》是一部關於兩名婦女前往監獄探望丈夫的電視節目。媽媽和傑森都笑到哭了。

「這裡是監獄。」我說道。

我一月份回到學校上課。我坐在自己的位置上，打開作業本，拿起一支鉛筆，一股空虛感襲上心頭。我哥哥在坐牢，怎麼會這樣?老師要我把日期寫在作業本頁面上端。我看著他，用鉛筆尖敲了一下桌子邊緣。

我沒跟別人說我哥在監獄裡。我想尖叫：「這不是真的。不要假裝是真的啦！」有一次，老師跟我們講解一些事情，雙手舞動得十分頻繁。我嘲笑他。他一臉嚴肅，用手指著我，問道：「有什麼好笑的嗎？」我模仿他，也一臉嚴肅指著他，問道：「有什麼

[112] 譯註：英國BBC一台播出的情境喜劇。

好笑的嗎？」他叫我離開教室。我聳了聳肩，離開教室。

我的世界已經支離破碎。我上課時要嘛跟別人爭論，要嘛非常沮喪。我讀中學時，很少做作業，但一交作業，成績不是E，就是F，我認爲這就證明老師確實什麼都不懂。我離開學校時，除了兩個科目，其他科目都不及格，這顯然沒什麼奇怪的。

幾個月後，我的一些朋友要去參加當地大學的開放日。我認爲跟他們一起去沒有什麼意義，因爲我沒有成績。但就在我考試幾個月以前，有位老師影印了以前某位學生的學年作業（coursework），把它交給了我，讓我以自己的名義提交上去。他的舉動讓我覺得，總算有老師明白我的現實與學校期望我的東西並不一樣，所以我就去上大學，旁聽一門哲學課。

哲學老師羅伯特（Robert）提了一個問題：「我們怎麼知道這個世界不是一個夢？我們怎麼知道眼前的這些都是眞的？」

我聽到他問這個問題，眞是感覺鬆了一口氣。

我沒有達到基本要求的成績，但羅伯特允許我修課。我發現他教的內容非常讓我興奮。

那是我一生中最受腦中劊子手譴責的時期。我被自己的想法折磨，認爲事情非黑即白：要嘛我是好人，要嘛我是壞人。我無法在這兩極之間活著，劊子手告訴我，我要是介於這兩者之間，表示我正在墮落。在我再度或第三次思考我可能是誰以前，他就不再和我談話。

然而，我在羅伯特的課堂上讀到幾個世紀以來衆多哲學家的思想，而且從書中得知，有人理解人生有多麼複雜。哲學家似乎生活在一個超越非此即彼（either/or）的地方，細微差別是常態，對話可以繼續，思想可以伸展。我當時在想，如果我繼續研究哲學，就不會受到譴責。

我修課後的第一個月非常努力，但發現課程很難。我的第一篇論文的得分爲3／11，第二篇論文則是6／18。羅伯特在頁邊空白處寫道：「我必須重讀你的許多句子，我有時看不出你在想什麼。」「你不知道有另一半的事情，」我想對他說。

我非常努力，但羅伯特發現，我的第三篇論文和前兩篇一樣難以理解。我知道自己在說什麼，但別人都不懂。我認爲自己的內心世界很特殊，難以言明，所以我覺得自己跟別人疏離，無可救藥。羅伯特請我在午餐時間去他的辦公室，他想教我如何寫好句子，以便除了我之外，別人也能理解我寫的內容，我們這樣約了很多次。然而，當他向我解釋事情時，我害怕自己會打斷他，對他說出一些殘忍的話。我不知道自己會說出什麼鬼話，但我擔心這些字句隨時會從我嘴裡說出來。羅伯特對我不錯，這讓我腦中的劊子手感到不安。

羅伯特不斷抽空幫助我，我的成績穩定提升。我起初感覺外人不能理解我，但慢慢發現別人可以理解我了，然後我就有一種滿足感。我非常感謝羅伯特，他在我看不到自己的優點時還那麼信任我。當我修完哲學課時，腦海仍然迴盪譴責自己的聲音。然而，我那時找到了第二個頂空（headspace），一個充滿想像力和可能性的頂空。我彷彿心靈獲得了雙重國籍。我早上醒來時，腦海裡會浮現出劊子手的模樣。我無法把他完全驅逐出去，但我可以跨過一座橋，到達我腦海中的另一個島嶼，悠遊自在地享受樂趣。

我在監獄裡的班上曾經有一位當過籠鬥士（cage fighter）[113]的傢伙，名叫德里斯（Dris）。他的肌肉非常發達，讓人難以置信，但他站立時總是有點駝背。他被定罪的罪行原本可讓他變得非常富有，但他在牢房床邊的牆壁刻了「我不能這麼貪婪（I must not be so greedy）」的字樣。他的第二個十五年刑期已過半。他看到囚犯人來人往，即使坐幾年牢的人也像電影的跑龍套一樣，來來去去。他太累了，無法和新囚犯閒聊。德里斯好像住在一棟有一千三百具灰色臉孔屍體的大樓裡。但他喜歡哲學。這是我唯一一次看到他會看著別人，而不是看著他們的頭頂上方。有一次下課後，德里斯在離開前遞給我

[113] 譯註：在鐵欄裡用混合鬥技互相搏擊的人。

一張小紙條，上面寫著：「二小時的假期，謝謝你（Two-hour holiday. Thank you）。」他通常把家人或朋友的探訪時段稱爲二小時的假期。要上哲學課的時候，德里斯必須去別的地方。

今天早上，我到達監獄門口，但所有可存放我手機的員工儲物櫃都已被占用。我走進訪客中心吱吱作響的活動房屋（**Portakabin**）[114]。來自電熱器的熱空氣碰觸窗戶後凝結成了水滴。我打開其中一個儲物櫃，把手機放進去，牆上貼著囚犯家庭熱線（**Prisoners' Families Helpline**）的海報。海報印著一個小男孩的圖像，眼神悲傷，旁邊有一些文字：「爸爸又出去工作了嗎？（**Is Daddy working away again?**）」

我轉動儲物櫃上的鑰匙，然後走去教室。

幾分鐘後，我通過安檢，走進一個教室，牆上掛著八個上鎖的櫃子。每個櫃子正面都安裝了一面有機強化玻璃。裡面有一排排的鑰匙。我將指腹壓在櫃子旁的面板上。機器驗證了我的指紋，櫃子門向著我彈開來。我拿出一串鑰匙，掛在腰帶上。我穿過監

[114] 譯註：可作臨時辦公室或教室之用。

獄，用鑰匙打開各扇門，通過門後，又將門鎖上。整個早上，我從平台走到庭院，再到醫療中心，然後是廚房，走過典獄長辦公室前面，最後再到隔離室。我回想起那個平安夜，當時我應該不知道自己在監獄裡，我感覺腰帶上掛著這些鑰匙是違法的。我一直幻想會有一名獄警接近我，然後將鑰匙從我身上拿走。

半小時後，在我的教室裡，一位名叫艾迪（Eddie）的新生加入了小組。有人談論巴西如何成爲最後一個廢除奴隸制的國家，艾迪隨即插話，告訴大家他曾經在里約（Rio）擁有一套俯瞰伊帕內馬海灘（Ipanema beach）的公寓。十五分鐘後，有人提到了科索沃（Kosovo），艾迪告訴我們，他曾在那裡打拳而獲得獎牌。

半小時後，有人嘲笑西班牙足球隊，艾迪又告訴我們，說他度假時曾經和一位西班牙小姐談戀愛，那個女的後來當選西班牙小姐（Miss Spain）。

到了下一週，就在皇室婚禮的前一天，一名學生帶著一包巧克力消化餅乾到課堂上和同學分享，以此慶祝婚禮。艾迪咬了一口，說道：「幾年前，我曾被邀請去瑪格麗特公主（Princess Margaret）的家裡。」當他說話時，我看到他的舌頭上黏著一塊餅乾糊。「但我最後決定不去。」

後來在同一堂課上，艾迪告訴我們，說他曾經買到中了六個號碼的國家彩券，但他和兩位著名饒舌歌手喝酒時把彩券弄丟了。

一週後，艾迪告訴我們，他先前曾和英國最惡名昭彰的罪犯同住一間牢房，其中包括查爾斯・布朗森（Charles Bronson）和阿布・哈姆扎（Abu Hamza）。他說道：「在你能交談的人之中，布朗森鐵定是最友善的。」

在接下來的一週，艾迪說道：「所以我唱了一首我在開放麥克風（open mic）[115]之夜寫的歌。現在艾德華・希蘭（Ed Sheeran）[116]正在靠這首歌大賺一筆。」

當艾迪第一次講這些故事打斷別人時，其他人都會用沉重的眼神看著他。現在他們一聽到他說話，就會凝視著半空。大家都懶得請他唱一首艾德華・希蘭的曲子，或是叫他講講西班牙小姐的頭髮聞起來是什麼味道。

當我在黑板上寫下「眞理＝善良？（Truth = Goodness?）」時，艾迪已經來上課大約二個月了。

我說道：「柏拉圖認爲，哲學家國王是理想的國家領袖。他們精通幾何和數學。柏拉圖心想，哲學家國王理解抽象的眞理，所以也能理解什麼是善。眞理等於善良。因此，這些哲學家國王會是最好的統治者。」

---

[115] 譯註：指公開自願即興表演。

[116] 譯註：英國創作歌手，綽號「紅髮艾德」。

「什麼，就像史蒂芬．霍金（Stephen Hawking）[117]入主唐寧街（Downing Street）[118]一樣？」一名學生問道。

「有點像是這樣。」我說道。「其實，現實世界有過一個類似的案例。以色列剛成立時，曾經邀請愛因斯坦擔任總統，但他拒絕了。」

「不，他才沒有。」艾迪反駁。

「他回絕了。」我說道。

「不可能。」

我撓撓頭。「我讀過相關的報導。」

艾迪搖搖手指。「我擔任以色列顧問時，在那裡待了很長的一段時間。愛因斯坦，嗯，從來沒有拒絕過。」

我的鼻孔因受到刺激而張開，但我微笑著，企圖加以遮掩。我看著其他學生，指著黑板上的「眞理＝善良？」。「大家同意嗎？」我問道。

---

[117] 譯註：英國理論物理學家、宇宙學家和作家。

[118] 譯註：倫敦唐寧街十號傳統上是第一財政大臣的官邸，但自從一九〇五年由英國首相兼任此職後，這棟喬治時代建築就成為英國的首相官邸。

幾個小時後，我回到了家，打開筆電，上網搜尋「愛因斯坦拒絕擔任以色列總統（Einstein declined Israel presidency）」的字串，找到一篇文章，證實愛因斯坦確實曾有機會擔任以色列總統。頁面頂部有一張愛因斯坦拉長臉的標誌性黑白照片。他窄而尖的舌頭從灰色鬍子下面露了出來。

我列印了這篇文章，把它放入教學資料夾裡面。

幾天後，我到女子監獄上課，學生陸續湧入教室。名叫史黛西（Stacey）的女士坐在角落的一張桌子前，正在給她寫好的信添加幾行文字。她穿著一件灰色連帽衫，把袖子拉到手肘。史黛西的前臂內側紋著女兒名字的刺青，我問她女兒過得如何？她寫完句子，用舌頭抵著上牙，說道：「我每天都要給我女朋友寫信。她一開始並不相信這些信是我寫的。我在外頭時，字跡總是很潦草，但我在這裡有的是時間。我現在的字跡變得非常工整。」

其餘的女囚犯也到了。史黛西坐到圈子裡頭。我右邊坐著一位十九歲的女孩，名叫布蘭妮（Britney）。她塗著深紫色的口紅，開口笑時可從她的嘴角看到缺了一顆牙齒。布蘭妮的對面是快三十歲的格拉斯哥女性莉安（Leanne）。她正在和鄰坐的人談論監獄這星期早些時候發放的心理健康傳單。傳單建議囚犯要定期運動和打坐冥想。傳單上還寫著：「和你喜歡的人共度時光（Spend time with people you enjoy being with）。」這句話讓莉安很不爽。

「說句實話，」莉安說道，「在這個地方找到工作不太需要花時間。你甚至不必活在現實世界。」

我覺得有點不自在。我希望莉安別將我視爲另一個沒有活在現實世界的人。

幾分鐘後，我開始上課。我說道：「一九四四年，名叫小野田寬郎（Hiroo Onoda）的日本士兵被派往菲律賓的一座島嶼[119]作戰。他的指揮官谷口少校（Major Taniguchi）離開之前告訴小野田，說他會回來找他，因此不准小野田投降。」

莉安在亂寫亂畫放在腿上的一本雜誌，用黑色原子筆塗滿護膚廣告模特兒的眼白和牙齒。

「第二年，盟軍占領了那座島嶼。小野田躲在叢林裡，以吃香蕉和椰果爲生，行有餘力就會攻擊當地農場。半年後，他在叢林裡發現一張傳單，告訴他戰爭早在幾個月前就結束了，小野田認爲傳單是假的，敵人想要騙他們投降。」

布蘭妮聽完後大笑。莉安看起來對她很惱火。

---

[119] 譯註：小野田寬郎被派到菲律賓的盧邦島（Lubang）擔任守備任務。

我說道：「一九四五年年底，當地人找了一架飛機，飛越叢林投放傳單，傳單上印有山下將軍（General Yamashita）[120]的投降書。小野田不相信傳單內容，認爲日本不可能戰敗，這是盟軍想再度欺騙他。」

我試著說得大聲一點，看看是否能引起莉安的注意。「盟軍投放了更多的傳單、日本的報紙、士兵親人的照片和信件。」

莉安低著頭，繼續亂畫。

「小野田根本不相信這些鬼話。他們也派出日本代表，拿著擴音器大聲喊叫，邊喊邊穿過叢林。小野田認爲，這些很可能是遭敵人逮住後被迫投降的日本兵。」

「他一定是個偏執狂。」史黛西說道。

「當一名在菲律賓旅行的日本學生發現小野田時，小野田已經在叢林中生活了三十年。學生告訴他戰爭已經結束，但小野田說，除非他的指揮官回來告訴他，否則他不相信戰爭已經結束。」

我問全班同學：「小野田應該相信戰爭已經結束了嗎？」

「他當然應該相信啊！」布蘭妮回答。

[120] 譯註：作者指日本陸軍大將山下奉文（Tomoyuki Yamashita）。

「為什麼？」莉安問。

「因為那是事實。」

「『事實』（truth）只是一個字。」莉安說道，「我的律師要我在審判時穿長袖襯衫來隱藏我的刺青。我手臂的確有紋身，但這跟我是無辜或有罪有什麼關係？」

「但妳知道妳是無辜或有罪的，事實對妳來說是真實的。」布蘭妮說道。

莉安在雜誌上亂寫亂畫，說道：「事實是真實的，但這並不重要。」

雜誌中金髮模特兒的牙齒現在三分之二是黑色的。

「如果小野田想要活在現實中，事實當然很重要。」我說道。

「世界已經忘記了他，」莉安說道，「他的家人和孩子可能已經過著新的生活了。他認為自己正與美國人作戰，但他的家鄉現在可能開了一家麥當勞，沒有人會記得他，他認不出任何東西。」她仍然低著頭，潦草畫著雜誌：「他就不能相信他想要的嗎？」

「有人不是說真相會讓人自由嗎？」布蘭妮說道。

「哦，拜託！」莉安說道。「安迪，小野田是否離開叢林了？」

「那位學生回到日本後，發現谷口少校在書店工作。他跟谷口講述了情況，谷口便去那座島上。當谷口抵達那裡時，發現小野田穿著和三十年前他下達不可投降命令時一樣的軍服，他的服裝依舊完好無損。」

莉安停下手中的筆，抬起頭看著我。她因痛苦而眼睛明亮。

「他的步槍也保管得很好。谷口那時有選擇。」我說道。我感覺莉安的目光灼灼瞪著我。我的聲音有點顫抖。「他可以告訴小野田，說戰爭已經結束，或者他可以要小野田繼續堅守立場。」

我問道：「谷口應該告訴小野田什麼？」

坐在椅子上的史黛西傾身說道：「告訴他事實是很危險的。這就好像叫醒一個夢遊的人。」

「他不能永遠都在睡覺。」布蘭妮說道。

「如果戰爭只有結束五年還好，但那時已經過了三十年！」史黛西說道。

「五年也好，三十年也罷，事實就是事實，不會改變。」布蘭妮說道。

史黛西說道：「我曾經做過六年的牢。當我出獄時，感覺一切都發生得太快了。這裡的時間跟外頭不一樣，一切都過得很慢。當我走出監獄大門時，我必須跑步才能跟上別人。光是做基本的事情就差點要了我的命，而那只是我被關了六年後。小野田可能永遠無法趕上這個世界。」

「我仍然相信他能夠適應環境的。」布蘭妮說道。

莉安譏笑她。

「如果谷口不告訴小野田，那就是說謊。」布蘭妮說道。

「在我接受審判時，他們說會根據正常人認爲我是否誠實來決定我是否撒謊。」莉安說道。「這意味著什麼，一個正常的法官、一個正常的囚犯、一個在叢林裡生活了三十年的正常士兵？誰能告訴我什麼是正常人。」

「難道別人不該對小野田說實話嗎？」我問道。

「谷口告訴他眞相了嗎？」莉安說道。

「是的。」我說道。

「那麼，故事的結局如何？」莉安問道。

「谷口告訴小野田，說戰爭已經結束。小野田拉開步槍的槍栓，取出子彈。他放下了槍。他說眼前一切都變黑了。他希望自己在三十年前就和部下一起戰死。他再也無法理解他先前三十年當一名士兵是爲了什麼。」

莉安把筆放回頁面上，繼續在模特兒的臉上塗陰影。

一個小時後，課程結束，我離開監獄，走進訪客中心。我從牆上看到一張諮詢專線的海報，海報上印著一張小女孩的照片和「我想媽咪（I miss Mummy）」的字樣。我打開儲物櫃，拿出手機和錢包後就離開了。

*

幾天後，我回到男子監獄，艾迪要去見社工，所以沒來上哲學課。我想給他本週有關法國哲學家笛卡兒（Descartes）的讀物，我還想向他出示確認愛因斯坦曾獲邀擔任以色列總統的文章。我走下平台，四周的一切都是陰鬱的。每個人都在打哈欠，空氣瀰漫沒洗澡男人的氣味，以及充斥白天播放電視節目的聲響。我走到艾迪的牢房，房門還開著，我就站在門口。他將一盒打開的超高溫滅菌牛奶放在打開的窗框上，讓牛奶保持冷卻。艾迪躺在床墊上，眼睛盯著天花板，他的床邊放著一捲衛生紙，用到只剩最後幾張了。

「我有兩件事要告訴你。」我說道。

艾迪起身後向我走來。我從檔案夾中取出笛卡兒的讀物，然後交給他。他把頭伸出牢房，左看看，右看看，然後退了一步，嘴巴咬著拇指的指甲。

我翻閱文件夾，正把討論愛因斯坦的文章抽出一半時，艾迪說道：「有兩個傢伙拿走了我的電視。他們走進來，快速瀏覽頻道。我問他們：『你們他媽的想幹什麼？』二人一聽，都笑了。他們拔掉電視機的電源，然後就把它拿走。」我查看了他的牢房。桌子上覆蓋著細小的灰塵，但原本擺放電視的地方卻很乾淨。

艾迪說道：「他們就這樣走掉，我什麼也做不了。如果我表現良好的話，七個月後就能離開這裡，但這兩個傢伙要坐牢十年，想幹什麼都行。他們知道自己可以發脾氣，而我卻不能回嗆他們。」

「艾迪，你真的很倒楣。」我說道。

「我是空手道黑帶。」

「你告訴保安了嗎？」

艾迪立即把眼珠轉到一邊。他可不想當抓耙仔。

「但你每天都會看到那些人。如果他們繼續這樣幹，你該怎麼辦？」我問道。

艾迪從我身旁走開，躺在床上，呻吟道：「你還有什麼事嗎？」

我看著那篇一半露在文件夾外頭的文章。愛因斯坦吐舌頭的模樣歷歷在目。

「艾迪，對不起。」我說道。

他把頭從枕頭上抬起來看著我。

「沒有別的事了。」我說道。

艾迪把頭放回枕頭上。我則是把文章放回資料夾。

13

觀看

凝視獨樹一格：凝視某樣東西即是讓它充滿你的生命。

——越裔詩人王鷗行（Ocean Vuong）

普利摩．李維離開奧斯威辛（Auschwitz）集中營四十年後，發表了一篇名爲〈恥辱〉（Shame）的文章，他在文中說自己曾向一位朋友求教，想知道爲什麼他能在集中營（Lager）中倖存，其他人卻無法辦到。這位朋友告訴他，說他活著就是爲了「見證」別人經歷的事情。

我和我媽曾在二十五年前去監獄探望傑森。會客時間到了，警察便把他帶回牢房。媽媽和我穿過出口，走進停車場。我覺得有些不對勁，因爲我要離開那裡，但傑森卻沒有。我倆上車就走了。我轉過身，跪在座位上，凝視著後窗的監獄。我媽要我坐下來面向前方，但我卻無法將視線移開。

今天早上，我走下平台時，聽到身後傳來一聲尖叫。我轉過頭，見到一位看起來不到二十歲的男人，正被六名獄警架著前進。獄警抓著這個人的手臂，但他奮力掙脫，黑色的長髮披散在其中一位獄警的臉上。

「他對著我的臉打手槍。」那人喊道。

他的顴骨血跡斑斑，白色T恤的V型領子也被撕破了。他眼露憤怒，暴躁不已。

「對著我他媽的臉手淫！」

獄警把他架著走下平台，送往隔離單位，好讓他冷靜下來。

名叫福勒（Fowler）的獄警告訴我，說被護送到隔離單位的瓊斯（Jonesy）昨晚多了一位新獄友。瓊斯今天早上醒來時發現，這位獄友竟然對著他的臉自慰。瓊斯從床上跳起來，把他推到牆邊。那個傢伙也反擊，勃起的陰莖還伸出來。保全不得不將他們分開。

「天哪！」我說道。

福勒笑得緊張兮兮。平台上有幾個男人在嘲笑瓊斯，還做出自慰的手勢。

一名獄警喊道：「自由通行。」福勒便離開去就位。

我站在那裡，看著警察把瓊斯架著下樓梯，送到隔離單位。

李維試圖盡其所能當見證人，但他仍然認爲自己是苟活著，內心非常不安。他觀察到別人受苦，不斷回想自己雖然活了下來，其他人卻沒有。見證這場悲劇只會讓他更加感到恥辱。

我結束工作後，坐在月台上等候火車。我每次眨眼，都會想起瓊斯白色T恤撕破的領口。我緊咬著牙關。

火車啓動了，維繫現實的原子分崩離析。列車長在車廂裡走來走去，我看到他只是將腳踏出去，一隻接著一隻，這樣就能前進，但我的大腦卻無法拼湊出他是如何辦到的。他穿過自動門，門打開時發出誇張的「呼」一聲，就像廉價電影布景中的音效一樣。我面前的桌子似乎離我很遠，好像伸手去搆也搆不到。我看著窗外的城市，很難相信這些建築物、道路和汽車確實存在，玻璃後面根本什麼都沒有。

李維在〈恥辱〉快要完結時說他深切感受到一種痛苦，讓他覺得自己活在人類精神都被消滅的粉碎宇宙中，一切事物都分開了。在他發表這篇文章的一年後，李維從公寓外的三樓平台往下跳，死在了樓梯間。

在我看到瓊斯被架到隔離單位二週後，我人在三樓，聽到下面傳來喊叫聲和撞擊聲。我透過金屬防自殺網往下看。二樓有一些獄警正架著一名男子前往隔離單位。

我感到頭暈。但我無法移開目光。

14

歡笑

幽默：神聖的閃光，揭示世上模糊的道德觀，也透露人評判他人時的徹底無能；幽默：人類事物相對令人陶醉的性質；確信沒有確定性而衍生的奇特快感。

——捷克裔法國籍作家米蘭・昆德拉（Milan Kundera）[121]

杰羅姆一年多來第一次走進我的教室。他上過我講授運氣的課程，但此後我就沒有見過他了。他先前已被釋放，後來又被重新定罪。他瘦了一些，手似乎抖得更厲害了，但傻乎乎的笑容卻沒有改變。

我說道：「古代哲學家克律西波斯（Chrysippus）參加奧林匹克運動會時，一頭驢子走到桌子旁，開始吃他的無花果。克律西波斯喊道：『給驢一杯純淨的酒，讓牠把無

---

[121] 譯註：米蘭・昆德拉著名的作品包括《生命中不能承受之輕》和《笑忘書》等等。

花果吞下去！』然後，他就大笑起來，笑得太厲害，站也站不住，於是倒在地上，全身顫抖，口吐白沫，無法控制。旁人試圖救克律西波斯，卻無技可施，最後他就死了。」

「這種死法太棒了，就像馬上風一樣。」杰羅姆說道。

「如果他是聽別人的笑話而笑死，這不是更好嗎？」我說道。

「那樣就是謀殺。老比爾（Old Bill）[122]會一直模仿這件事，尤其是口吐白沫那段。」

「他笑自己開的玩笑，他不會尷尬嗎？」我問道。

「他已經死了。人活著的時候感到尷尬，這樣還不夠嗎？」杰羅姆說道。

週六下午，我在奶奶家，老媽把她的手機遞給我。她退後一步，摟住弗蘭克叔叔（Uncle Frank）。我舉起手機，想要給二人拍一張照片，還得注意取景，免得他們被《亂世佳人》（*Gone with the Wind*）主角瑞德．巴特勒（Rhett Butler）的大橢圓形相框照片搶了風頭。我倒數「三、二、一」，弗蘭克用舌頭推了推他上面的一排假牙。我按下了快門。

---

[122] 譯註：老比爾是英國的虛構人物，是一個抽著煙斗的年邁老人，留著海象鬍子。

我給媽媽看了照片。弗蘭克的過度咬合（overbite）很明顯，似乎誰也比不上他。他的頭後面顯現出紋理牆壁塗漆的漩渦圖案。我們都對這張照片大笑，但奶奶沒笑，她呆坐在沙發上，看著遠方，沒有看她大聲播放的週日早晨烹飪節目。

「奶奶，妳想喝杯茶嗎？」我說道。

「把他放在那裡，我感覺很不舒服。」奶奶說。

她看著放在壁爐上的爺爺骨灰罐。我祖父生前當過十多年的掘墓人。他的兄弟和幾位孩子也幹這行。

「但爺爺要求火葬。」我說道。

「我感覺很不舒服，因爲我讓他經歷了那場烈火。」奶奶回答。

「奶奶，爺爺想了很久才決定這樣做的。」我說道。

二十分鐘後，奶奶去上洗手間。我把電視音量調低了七格。

弗蘭克坐在沙發扶手上，拿出一袋菸草和一張菸紙。他心情不錯，一直跟我和媽媽講故事。

他說道：「我當時要坐牢六個月，但因爲偷了其他東西而被處罰，又得多待三個月。」

媽媽的嘴角露出笑容。我也快憋不住要笑了。

「我知道我會被定罪，我的律師說他們可能會連續而不是同時判我罪。到了早上，獄警把我帶出牢房，要把我押送到法庭。我當時只想換個風景而已。我到了法庭後去上廁所，幾分鐘後，我的同案被告查理（Charlie）也進來了。他從口袋拿出大麻菸捲，我們就躲在小隔間裡吸。唯一的問題是，我倆笑得很開心。獄警敲門，告訴我們要開庭了，但我們還是笑個不停。查理把大麻菸捲丟進馬桶，獄警帶我們走進法院大樓。查理的鼻子不停發出呼哧聲。我則咬著拳頭。我站在法官面前，用手摀住臉。」

我和媽媽都在咯咯地笑。弗蘭克在Rizla手捲菸紙上撒上菸草，舔了舔紙邊，然後捲好香菸。

他說道：「聽證會持續了五分鐘，我一直弓著背，趴在桌子上，笑個不停。法官先判定我們二人『有罪』，然後必須給我們量刑。我這時抬起頭來。此時，我已經臉紅到不行了。法官說：『你的罪行令人髮指。』狠狠罵了我一頓，然後他就說：『但我看到你在哭，你已經知道自己犯錯了。』接著他同時給我倆判了刑。這又讓我笑了。」

幾分鐘後，我和叔叔去到廚房。我們在等水壺燒開。他捲起一支菸，向我講述十年前他去海邊旅行的故事。潮水即將退去。他踏進沒過膝蓋的海水裡，靜靜站在那裡。海豹在他周圍游來游去，在幾公尺外盯著他看。

「我們應該去那裡看看。」我說道。

「沒錯。等哪天放晴就去，這樣就能看清楚一切。」他說道。

自從弗蘭克出獄後，他就跟我說，只要天氣晴朗，我們就要一起去海岸看很多東西。然而，許多晴朗的日子都過去了，弗蘭克和我還賴在沙發上，根本沒有動身，但我們仍然繼續閒聊，說總有一天要一起去看飛鳥、海豹和天空。這就好像晴天替代了我們一部分的未來，但不是我們真實的未來。

水壺沸騰了。弗蘭克泡了茶，遞給我一杯。他把菸捲塞到耳後，我們回到客廳，坐了下來。

弗蘭克整個下午一直跟我和我媽講故事，客廳裡充滿了笑聲。我的笑聲讓他笑了，這讓我媽也笑了，而這又讓我笑了，然後法蘭克又笑了。當我們互相傳遞笑聲時，原本把我和叔叔隔開的那道牆就變得更能滲透了。

大約到了五點，弗蘭克用菸捲輕拍膝蓋，向我們講三十年前他在坎特柏立監獄和艾色克斯（Essex）幫派打架的故事。我專心聽著，臉上掛著笑容。

「獄警把所有人都鎖在牢房裡，但我們的牢房卻沒鎖，所以我把水壺裝滿水，把水煮開。然後，我就等著了。一分鐘後，我又把水煮開。我和維尼（Vinnie）盯著門。我還在繼續燒開水。空氣裡全是他媽的蒸氣。然後我們聽到腳步聲。我拿起水壺，打開蓋子，三個來自艾色克斯的暴徒衝了進來。」

弗蘭克看著遠方，露出一臉欽佩的模樣。

「我把水潑到了那傢伙的臉上。」弗蘭克說道。

我不敢笑了。我因爲震驚和厭惡而清醒過來。

「你應該看看那傢伙的臉。」弗蘭克說道。他把手放在臉的兩側，然後拉撐皮膚，眼睛和嘴唇向下捲曲。弗蘭克伸出舌頭，呻吟著：「嗚嗚嗚！」

我笑得彎下身子。我媽必須摀著肚子，因爲她笑得太厲害了。弗蘭克似乎對自己很滿意。

我用手摀住嘴巴，不讓自己笑出聲。我深吸了一口氣，把手拿開，試著冷靜下來，但老媽的臉上流下淚水，弗蘭克正在笑她，我一看，又笑個不停。

幾個小時後，我走路回家。那時天氣晴朗，但有幾朵細如水蒸氣的雲。我回到家後，將茶包放入杯中，然後燒了開水。我把熱水注入杯中，水的顏色就變深了。

我用湯匙攪拌著茶水，蒸氣拂過我的指背。我放下湯匙，將指腹放在茶水的表面上。我並不感覺燙，但我隨後把手抽回來。我的指尖很痛。它逐漸變紅。我把拇指放進茶水裡，讓我能更清楚感受到疼痛。

我打開水龍頭，將手指插進流水中，直到手指感到麻木。

*

我隔天早上用白板筆寫字時，仍然感覺到手指有一種軟嫩的感覺。有幾個學生圍坐在桌子周圍。杰羅姆一直吹噓他的足球隊昨天是如何獲勝的。前一晚播放《今日賽事》（*Match of the Day*）[123]之際，只要他的球隊進球，締造精彩的時刻，杰羅姆都會猛敲牢房的門。戴夫（Dev）四十多歲，身材瘦長，那天一直打哈欠。我問他是否還好，但他雙臂交叉，放在桌上，把頭埋在手肘的摺痕裡，用二頭肌當枕頭。

一個名叫阿利斯泰爾（Alistair）的男人走進教室，漫不經心地坐了下來。他戴著一副精緻的無框眼鏡，他是我見過第一個穿無帶便鞋的囚犯。

我關上門，開始上課。我說道：「超現實主義藝術家安德烈．布勒東（André Breton）講過某人被送上絞架處死的故事。絞索套在那個人的脖子上。執行死刑的人問

---

[123] 譯註：英國BBC的體育電視節目，主要播放英格蘭足球超級聯賽的賽事集錦。

他是否還有遺言。那人轉頭，問道：『你確定絞索不會斷掉嗎？』」

「哈哈，說得太棒了！」阿利斯泰爾說道。

我問道：「這個人還能有什麼更好的話嗎？」

「他說什麼並不重要。」戴夫回答，但聲音被桌子悶住，聽不清楚他的話。

阿利斯泰爾說道：「他還可以背誦莎士比亞全集，或是克里斯多福・馬羅（Christopher Marlowe）[124]的全集，即便馬羅的作品沒有莎士比亞那麼多。不過，這兩位作家的作品都會讓他的生命更爲豐富。」

「他可以說聲抱歉，然後請求原諒。」伊恩（Ian）說道。

伊恩皮膚乾裂，身體瘦弱，穿著一件T恤，衣服鬆垮垮的。他的前臂內側有紅色抓痕，說話時語帶憤怒，聲音含糊不清。

阿利斯泰爾說道：「但我不明白他爲什麼要道歉。也許他只是偷了一條麵包。國家對他所做的，遠比他所做的更糟糕。」

「我敢打賭他偷的不是一條麵包。」伊恩說道。

---

124 譯註：伊莉莎白年代的劇作家、詩人及翻譯家，為莎士比亞的同時代人物。

阿利斯泰爾輕甩手腕。「道歉的時間早就過了，這不再是關於他的罪行，這已經是他生命的終點了，這是他要面對的時刻。他們即將奪走他的生命，但很抱歉，這樣做是不對的。如果他說抱歉，就是讓他的處決和整個行刑安排都合法化。」

「那麼，如果我們對自己的罪行表示歉意，是否可以說監獄是好的呢？」伊恩問道。

阿利斯泰爾聳了聳肩。「國家不在乎你是否眞的感到抱歉。他們只是想看到你跪下。」

伊恩說道：「故事裡的那個人不是很失敗嗎？快要死的時候還開這種玩笑，這不是很可悲嗎？這裡的人告訴我，如果我笑，我的臉就會被人打得皮開肉綻。我對這點沒意見，我不想成爲一個誤以爲坐牢是很有趣的傻瓜。」

「他說什麼並不重要。」戴夫呻吟道，他仍然趴在桌子上。「這不會改變任何事情。」

大家都看著戴夫，希望他能說的更多，但他總是趴在桌子上。

我說道：「戴夫說得對嗎？這個人在被處死之前講了笑話，能夠改變什麼嗎？」

伊恩抓了抓前臂，說道：「說了這個笑話沒有改變什麼。但如果他說抱歉，可能會讓受害者感覺更好一點。」

「我沒看到安德烈・布勒東做了恢復型正義（restorative justice）125。」阿利斯泰爾嘲笑道。「這傢伙開了玩笑，行刑者根本沒有獲勝。他讓行刑者知道，別人可以奪走他的生命，卻不能從他身上奪走其他的東西。」

「恢復型正義有什麼問題嗎？」伊恩問道。

「首先，這種說法太不中聽了。」阿利斯泰爾用手指梳理頭髮，換腳來翹二郎腿。

幾分鐘後，伊恩說道：「你看過維多利亞時代的老照片嗎？照片中的人臉看起來都那麼陰沉，那是因爲要花半小時才能拍完照片，但誰都無法連續笑半小時。如果有人告訴你，說他把生活視爲喜劇，他就是在說謊。」

阿利斯泰爾仔細檢查他的指甲。

戴夫呻吟著。他抬起頭，揉了揉眼睛。

「戴夫，你有什麼想法？」我問道。

「上個禮拜，我的獄友點了一小包十五便士的彩虹糖，但禮拜五早上，當我們拿到

125 譯註：又稱修復式司法或修復式正義，這是一項滿足受害人需求而要求犯案者對其所作所為負起責任的程序。

訂購的東西時卻沒看到彩虹糖。他當時默不吭聲。整個週末也沒說什麼。然後昨晚，大約是九點三十分，他開始敲門，大喊他想要吃彩虹糖。獄警來的時候，告訴他必須等到下週。我的獄友就對他們大吼大叫，但獄警關上觀察窗口，然後就走開。我的獄友後來把電視上的圓形天線取下來，掛在脖子上，他語帶威脅，說除非他們給他拿來一些彩虹糖，否則他就要自殺。」

「戴夫，那一定很讓人煩惱。」我說道。

「沒錯，《今日賽事》就要播出了。」他說道。

杰羅姆仰頭大笑。

杰羅姆說道：「戴夫，我恨死你了。正當我開始相信自己正逐漸變成好人時，你卻讓我因爲這種狗屁倒灶的事而發笑。」

戴夫又重新趴在桌上。

*

幾個小時後，我走在回家的路上，想起阿利斯泰爾討論那位死刑犯如何開玩笑讓行刑者無法獲勝時的想法。我一想到行刑者，就感到壓抑，因爲這樣就無法體會幽默或嬉戲的氛圍。這讓我做每一個動作時都充滿渴望。每當我在火車上和陌生人目光相遇時，每當我試圖入睡時，每當我走到住家附近的山頂時，我都希望得到寬恕。我祖父罹患失智症並在醫院生命垂危時不斷對護士說道：「我現在應該做點什麼嗎？我應該做點什麼嗎？」他以前在孤兒院長大，孤兒院教導很嚴格，院內的孩子都要擔起責任和服從命令。當祖父的其他部分人格消失時，這一點仍然伴隨著他。我擔心我快要死的時候，會一直對護士說道：「我是不是做錯了什麼？我不會在做壞事吧？」這就是爲什麼我佩服上絞架的那個人，當他說「你確定絞索不會斷掉嗎？」的時候，這樣諷刺不僅可讓他自己免受譴責，也是讓他更不可能獲得救贖。他擺脫了行刑者讓他陷入的罪行—寬恕（guilt-forgiveness）的束縛。他開了玩笑，這樣就可以按照自己的意願去死。

在我哥告訴我他大腿上的傷疤是怎麼來的那天，他還告訴我一件事，就是大約五年前，某些毒販告訴我哥傑森和他的伙伴托比亞斯（Tobias），要他們拿六公斤的古柯鹼在城鎮到處兜售來償還債務。托比亞斯說他不想幹這檔事。毒販就把他關在一輛汽車裡，鎖上所有的車門，當時車內還有一隻氣呼呼的羅威納犬（Rottweiler）。托比亞斯雙臂交叉，摀住臉面，試圖保護自己。毒販們在一旁看著，哈哈大笑。傑森也笑了。

「你笑了？」我問道。

「如果我沒有笑，等一下關的就是我。」他如此回答。

布勒東課程結束後的第二天，我去了女子監獄。安琪拉和她的朋友布蘭妮問我哲學課什麼時候結束。我說還剩下三個星期。

「哦，不！」安琪拉說道。

「你確定嗎？」布蘭妮問我。

我發現這二人是如此喜歡我的教學，心裡非常自豪，於是說道：「這門課總有一天要結束的。」

布蘭妮和安琪拉緊緊抱在一起。

安琪拉對我說：「我們被關在不同的側翼。我們到這裡只是爲了見對方一面。」

「哦！」我說道。

「眞的只剩三個星期了嗎？」布蘭妮問道。

三十分鐘後，我要求班上的所有女學生交換位置，和通常不交談的人分享她們的想法，從而傳播更多觀點。然而，布蘭妮和安琪拉不理會我，反而互相擁抱。她們待在原地，布蘭妮把頭靠在安琪拉的肩膀上。幾分鐘後，有一小群女學生在辯論時間哲學。布蘭妮和安琪拉面對面，唱著「拍蛋糕，拍蛋糕，給我烤蛋糕（Pat-a-cake, pat-a-cake, bake-me-a-cake）」，並且互相拍手。二人大笑起來，因為安琪拉不小心打到布蘭妮的胸部。

禮拜四晚上，我正在準備一堂關於尼采（Nietzsche）和笑聲的課程。尼采認為，生命是非常嚴肅的。沒有上帝，宇宙對我們漠不關心，我們將孤獨死去。然而，他認為人沒有理由一臉嚴肅和一本正經。嚴肅正是要發笑的理由。當你意識到存在很殘酷，本身就是空虛時，這便可笑至極，你就會開懷大笑，從深淵裡跳脫出來。沒有什麼可怕的現實是「來自高處的笑聲」（laughter from the height）無法克服的。越是嚴肅，就要笑得越大聲。

我想起了我的叔叔弗蘭克。生活中的悲慘事情，他幾乎都能拿來開玩笑。我很佩服他能在受苦之際自我解嘲。他雖能超越痛苦，卻讓我們之間有了隔閡。

禮拜五早上，我對女學生們講一個尼采的故事，探討笑聲戰勝悲劇的事情。

我說：「名叫查拉圖斯特拉（Zarathustra）的人發現一位年輕的牧羊人在路邊打滾。只見一條粗大的黑蛇纏著他的嘴巴。查拉圖斯特拉想把蛇從牧羊人的身上拉走，但他做不到，因為蛇的牙齒已經緊緊靠近牧羊人的喉嚨。」

布蘭妮和安琪拉用手摀住嘴，笑得氣喘吁吁。

我繼續說下去。「牧羊人將牙齒咬進蛇的肉裡，咬穿了蛇的身體。蛇的尾巴就掉到地上。牧羊人站了起來，吐出蛇的頭，放聲大笑。查拉圖斯特拉心生敬畏，他以前從未在任何地方聽過這種笑聲。」

「也許他嘴裡還叼著一部分的蛇肉？」安琪拉說道。

布蘭妮抓住安琪拉的手臂，以免她從椅子上跌坐到地上。

*

奧地利哲學家維根斯坦（Wittgenstein）說過，有可能寫一本完全由笑話組成的眞正哲學著作。我的朋友強尼不會同意這種說法。他和我以前經常因爲撒尿而一起被拘留在學校。我十七歲那年踏入哲學領域，他當時認爲我太嚴肅了。

強尼後來成爲園丁。他有著圓潤的肩膀和強壯的手臂，皮膚幾乎是古銅色的，而且爲人很樂觀。我二十多歲時發表了第一篇作品，當時我坐在強尼的沙發上，用筆記型電腦打開這篇文章，把它放在他的面前。他讀完前三、四百字，就把筆電放在一邊，起身泡了一杯茶。

我跟著他進了廚房，問道：「你不喜歡嗎？」

「我以爲文章會更有趣。」他說道。

「它不該是有趣的。」

「我知道。」他微笑著聳聳肩。「我只是覺得應該更有趣一點。」

我幾年前寫了一篇文章，擺明就是要讓讀者發笑。它被接受了，然後發表出去，我認爲這證明我已經變得有趣了。我將那篇文章的連結寄給強尼。

他隔天就回訊息了。

「安迪，讀了文章後，我眞是感到心碎。」

我七歲的時候，曾經和哥哥坐在奶奶家客廳的地板上觀看《柯雷兄弟》（*The Krays*）的錄影帶，那是一部關於一九六〇年代兩個倫敦東區在逃歹徒的傳記片。哥哥留著莫霍克髮型（mohawk）[126]，我也想要，但我媽不准，所以我當時生著悶氣。電視裡的柯雷雙胞胎將一名男子按在牆上，將一把刀橫放在他的嘴上，然後按進他的肉裡，鮮血從刀刃周圍湧出。我不敢看，用手摀住眼睛。我哥告訴我，這種傷口稱爲「切爾西微笑」（Chelsea smile），因爲留下的疤痕會讓這個人看起來永遠都在微笑。

幾分鐘後，奶奶走進房間。她看見我們正在看《柯雷兄弟》，便開口說道：「那時

---

[126] 譯註：剃光兩側只留下中間的髮型。

沒人會搶劫老太太。如果有人膽敢這樣做，柯雷兄弟就會去解決他們。」

她用拇指撥弄著厚厚的金耳環。

奶奶說道：「荳蔻年華的少女要是去酒吧，柯雷兄弟一進去，就會請每個人喝酒。他們很帥氣，你知道嗎？」

那天晚上，我躺在床上，翻來覆去睡不著，害怕有人會走進我的房間，在我的臉上留下一道永久的微笑。我奶奶覺得柯雷兄弟很迷人，我擔心她可能會讓他們進屋。

到了禮拜天，我去奶奶家。她打開門，將開襟毛衣裹在身上。我擁抱了她，感覺她背上的骨頭抵著我的手臂。我們走進客廳。《柯雷兄弟》的錄影帶仍然放在架子上。封面上的紅色文字已經褪色。

弗蘭克待在樓上的房間裡，過去三天一直足不出戶。他偶爾會感到沮喪，告訴我們他不知道活著有什麼意義。他變得更加壓抑，直到幾乎無法說話。他無法滿足每個人的期待去取悅大家，只好把自己關在房間裡。

「他吸了很多大麻嗎？」我問奶奶。

「我沒有聞到任何味道。」她說道。

「聽起來不太妙。他吃東西了嗎？」

「只有吃一點點，但這並不是說他不想見你，安迪。」奶奶說道。

我走到樓梯底下，抬頭看著他緊閉的臥室房門。我聽不到播放電視的聲音或裡面有任何動靜。

「叔叔，我希望你沒事。我只是想告訴你我愛你。」我隔著門說道。

他沒有回答。

我敲了門。

他沒有開門。

第二天早上，我走下樓梯平台，看到一間沒有門的牢房，門框上只裝設一片厚厚的塑膠玻璃。一名身著便服的獄警坐在牢房外的轉椅上，關在裡面的男子最近曾試圖自殺，現在受到二十四小時的監視。我經過牢房時放慢腳步，朝裡面看了一眼。那個人臉朝下，趴在床墊上。

我走進教室，在白板上寫下：「哲學是爲死亡做準備——蘇格拉底（Philosophy is a preparation for death – Socrates）。」我把椅子圍成一圈。走廊裡的一名警官喊道：「自由通行！」我聽到學生正走近教室。

伊恩來了。打從上週以來，他的T恤肩部就出現了一個二英寸的洞。阿利斯泰爾、杰羅姆和其他人魚貫而入，坐在圍成一圈的椅子上。

我說道：「布勒東說，絞刑幽默是『感傷的死敵（the mortal enemy of sentimentality）』。但與我們的感傷爲敵很危險嗎？」

阿利斯泰爾看著我，視線是透過他眼鏡的上方。

我繼續說道：「尼采曾說：『笑話是一段感情的墓誌銘（A joke is an epitaph on the death of a feeling）。』」丹麥哲學家齊克果（Kierkegaard）也曾提出警告，指出幽默可能會讓靈魂付出代價。他說，愛開玩笑的人會錯過誠實表達內心想法的機會。」

「羅賓・威廉斯（Robin Williams）。他自殺了。」伊恩說道。

我問道：「布勒東故事中的那個人應該說一些更衷心的話嗎？」

「他是發自內心的。」阿利斯泰爾說道。「如果他說『你確定絞索不會斷掉嗎？』的時候卻尿褲子了，那他就是言不由衷。或者，如果他撐了一夜才寫出不同的話，那就不會是眞誠的。然而，他驚訝地說道：『你確定絞索不會斷掉嗎？』這純粹是隨口說出的，沒有比這更眞誠的話了。」「這只能說他演得很棒。」伊恩說道。

阿利斯泰爾嘆了口氣。「你想讓他說聲『對不起』，但脖子上套著絞索的人說對不起，我覺得這毫無意義。」

「你只在乎他是否把話說得很棒。如果他是假裝的，說得再棒也沒用。」伊恩說道。

「有些笑話會掩蓋眞相。有些笑話則來自事實。他的笑話確實表示他的處境很糟。」阿利斯泰爾說道。

「他只是在嘲諷，讓自己不必像這個地方的許多白痴一樣面對事實。你知道爲什麼監獄裡總是擠滿嘲諷的人嗎？因爲嘲諷的人永遠無法釐清自己的生活。」

我在教室裡看著阿利斯泰爾。他斜靠在椅子上，臉上掛著淡淡的微笑，聽著伊恩說話。

我說道：「詩人羅伯特・佛洛斯特（Robert Frost）說過，我們開玩笑是爲了逃避事實，但說穿了，生命不是一個笑話。」

「我要祝福他。」阿利斯泰爾說道。

「佛洛斯特說過：『幽默是最迷人的怯懦形式。』」我說道。

杰羅姆說道：「幾年前，我參加一次家庭聚會，那時出了大事。有人拿著槍，結果發生了槍戰。我倒在地上裝死，直到事情結束。幾年後，我進了監獄。我告訴和我一起睡覺的那個傢伙這件事，還跟他說我是如何裝死的，但他卻不停大笑。我問他有什麼好笑的。他說『你在開玩笑』，然後就一直笑。」

「他認爲你是個膽小鬼。但佛洛斯特會說，他因爲笑而是個膽小鬼。」伊恩說道。

「如果他待在現場的話，他就不會笑了。」杰羅姆說道。

阿利斯泰爾改變了雙腿交叉的姿勢。他擺擺手，說道：「抱歉，我無法像佛洛斯特那樣純潔。其實，懦夫受絞刑時會求饒。布勒東提到的那個人很勇敢。他其實是向行刑者比中指，但做得很乾淨俐落。還有更暴力的反抗方法，但他決定開個玩笑。他選擇了最和善的反抗形式。」

「他無論如何都得死，說什麼都不會改變任何事情。這不是眞正的勇敢。他只是耍嘴皮子而已。」伊恩說。

阿利斯泰爾摘下眼鏡，用polo衫的下擺擦拭鏡片。他的臉看起來完全不同了。他有一雙像鳥一樣的小眼睛，底下的皮膚看起來堅韌有彈性。

「這是神聖對抗鄙俗，僅此而已。佛洛斯特認爲笑話是鄙俗的。」阿利斯泰爾說道。

他重新戴上眼鏡，眼神再次變得銳利。

阿利斯泰爾說道：「他說生命不是一個笑話，因爲他認爲生命是神聖的，就這樣。」

二十分鐘後，我出了監獄大門，從櫃子拿出手機，發現有老媽打來的未接來電。我站在停車場，位於一群抽菸獄警的上風處，然後回了電話。

媽媽說道：「我要跟你講你叔叔弗蘭克的事情。」

「發生了什麼事，他還好嗎？」我問道。
獄警吐出的煙霧飄到我臉上。我的眼睛感到一陣刺痛。
「他收到了津貼辦公室（benefits office）的一封信。他們想宣布他適合去工作。」媽媽說道。
「我馬上就趕過去。」

一個小時後，在我奶奶家的客廳裡，我叔叔來回踱步。我盤腿坐在咖啡桌旁的地板上，快速瀏覽著有三十頁的表格。它要求弗蘭克列出他的詳細資料、資格、犯罪紀錄和心理健康紀錄等等。
「我他媽的怎麼知道該寫些什麼？不過，安迪，你對寫文章很有一套。」弗蘭克說道。
弗蘭克去陽台抽菸。我看到他終於走出房間，感到很欣慰。奶奶給我送上一盤點心，有六個英式車輪餅（Wagon Wheel）和二片卡士達切片（custard slice）。我填寫了表格的第一頁。能夠回答一系列關於我叔叔的問題，我感到很興奮，彷彿我親筆寫下他的生活，便足以證明我倆的關係。
弗蘭克只做過一份工作。他二十多歲時曾在一家倉庫工作，他那時已經偷竊過數十個倉庫，能幹這份工作眞的很了不起。他在那裡待了十八個月，然後經理告訴他，說公司破產了。

我叔叔得到了推薦信，但沒有其他雇主願意冒險僱用他。話雖如此，弗蘭克卻老把「工作」掛在嘴邊。他經常描述維尼和他如何「一起工作」。弗蘭克已經在全國各地工作了五十年。他通宵工作，連週日也上班。仍然會有人給他打電話，問他是否想要「做點工作」。他和前妻爭吵時會說：「我爲了這個家而努力工作。」然而，弗蘭克現在已經太老，幹不了小偷了。津貼辦公室卻在他退休之際宣布他適合去工作。

我回顧了我在表格心理健康部分所寫的內容，讀起來很極端。我走到陽台，弗蘭克正在抽一根捲菸，菸就快要燒到濾嘴了。

「我只是想讓你看看，對我所寫的內容是否滿意。」我說道。

「就告訴他們我是個廢人。」他說道。

「我寫了這些：絕望、孤僻、短期記憶喪失、情緒起伏不定。」

「安迪，這讀起來讓人不知所云。」

「恐慌發作、有自殺念頭、感到恐懼。」

「漂亮。」

15 種族

關於我的一切都是一連串不可能發生之事所導致的結果，而我永遠無法擺脫這種懷疑的想法……在我看來，如果我是鄰家的孩子，即使我最強烈的感情和最堅定的信念也可能會有所不同。

——英國小說家查蒂·史密斯（Zadie Smith）

昨天下午，我到達工作地點，看到保全處有一排前來探望囚犯的家人和朋友。然後我便入列排隊。在我面前的是一個男孩和他的母親，男孩露出混合著興奮和恐懼的表情，我一眼便看出來了，因爲我兒時去監獄探訪我哥時就是這種模樣。我對男孩微笑，他一看便緊握住母親的手。母子倆後來都通過安檢，隨後我也就進去了。

我踏進監獄時，偶爾感覺就像是在走一條從過去到現在、從監獄訪客到監獄老師、從家人到我自己的連續旅途。週日下午去我奶奶家和我叔叔一起出去玩，感覺就像朝反方向走上那條路。那些荒唐無聊的閒談，經常讓我想起教室情景。

我第一年教課時，在北佩卡姆區（North Peckham Estate）的前公營房屋租了一個房間。當地住著許多奈及利亞人，因此號稱「小拉哥斯」（Little Lagos）[127]。離我家二分鐘路程之處有幾間咖啡廳，裡頭販賣加羅夫飯（jollof rice）[128]和車前草噗噗（plantain and puff puff）[129]，但我多數時間都在佩卡姆士紳化（gentrification）[130]後剛開業的一家咖啡館裡用MacBook工作。某一天早上，我在監獄裡教課教到一半，一位看起來只有大約十九歲的黑人走進教室。他拿起筆，在白板上用塗鴉風格的字體寫下了郵遞區號。

「你有什麼事嗎？」我問道。

他把筆丟在地板上，走了出去，但沒有關門。這個人寫在白板的郵遞區號指的是他的幫派正在和另一個幫派爭奪地盤的區域，離我的租屋處只有二條街。

我那天晚上回到家後，想起了那個年輕人。我們都出身工人階級家庭，我讀過大學，當了教師，並以私人租戶而非公營房屋租戶的身分回到那裡，但他則進了監獄。在

---

[127] 譯註：拉哥斯是奈及利亞首都。
[128] 譯註：奈及利亞國民美食，這是一道家常燉飯，以米飯、番茄、洋蔥和辣椒為主體，視家境富裕程度搭配禽肉或牛肉。
[129] 譯註：車前草是香蕉的一種，可以油炸當作食物。
[130] 譯註：又譯為中產階層化或貴族化，泛指更多富裕居民和企業湧入某個地區，進而改變其特徵的過程。

我像他這個年紀的時候，有一位哲學老師利用午餐時間額外指點我課業。

等我成年後，每當我身處上流社會並提到我的父親、哥哥和叔叔都曾坐牢時，我經常因爲打破這個循環而受到別人讚揚。幾個禮拜以前，班上有一位英裔牙買加男子，他的父親和兄弟也曾坐牢。我看著他，想著如果我告訴別人，說我的家人進過監獄而且我是黑人，那會是什麼樣子。我認爲他們會以爲需要注意我。

我走進監獄後，讓我想起自己的背景，但同時也提醒我，說我跳脫了自己的背景。假使我不是白人，我的逃生路線會更少。

*

十八個月前，只有兩名學生出現在我的課堂上。洛基（Rocky）是混血兒，脖子紋著「陛下監獄士兵（HMP Soldier）」的字樣。伊曼紐（Emmanuel）是白人，留著長髮和辮子山羊鬍（braided goatee），手腕戴著一串紫色念珠。

我朝走廊望去，看看是否還有人要過來。一名年輕的黑人男子，正在和一名先前只讓他接受基本待遇的黑人獄警起了口角。

「賣光了。」年輕人說完，轉頭就走。

我又等了十分鐘，看看是否還有別人會來上課，但我聽說有個側翼發生鬥毆，囚犯都被關在牢房裡。我關上了門，繼續上課。

我在白板頂部寫了「不同種類的動物（The different kinds of animals）」。

我在下面寫了豪爾赫・路易斯・波赫士（Jorge Luis Borges）虛構的中國古代百科全書〈天朝仁學廣覽〉（'Celestial Emporium of Benevolent Knowledge'）的動物分類。

「那些屬於皇帝的。防腐的。那些經過訓練的。乳豬。美人魚。流浪狗。那些包含在這個分類中的。那些顫抖得好像發瘋的東西。」

「你的星座是什麼？」伊曼紐問我。

「我沒有星座。」我說道。

「你真是愛說笑。你可能是摩羯座。」

我繼續寫著分類清單：「無數的。那些用非常細的駱駝毛筆繪製的。」

「安迪，你是哪裡人？」洛基問道。

「我出生在英國。」我說道。

「但你不完全是英國人。」他說道。

「我的父母都出生在英國，他們的父母也是。」

我在監獄外面時，幾乎沒人會問我來自哪裡，但我在監獄裡，每週都會被人問好幾次。有時是因爲我的有色人種學生想聽我說「我不完全是白人」。此外，因爲這裡的每個人都很保護自己，所以沒人知道別人的眞實身分。「你是哪裡人？」就成了「你是誰？」的替代品。

我轉回白板，繼續寫著「那些剛打碎花瓶的東西。從遠處看就像蒼蠅的東西。」

「你喜歡日光浴床嗎？」洛基問道，對我眨了眨眼睛。

「我的曾曾祖父母是吉普賽人，但他們住在東區。」我說道。

「我上禮拜看了一部關於羅姆人（Romany）[131]的紀錄片。」

「那你比我更了解他們。」我說道。

「我知道你有點不一樣。」他看起來很高興。

我指著白板上的清單。「你認爲——」

「安迪，你什麼時候出生的？」伊曼紐問道。

「早上出生的。」我說道。

---

[131] 譯註：原本生活在亞洲的民族，經常四處漂泊，住在大篷車。

伊曼紐皺眉頭看著我。

門「砰！」地一聲打開了。一個男人衝進來，跑到教室的角落。他的臉頰、額頭和髮際線都布滿傷痕。他的臉看起來就像寫滿字的紙張。

「你好。」我說道。

他沒理我，只是看著門。

「這是哲學課。」我說道。

他上下打量了我一下，然後又看向門口。

「你想坐下來嗎？」我說道。

「有個獄警在追我。」

「我們才剛開始上課，請坐。如果獄警來了，我會問他們是否可以讓你留在我的班上。」我說道。

他對著我笑。

「你被攔住和搜查過多少次？」他問道。

伊曼紐看著我，手撥弄著髮尾。

「你從來沒有被攔住和搜查過，對吧？」那人問道。

「我有。」

「他們給你寫紀錄嗎？我敢打賭他們寫了。我還敢打賭他們也叫你先生。『哦，先生，抱歉打擾您了。』」

「我不記得了，那是很久以前的事。」我說道。

「想也知道。」

他跑過教室，衝出了門。我走到門口，看著他衝過走廊，躲進另一間教室。我把門關了一半，但感覺怪怪的，所以又把門打開。

「他可能會回來。」我說道。

「摩羯座才會這樣說。」伊曼紐說。

我十八歲的時候，某天凌晨三點，我獨自從朋友家返回住處，沿著一條空蕩蕩的A字路走著。我當時穿著一件深灰色連帽衫，用一條黑色圍巾遮住了鼻子。一輛警車突然停到我的面前。警察下了車，問我去過哪裡以及要前往何處，警察說要搜查我。

「我什麼也沒做。」我說道。

警察要我翻出口袋並伸出雙臂。

我照他們說的做了。他們翻了我的口袋，我扭過頭，表現得若無其事，但我有一側膝蓋卻一直在顫抖。

他們在我身上什麼也沒找到，但我還是覺得受了委屈。

「我什麼也沒做。你們可以給我酒測，酒測數值會是零。」我說道。

警察返回車上，然後就開走了。

我走回家，內心充滿罪惡感。腦中的劊子手告訴我，說我一定做錯了什麼，否則警察不會把我攔下來。他們知道一些我不知道的事情，下次警察就會把我帶到警察局。

我回到家，脫下連帽衫，把它丟到衣櫃底部。

幾天後，我在一家慈善商店（charity shop）買了一件海軍藍（navy-blue）[132]的亞麻夾克。當時還是冬天，所以我只能在厚厚的紅色毛衣外頭穿上這件夾克。我不得不把夾克緊緊套在毛衣上，腋窩夾得很緊。

二週後，我在清晨步行回家，穿著我的紅色羊毛衣和藍色亞麻夾克。一輛警車停到我的旁邊。我很害怕，只能聽天由命，甭管他們要對我做什麼都行。

警察搖下車窗。我彎下身軀往裡面看，看到一男一女的警察，他們看著我，然後互相看了一眼。

---

[132] 譯註：藏青色，近於深藍，因用於海軍制服，故又名海軍藍。

「哇哦！」女警察說道。

然後警車啓動，就開走了。

*

如果我是黑人，我認爲警察不太可能說「哇哦！」我心裡在想，換了衣服是否足以改變別人對我的看法。

法國哲學家法蘭茲．法農（Frantz Fanon）在《大地上的受苦者》（*The Wretched of the Earth*）[133]寫道：「在這個殖民者配置的世界，被殖民者總是被認爲有罪。」被殖民者並不認爲自己有罪，而是認爲這是一種詛咒，如同一把達摩克利斯劍（sword of Damocles）[134]。在古希臘神話中，達摩克利斯（Damocles）每天頭頂上都用線懸掛著一把劍，而這把劍隨時可能會落到他的身上。法農就在描述和劊子手一起生活是何種感覺。

---

[133] 譯註：法文書名為 *Les Damnés de la Terre*。

[134] 譯註：比喻隨時可能發生禍事。

每天下午五點，我會在離開監獄時穿過平台。我看到有許多黑人和棕色人種被關起來過夜，我想起劊子手不只是腦海中的一個聲音。

今天，我又討論了麥爾坎·X，我們談到麥爾坎·X之所以關注「被閹割」（being emasculated），和他生活在一個美國白人稱他爲「男孩」（Boy）的時代有關。課程結束時，幾個黑人學生問我是否可以在下一節課討論哲學和種族。在這個團體中，大家足夠信任，也很開放，所以這聽起來是個不錯的主意。

我也想討論種族。當我年輕的時候，我沒有完全了解我的種族如何塑造我的生命。有色人種一直遭受刑事司法系統的壓迫，警察也在我哥出獄二小時後就想去逮捕他，但我沒有發現這兩者之間的巨大差異。我年齡漸增，越來越見多識廣，發現傑森若是黑人或棕色人種，他被捕的次數可能會更多，也會被判更重的刑罰。我想多了解這些牽扯種族的現實情況。此外，我記得保羅醫生在克洛伊的晚宴於桌子對面看著我的情況，也沒忘記那種被人好奇看著的感覺。我希望自己是對這些人的想法感興趣，而不是像保羅看著我那樣看著他們。

到了禮拜六，我坐在辦公桌前備課，想從美國非洲裔女性作家托妮·莫里森（Toni Morrison）、美國黑人作家喬治·斯凱勒（George Schuyler）和英裔美國哲學家奎邁·安東尼・阿皮亞（Kwame Anthony Appiah）的書中尋找想法。我感到徬徨失落。我二〇〇九年離開大學，之前根本沒有討論過種族議題。我們沒有研究任何一個有色人種，但我們從西方經典研究了許多思想家，他們說非歐洲人欠缺理性，而且天生低人一等。我想起我奶奶的房子，她一到下午就會把前門打開，讓英籍巴基斯坦裔鄰居哈娜（Hana）可以自行進屋。她們會坐在客廳，喝著加糖的茶，抱怨住房官員從不接電話以及社會服務干擾每個人的生活，還會說珀西・英格爾麵包店（Percy Ingle bakery）因爲士紳化而倒店，甚至抱怨警察，說他們該抓的人不抓，不該抓的卻又賣力去抓。她們輪流成爲彼此的聽眾，說故事的人滔滔不絕，另一方會靜靜聽著，聽對方講述上個禮拜或四十年前街上發生的事情。哈娜說話時，奶奶經常邊聽邊點頭，但她偶爾只是在聆聽。我並不想故意要聽起來很浪漫，我知道工人階級社區存在著嚴重的種族主義。然而，我嘗試規劃課程時突然發現，談論東倫敦公營房屋的種族情況比在大學研討會上談論這種話題還要更容易。

我從美國黑人女作家奧德雷・洛德（Audre Lorde）的文章〈憤怒的用途〉（The Uses of Anger）中整理出一些內容。禮拜一早上，我在教室裡檢視我的課程計畫。學生們到了，但要我講課的兩個人卻沒來，因爲他們被轉移了。我有兩個新學生。第一個是名叫賽布（Seb）的中年白人。根據他的檔案，這傢伙犯下牽扯右翼極端主義（right-wing extremism）的罪行。第二個是非洲厄利垂亞人（Eritrean），名叫內貝（Nebay）。他只聽得懂一點英語短語，大部分與平台生活有關，例如「衝突」（bang up）[135]、「福利社」（canteen）和「打電話」（phone call）。他本來應該去上英語課，但英語課滿了，只好被安排到這裡。

原本的學生希望我上關於種族哲學的課程，但突然之間，我面對的卻是一批截然不同的學生。賽布經常向我的同事抱怨，說他是種族主義的受害者，聲稱他在平台那邊屬於少數民族，那裡的黑人獄警對黑人囚犯比較好，對他有不公平之處。現在討論〈憤怒的用途〉，有可能是最好的，但也可能是最糟的。我決定暫時擱置我的教學計畫，希望很快就能再次把它拿出來上課。

我翻閱教室角落的一份舊文件，找到一些英文學習單，便給了內貝一張。

現在正值新冠病毒大流行。在我把〈憤怒的用途〉課程計畫收起來六個月後，監獄進入封鎖狀態，我無法去上這門課。我可能要一年後才能回去裡頭教書。我沒能討論這個話題，感到非常失望。

---

135 譯註：另可指出色的、打傷……、撞壞……。

我給三個曾經坐牢但目前在監獄工作的人寄發了電子郵件，他們分別是曼蒂・奧貢莫昆（Mandy Ogunmokun）、賈邁勒・汗（Jamal Khan）和布蘭達・比隆吉（Brenda Birungi）。我告訴他們我正在寫一本監獄回憶錄，還說我希望收錄關於種族的哲學討論，讓讀者可以讀到出自囚犯的觀點。他們同意了，於是我們便透過網路閒聊。

曼蒂曾經吸毒成癮，有二十個年頭裡每年都會進出監獄。她說坐牢是一種解脫，被關時經常感覺比在外頭更安全和更自由，監獄就像她的家。她康復後，成爲監獄裡的毒品工作者（drug worker），並且成立名爲「寶藏基金會」（Treasures Foundation）的慈善機構，爲出獄的婦女提供住房。曼蒂和這些婦女住在一起，教她們煮飯、打掃和種植花草。幾年後，她搬了出去，某些她教過的人接替了她的工作，幫助新出獄的女性組建家庭。

賈邁勒在貧困的環境中長大，小時候曾被保護看管。他目睹過社區裡的許多暴力事件，還曾看到兒時朋友在他面前遭到槍殺。賈邁勒曾被學校開除，十五歲時被判處五年徒刑。他當時感覺自己的人生毀了，他在牢房裡寫日記、詩詞和短篇小說，那是一種療癒，讓他想透自己經歷的一切。賈邁勒出獄後，獲得了「水石新興青年作家獎」（Waterstones Emerging Young Writers Award）。他目前在一家名爲「不再有排斥」（No More Exclusions）的慈善機構工作，還會和社區年輕人一起舉辦寫作工作坊，這些年輕人也有他青少年時期同樣的經歷。

布蘭達出生於非洲烏干達（Uganda），嬰兒時期隨父母來到英國。她二十一歲被定罪時，當局告訴她，說她將被遣返非洲。布蘭達跟對方說她有英國護照，但他們依舊把她塞進一輛廂型車，送到外國人看守所。一名黑人警官打開大門讓她進去。此後，她在監獄裡就再也沒有看到黑人警官了。她寫了一封信給典獄長，說其中恐有誤會，但幾天後，她卻被告知驅逐出境的日期。她想知道自己是否在信中拼錯了字，讓辦公室裡的人誤以為她不是眞正的英國人。布蘭達在牢房裡查字典，檢查了信中所有的拼字。

布蘭達記得幾年前她遺失的一張舊照片。那張照片是在她五歲時拍攝的，當時她就讀倫敦南部的小學，所有的孩子都穿著維多利亞日（Victorians Day）的服裝。照片中的布蘭達穿著白色的無袖連衣裙，戴著一頂有褶邊的帽子，站在其他孩子旁邊，她眞希望自己知道那張照片現在放在哪裡。她的母親想從家裡寄一些東西給她，包括一些CD。布蘭達說道：「別寄任何烏干達音樂的CD。我不想給他們抓到把柄，然後藉機把我送上飛機。」

那座監獄位於鄉下，操場瀰漫著糞肥的味道。當布蘭達摀住鼻子時，一些獄警嘲笑她，說道：「怎麼了？」

「什麼怎麼了？你們聞不到臭味嗎？」她說道。

「什麼臭味！妳根本不知道新鮮空氣是什麼味道。」她看著那些不爲惡臭影響的獄警，心想他們說得到底對不對，難道那就是新鮮空氣的味道？

布蘭達抱怨食物分量太少。一名獄警對她說：「妳是說妳以前可以一日三餐嗎？」外國人監獄跟普通監獄不同，關在裡頭的人可以擁有自己牢房的鑰匙。當獄警把鑰匙遞給布蘭達時，她感覺自己被人嘲笑了。她收到象徵自由的鑰匙，但她眞正的自由卻被剝奪了。

她最終說服當局她是英國人，政府便安排她在普通監獄服完剩餘的刑期。一名來自倫敦的女獄警護送布蘭達。當她們走出監獄大門時，女獄警聞到了糞便的味道，摀住鼻子說：「呃。」

「妳也能聞到這個味道，對吧？」布蘭達問道。

「聞到味道？很臭耶！」女獄警回答。

「謝謝妳！」布倫達說道。

布蘭達被送往普通監獄。她擺脫被驅逐出境的恐懼後便專心寫作。她出獄後，一直以「解放女士」（Lady Unchained）的身分工作，當口述藝術家（spoken-word artist）[136]、

---

136 譯註：口述是一種口語詩歌表演藝術，主要是源於詩歌和表演者的美學素質。

詩歌老師和廣播員。她最近探訪了一些烏干達的監獄，帶食物和衣服給裡面的人。他們看著她，互相嘀咕道：「這位英國女人在這裡幹什麼？」

我們都登入程式並打招呼。「我父親、哥哥和叔叔都曾坐過牢，我是透過這種鏡頭來寫監獄的故事。」我說道，「但我家庭的故事是白人工人階級的故事。我知道監獄裡還有很多其他的故事。」

「當你哥哥入獄而你還是個孩子的時候，你和別人談論過這件事嗎？」布蘭達問我。

「沒有眞正談過。」

「我的侄子也是如此。他會來看我，但他回到家後，閉口不談這件事。」

「這很常見，對吧？」

布蘭達點點頭。

曼蒂說道：「羞恥感會傳下去。家人會把它傳給孩子。孩子會感到羞愧，但他們甚至說不出自己到底做錯了什麼。」

我眨了眨眼。

「我仍然需要化解這個問題。」她說道。「我腦子裡仍然有一個懲罰者（punisher）。」

幾分鐘後，討論開始。我說道：「哲學家奧德雷．洛德認為，憤怒可能具有顛覆一切的潛力。她在〈憤怒的用途〉中說道，美國的黑人女性每天都會憤怒，卻擔心自己表達憤怒後，別人會誤以為她們是愛生氣的黑人女性。因此，許多黑人女性反而對自己的身分感到歉意和內疚，但洛德指出，這種內疚感能腐蝕心性。『無論是你的或我的內疚，我都想不到有創造性的用途。內疚只是另一種避免知道內情後去採取行動的方式，也是想要爭取時間，以免礙於迫切需要而必須明確做出選擇，更是要在暴風雨即將到來前爭取時間，這場暴風雨會衝擊地球，壓倒樹木。』」

曼蒂說道：「我是混血兒，出生於一九六〇年代。我媽是個妓女，我爸是一名賭徒，我祖母是我媽的皮條客，我就是這樣來到世上的。我在成長過程中看到別人盯著我看，心想我出了什麼問題。我討厭自己黑色的那一面，但我不了解為什麼。我以為自己的膚色有問題，卻不知道自己被人洗腦了，就連我的祖母也曾叫我和我姐姐『黑鬼』，但她是真正愛我們的。」

我聽著曼蒂的故事時，看到了她腦中懲罰者和我腦中劊子手的差異。我腦子裡的劊子手從來沒有說我應該為自己所屬的種族而恨自己。我是私底下感到羞恥的，而不是人們在街上盯著我看才讓我有羞恥心。

曼蒂繼續說道：「我當了妓女，會偷東西和吸毒。我睡覺的時候，枕頭下放著海洛因注射器。我在霍洛威監獄（Holloway prison）進出了二十年。我康復後，回到霍洛威監獄為黑人歷史月（Black History Month）發表演講。我當時在讀馬丁・路德・金恩（Martin Luther King）的一些東西，我哭了。他在演講中說自己夢想有一天黑人和白人能夠和平相處。在我的一生中，我的一部分一直在憎恨另一部分，我和自己過不去。這就是讓我一直坐牢的原因，我只是哭了又哭。」

我說道：「洛德說擁抱憤怒比感到內疚更好，但她也說生活在刺耳的聲音中和生活在憤怒的交響樂中是有區別的。洛德指出，黑人女性『必須學會調和以及控制這些怒氣，這樣它們就不會撕裂我們。我們必須學會去克服它們，在日常生活中利用它們來獲得力量和想法。』」

曼蒂說道：「我在康復以前，腦海總是充滿創傷的噪音。我就是過著洛德所說的那種殘酷、不和諧的生活。沒人願意聆聽我的心聲，因為每當我要表達觀點時，我都會感到憤怒。」

她說道：「但是到了今天，過去發生在我身上的一切，一點一滴都為我所用。我正在和我經歷過同樣創傷且不斷進出監獄的女性一起努力。我與她們並肩作戰，我沒有去強迫她們，而是讓她們知道我會幫助她們，改變是有可能的，她們若覺得沒有希望了，我就要她們堅持下去，再多堅持一會兒。我所經歷的一切都沒有浪費，那些噪音已經匯聚成正面的東西，刺耳的聲音變成了交響樂，就像洛德說的，我可以改變，我能夠改變。」

我說道：「洛德相信憤怒的改變力量。她寫道：『我吮吸了狼的憤怒之唇，我用它來照亮人生、營造歡笑和獲得保護，在沒有光線、沒有食物、沒有姐妹、沒有住處的地方生火取暖。』」

賈邁勒說道：「憤怒可以照亮人生。在法庭上，我童年經歷的一切都沒有被考慮在內。我坐在那裡，沒有多說什麼。當他們給我判刑時，我非常生氣，因爲我的個人情況被忽視了。但這種憤怒是有用的，因爲它讓我知道這個系統無法幫我扭轉生活，我必須自立自強。我坐牢時開始寫自己的故事，指出我的生命應該是如何，而不是任憑法庭隨便講述它。對我來說，明確表達自己的想法算是一種啓發，最終會迎來更光明的未來。」

「洛德說憤怒可以保護人，妳認爲這是對的嗎？」我問道。

布蘭達說道：「當我在監獄裡時，我最需要做的是不讓憤怒傷害到自己。」

賈邁勒和曼蒂點了點頭。

賈邁勒說道：「有些憤怒會給你改變的能量，但有些則會讓你感到無能爲力和陷入困境。我出獄後，辦了很多口述活動來講述自己的經歷。我所寫的都是關於不公不義的事情。我的身分就是受到刑事司法系統影響的人。這就是我。」

「詩人艾波妮・戴維斯（Ebonee Davis）寫道：『很多人其實害怕療癒，因爲他們的整個身分都圍繞著自己經歷的創傷。他們不知道擺脫了創傷，自己會是誰。這種未知可能會讓人心生恐懼。』那就是我。我深陷於過去。我必須去質疑它是否會給我帶來任何的快樂。我決定繼續前進。我不想談論我們知道是錯誤的體系，我只想建立一套更好的體系。我走下舞台，開始支持那些經歷我所經歷並需要幫助的年輕人。」

「這並不容易，特別是對那些從監獄釋放並靠監獄經歷謀生的人來說。這就是他們所依賴的，然而，如果我想擺脫憤怒並做一些眞正帶給我快樂的事情，我就必須這樣做。」

我說道：「另一位哲學家米娜・莎樂美（Minna Salami）思考過作爲抵抗手段的快樂和憤怒之間有何差別。她說來自邊緣群體的人和多數中產階級白人不同，總是需要解釋自己，於是背著沉重的負擔。如果你是黑人或棕色人種，你的身分就好像是某種『犯罪現場』。莎樂美指出，邊緣化群體爲了回應，便利用黑人權力（Black Power）[137]之類

---

[137] 譯註：簡稱黑權，一種政治標語或追求非洲後裔自決的意識形態名稱，強調黑色種族的驕傲，以便促進黑人的利益和價值。

的東西『拿起武器』，還會運用自己的身分作爲強化權力（賦權）的『武器』。她認爲這在很多方面是成功的，但也讓壓迫者成爲故事核心。武器總是指向那些壓迫者。」

賈邁勒點點頭。

我說道：「莎樂美比較少關注黑人權力，反而更留意黑人歡樂。歡樂不會給壓迫者帶來任何地位。」

布蘭達說道：「我進監獄之前只要談論種族主義或奴隸制，總是會事先道歉，就像白人有時討論種族主義前要道歉一樣。我從來都不想在公共場合講盧干達語（Luganda），我會讓人們以爲我是牙買加人。每當別人知道我是非洲人時，我都會說：『別說這些，我們不要談論這點。』我像白人一樣看待自己的出身。我小的時候，非洲對我來說就是喜劇救濟（Comic Relief）[138]。飢餓的孩子身上爬滿了蒼蠅，我以爲只有犯罪的人才會去那裡。」

「但奇怪的是，我入獄後對自己的傳統有了自信。我身爲非洲人，感到一種以前從未有過的快樂。當我表演有關奴隸制和種族主義的詩歌時，我不會爲此道歉。我現在會

---

138 譯註：一項英國慈善活動，主要是為了幫助衣索比亞的饑荒百姓。

在公開場合說盧干達語，別人說我是牙買加人時，我會糾正他們，說我其實是非洲人。三週後，我將再次飛往烏干達，我已經等不及了。」

我說道：「事情很可能會朝反方向發展。對許多人來說，入獄會再次加深他們的恥辱。」

「我正是擁抱了憤怒，才能擁抱眞實的自己。」

我們討論更好的抵抗方式是憤怒或快樂。曼蒂分享了另一個故事。

「我開始去霍洛威監獄上班時看到一位獄警，便說道：『妳好，早安。』她卻不瞧我一眼。我每天進去時，她都不理睬我。我會跟她說：『妳好，早安。今天天氣很棒耶！』」

「這太挑釁了。」賈邁勒說道。

曼蒂說道：「有一天，這位獄警回了聲『你好』。她開始想和我談天，但我內心卻在想，我不想跟妳說話。我只想問安而已。」

我們都笑了。

曼蒂說道：「我必須絞盡腦汁去和她交談。幾週後，我發現她也是人，她也有自己的問題。」

當我還是個孩子的時候，我沒有告訴別人傑森坐牢了，原因之一是我擔心自己會遇到麻煩。人們會認為我哥哥很壞，所以我也很壞。我只能閉嘴，盡量不引人注目。我想起布蘭達的侄子也沒有談論這件事。我不知道他連帶的懲罰感是否比我更強烈。如果我哥因為膚色或姓氏的發音而面臨被驅逐出境的險境，我可能也會擔心自己的膚色或姓氏會給我帶來麻煩。

布蘭達說道：「我曾是唐維尤監獄（Downview prison）的囚犯，十年後，我以輔導員的身分去教詩歌班。學生們問我，當我結束工作坊的時候，我是否願意去參觀我以前被關押的牢房。我感到非常興奮。我迫不及待想去看看我開始提筆寫作的牢房，事情就是這麼奇妙，我輾轉回到那裡，不是因為又犯罪入獄，而是以老師的身分參觀環境。」

「下課後，我正走過監獄的庭院，身邊陪伴兩位白人女士，一位是我的製片人，另一位則是替我們預約參觀的那位女士。有個高大魁梧的白人獄警攔住了我，說道：『為什麼妳還沒回到平台？妳現在應該待在牢房裡。』」

「『你說什麼？』我問道。『妳應該回去妳的牢房。』他說道。」

「和我在一起的兩個白人婦女向他解釋，說我不是囚犯，而是參訪詩人。那位獄警臉紅了。他沒有道歉，只是臉紅了。我說道：『哦，你以爲我是囚犯。不，不。我來這裡只是爲了教課。』」

「我們離開監獄後，我的製片人非常生氣，她希望我也生氣，但她也知道，我身爲黑人女性，事情會更複雜。她很傷心，但當我說『哦，不，我是來這裡教課的』的時候，我卻感到全身充滿力量。如果我生氣了，我就得帶著怒氣回家，直到隔天才會消氣，期間會不斷想爲什麼那個獄警要這樣對待我，因爲我自認爲我行得正，沒虧欠人。他怎麼能這樣做呢？然而，我滿懷喜悅地回家了，從前這個體系奪走了我的力量，但看看現在的我，我充滿了力量。」

16 牢籠之內

原地踏步毫無意義……但假裝行動自由就更沒意義了。我感覺即將發生巨大的轉變，但這轉變可能像對其他事物產生興趣那樣簡單。

——英國作家愛德華・史特・奧賓（Edward St Aubyn）

內貝先前加入我的班級，但過了一個禮拜，他仍然還來上課。我幾乎已經把教室後面檔案夾中所有的英文學習單都給他了。今天我又給了他一張，標題叫做「我們要去度假」（We're going on holiday）。班上其他人則討論愛比克泰德對自由的定義。

課程結束前二十分鐘，英文老師進來教室，要內貝加入她的班級。內貝收拾東西，跟我們道別後，就離開了。

隔天早上，我拍了一張火爐照片後就離開了家。過了十分鐘，我正在過馬路，途中又擔心自己沒關瓦斯。我看著那張照片，但無法放鬆心情，心想：「如果我拍了照片，然後不小心又把爐子打開，這該怎麼辦？」好像我不能確定自己是否有一隻邪惡的手在我不注意時偷幹壞事。我轉過身，再次穿過馬路，跑回家去檢查我到底有沒有關掉瓦斯。

一個小時後，我走進戒備森嚴的監獄接待處，感測器偵測到我穿過安檢門的身體，觸發了自動播音：「別往前走！將手機帶入監獄是違法的。如果你被人發現在監獄內持有手機，你將遭到起訴。」

我把手伸進背包裡，拿出通行證、口香糖和其他違禁品，把它們都放進儲物櫃裡。有人走進接待處，播音再次響起。「別往前走！將手機帶入監獄是違法的。如果你被人發現在監獄內持有手機，你將遭到起訴。」

我從口袋裡拿出手機，發了一條訊息給我媽，在訊息結束的地方加了兩個親吻符號，然後等待第二次滴答聲，以確定訊息已經傳送出去。我把手機放進儲物櫃，轉動鑰匙，把鑰匙放進口袋。

另一個人走進安檢門並觸發感測器。播音聲響起。我拍了拍褲子和外套的所有口袋，以便確認我已經把手機放進了儲物櫃。我感覺不到手機，但一轉念，又想萬一它掉進外套內襯，害我摸不到，該怎麼辦呢？

我打開儲物櫃，看到手機擺在那裡。我拿起手機並查看社群媒體，看看我迷戀的女人是否喜歡我一小時前發布的內容。但她沒有回應。

「……你將遭到起訴。」前面的聲音如此說道。

我把手機放進儲物櫃，然後用手去摸，確認它的確是在櫃子裡。我檢查了包包，不知爲何需要檢查我的手機是否會同時出現在兩個地方。我關上儲物櫃，走進安檢室。

我身後的門關上了，我走入要接受搜索的隊伍。牆上有一張前保全人員的照片。她以二百五十英鎊的價格從網路上購買了二手的智慧型手機，然後以一千五百英鎊左右的價格賣給了囚犯。她遭到逮捕後被判處好幾年的刑期。我心想，我的手機一定在我身上的某個地方。我找不到它，但它肯定在我身上，我想要回頭，但爲時已晚，獄警把我叫了過去。

我向前踏出一步。那位獄警搜查了我，幸好沒有發現手機。

這座監獄有身體孔口安全掃描器（Body Orifice Security Scanner），也被戲稱老闆（BOSS）椅。只要人坐在上面，這台儀器就可以檢測到那人的陰道或直腸內是否暗藏金屬。今天獄警沒有要我坐上去，讓我很失望，因爲老闆椅是監獄保全設施中唯一不會讓我焦慮的東西。即使我陷入最嚴重的恐慌局面，我也確信自己不會在不知不覺中將iPhone 塞進我的肛門。

儘管安檢如此嚴密，監獄仍然經常出現非法的智慧型手機。LONG-CZ是一款很熱門的手機。這種手機非常小，可輕易塞進屁眼，而且它是由塑膠製成，老闆椅偵測不到。

一分鐘後，我走下掃描器，不自覺地將手伸進口袋裡，想要查看手機訊息，但口袋空空如也。我感到很失落，因爲我無法滑動手機來瀏覽社群媒體，或者檢查我的圖示旁邊是否有紅色的小點，通知我有訊息了。然而，到了上午十點，沒有手機的感覺眞好。我感覺頭腦更加清楚，因爲不再有叮噹聲和警告聲干擾我。我在監獄時和外界隔絕，雖然會感到不安，卻另有一種快樂。當我在樓梯上遇到囚犯時，我很喜歡口袋裡沒有重物的感覺，而有些傢伙的直腸裡可能暗藏著一支手機。

半小時後，我在一間通常用來開工作坊的教室裡上課。囚犯通常會在那裡把茶包、超高溫滅菌（UHT）[139]牛奶和糖裝進小塑膠袋，然後這些塑膠袋會被運往青少年監獄。與我以往上課的教室不同，教室裡有一部電話，安裝在角落的牆壁上。上課時，囚犯們圍坐成一圈，討論自由意志（free will）、責任和命運的問題。一名男子走到角落，給他的女兒打了電話，講了九十秒鐘。另一名男子則打電話給他的律師。

---

[139] 譯註：英文全稱為ultra-heat treatment。

下午一點，我通過安檢並打開儲物櫃。我走出接待處，然後查看手機，螢幕上閃爍著訊息通知清單。「你將遭到起訴」的聲音逐漸消失在我的身後。

我十八歲時第一次讀到法蘭茲．卡夫卡（Franz Kafka）的小說，那則故事叫《在流放地》（*In the Penal Colony*），講述一個被指控犯罪的人，但他卻不知道自己做錯了什麼。在那個世界裡，這位被告被認為有罪，並且永遠無法替自己辯護。他被關進一個裝置，裡頭的機器會將他的罪行刻在他的背上，一遍又一遍將文字刻在他的皮膚上，他最終因失血過多而死。我讀完這則故事後，內心深感共鳴，手仍然握住書本，吸收著其中的暗黑能量。在那一刻以前，我深刻體會到孤獨感，而卡夫卡傳達了那種情緒：一切都太晚了。在故事開始之前，那個被定罪的人就已經被關在裝置裡了。他第一次出場時便已喪所有平反的機會。我翻到封底，看著卡夫卡的照片。他和我一樣，長著一對招風耳，還有一副青春期的身材。我想知道這個人是誰。

我在接下來的幾週裡閱讀更多他的作品。我發現當卡夫卡還是個孩子時，他一直遭受父親的虐待，無論身心，皆是如此。年輕的卡夫卡因此感到恐懼和羞愧。他寫了許多關於別人隨意謾罵的噩夢故事，指出人在惡毒的權威面前顯得軟弱無助。他成了專業的劊子手。卡夫卡在三十五歲時給父親寫了一封信，信中寫道：「我的作品都是關於你的，畢竟我所做的，只是哀嘆我無法在你胸前哀嘆的事情。」也許卡夫卡指的是他的故事《判決》（*The Judgement*），故事中的父親命令成年的兒子把自己淹死，而那位兒子竟然聽命了。

那個夏天，我迷上了卡夫卡。在那一年中最熱的一天，我坐在公園長椅上閱讀他的著作，看著他舉重若輕講著荒唐的劇情而大笑不已。我當時的女朋友潔西（Jess）和我去了一家昂貴的旅館度週末，那裡還提供性玩具。我隔天早上從床上坐起來，用綠筆在卡夫卡的句子下面劃線。我相信卡夫卡會讓我在劊子手面前不再感到孤單。當我和潔西度完週末回家後，潔西和我分手了。

在過去的十五年裡，我熱愛卡夫卡，這既讓我不安，又令我心安。我越是了解他的作品，就越覺得他寫作似乎是在對抗治療（anti-therapy），凌晨二點坐在桌子前面，總是回到同樣類型的故事，講述那些從未逃離父親、法律和劊子手魔掌的男人。卡夫卡彷佛放棄了逃避，滿足於手中的筆，讓自己幻想可以掌控局勢，於是這位無所不能的作家沉浸於宿命論，一遍又一遍書寫同樣的故事。我閱讀他的作品，感覺自己不再單獨與劊子手綁在一起，而是陪伴一個陌生人，他非常熟悉自己所遭受的苦，因爲他受了很多的罪。我擔心自己讀卡夫卡這麼多年，會讓腦中的劊子手有了文學工具而變得更加強大。難道我是在利用卡夫卡的受虐狂來演繹自己的受虐狂嗎？

我也試著去控制劊子手。我會多次檢查儲物櫃，看看我的手機是否在裡面，我也會回家去看看自己有沒有燒毀房子，並且審視自己的一舉一動，以確保劊子手沒有在我身上動任何手腳。我還重讀了卡夫卡的故事，看看他如何有節制地述說我的噩夢。我最常翻閱的是《審判》（*The Trial*），那是關於約瑟夫．K（Joseph K.）的故事。K在三十歲生日的早晨醒來，發現房裡出現了兩名官員。他們告訴K，說他已經被逮捕。K問官員他爲什麼被捕。二人只說他必須在週日出庭受審。K再次問官員他到底做錯了什麼。官員重申他必須接受審判，然後就離開了。

那天稍晚的時候，K的朋友邀請他參加週日在船上舉行的聚會，但到了週日，他卻決定去聽證會。由於官員沒有給他時間，他決定在上午九點法院一開門時就趕到現場。K離開家後跑著過去，以免遲到了。

他經過郊區的街道上，透過一棟房子的窗戶看到一個男人抱著一個小嬰兒。

K停下來環顧四周。

他透過另一棟房子的窗戶，看到一個男人正在抽菸。在大街上，一位水果商在攤位後面賣力工作。有兩個朋友站在馬路對面，一邊聊天，一邊大笑。

K轉身去接受審判。

他每週日都會去聽證會，到了最後卻慘遭處決。K在臨死之前，始終都不知道自己犯了什麼罪。

我從這座戒備森嚴的監獄回家。到了下午三點，我坐在花園長椅上。白色的小茉莉花爬滿了牆壁。我閉上眼睛，好好享受陽光照在手臂上的溫暖感覺。然而，一股微妙的厄運感又襲上心頭。我心想，假使我早上進監獄時不小心把手機拿了進去，而又不小心把它遺落在那裡，那該有多糟糕啊！我明知這個念頭很荒謬，因爲我一個小時前才用過手機，現在它正在臥室裡充電。然而，我又心想，如果獄警在裡面發現了我的手機，該怎麼辦呢？我下次上課時就會被人逮捕。

我深吸了一口氣，吸入茉莉花香，試圖驅散這股思緒。然而，這種感覺揮之不去，讓我覺得自己鐵定做錯了什麼。

我起身走進屋子，然後走上樓梯。我打開臥室房門，看到手機放在桌上。我拿起手機，猛力捏著，直到指尖發白

我開口罵道：「幹！」

我離開了花園，一如K轉身離開街道。我剛剛跑向了劊子手。

幾天後，我走進另一所監獄的接待處。它戒備不森嚴，沒有架設公告和使用人體掃描器，只掛著一個大標示牌，上頭寫著：「如果你被人發現將手機帶進監獄，『我們將會報警』。」不知從何時開始，我看到這種標示時就會感到安心。劊子手經常讓我不相信自己的感覺；只有當我看到一條威脅要對我採取法律行動的嚴詞訊息，我所處的情境似乎才會與我的思想是一致的。

我把手機、口香糖和通行證放進儲物櫃，然後走向安檢門，心想：「如果我的手機放在包包裡怎麼辦？」我檢查了包包，沒看到手機。我又想：「如果它在我的包包裡，但我看不到，怎麼辦呢？」

「你他媽的！」我脫口罵道。

桌子後面的獄警盯著我。

我轉身走回儲物櫃並打開它，看到手機擺在裡面。我非常生氣，因爲我剛剛又跑去執行劊子手的命令了。然而，我無法擺脫恐懼。我在包包裡翻找手機，又在儲物櫃裡看到了手機。

獄警看著我。

我把手機鎖在櫃子裡，深吸一口氣，然後走進監獄。我在平台上看到一個男人穿著黃綠相間的連身褲，這種衣物又叫「逃亡服」（escape suit）。囚犯只要被認爲有逃亡疑慮，就必須穿上這種衣服。萬一他們眞的逃走了，也很容易在人群中發現他們。一名男子正在一間牢房裡拿著穢物進行抗議。他的牢房門半開著。一股臭如污水的氣味撲面而來，於是我加快了腳步。隔壁牢房的囚犯在敲門，對那個男子大喊，叫他把髒東西收進去。

我布置好了教室。安德羅斯（Andros）是第一個到達的。他身材矮小，體型魁梧，總是把運動服上衣的袖子挽到肘部。他的口音一直變，有時是倫敦東區（cockney）[140]口音，有時又是當今年輕工人階級口操的多元文化倫敦英語。當他說「東西」（thing）時，偶爾會說「fin」，有時則說成「ting」。他和側翼的老囚犯交談就像與青少年交談一樣輕鬆自如。安德羅斯最近申請轉移到安檢級別較低的監獄，那裡的牢房裡有淋浴間和電話，但他的請求遭到拒絕，因爲他的弟弟就關在那座監獄裡。兄弟一起坐牢並不違反規則；有些兄弟還會住同一間牢房。但安德羅斯的弟弟是在那座監獄裡工作，從事他的復健計畫（rehabilitation project）。如果他和安德羅斯關在同一所監獄，就會被視爲有利益衝突（conflict of interest）。

---

[140] 譯註：倫敦的工人階級，尤其指倫敦東區以及當地民眾使用的考克尼方言（亦即倫敦方言）。

安德羅斯走到我的白板前，直說板子太髒。他拿起一塊布，噴上噴霧，然後擦拭白板。

這是安德羅斯第二年來上我的課。他和我一起完成第一門課程後，問我是否可以再來上一次。我告訴他課程都是一樣的，但他說無論如何他都想要重上。「要不然他們會安排我上數學課，我已經跳過那門課四次了。」

安德羅斯把白板擦得乾乾淨淨，看起來像新的一樣。他放下噴霧劑和布，撐著後背呻吟，說道：「這裡的床墊。我太老了，不能坐牢了。」

安德羅斯快四十了。他上禮拜告訴我，說他從廣播聽到外界指出沒必要設置監獄，應該廢除它們。他告訴我：「他們要把我們關在哪裡？他們有想過嗎？所以他們認爲自己可以現身，然後一彈指，說道：『不要再有監獄了，好嗎？』他們根本不知道自己在幹什麼。」我想起了我哥。傑森聽到有人說要廢除監獄時，也會有類似被冒犯的反應。我心想，他認爲這樣是在否定他的生命。然而，我卻認爲，如果沒有監獄，我就能夠和他多相處了。

其餘的人都到了，我便開始上課。

「請大家想像一下某個關在牢房的快樂囚犯。他不想離開。」我說道。

「因爲他在玩智慧型手機？」安德羅斯說道。

「那個人自由嗎？」我問道。

安德羅斯說道：「他不自由，因爲他被關在牢房裡。」幾分鐘後，他說道：「也許他是自由的，人可以像自己想要的那樣自由。」過了一會兒，他問道：「我不明白這個傢伙。如果這個人不想自由，然後他就自由了嗎？」

「你認爲呢？」我問道。

安德羅斯張了張嘴，但猶豫了一下。

「王八蛋。」他說道。

學生們笑了。

我向全班同學介紹了「aporia」。那是古希臘詞語，意思是「沒有路」（without a path）。希臘詞「aporia」是人談論哲理時的心態，當下意識到自己的基本信念和假設或許是錯誤的。前面已經無路可走，不知下一步該想什麼。突然之間，人就陷入了困境。然而，從這種困惑狀態才能眞正去獨立思考，同時開闢往前進的道路。

「就是這樣。」安德羅斯說道：「你總是讓我困惑。安迪，爲什麼你一定要這樣呢？」

學生們又笑了。

我和他們談論不確定性的價值，但我記得自己會捏著手機直到指尖發白。每當我一想到這點，就會很尷尬。我要他們讓自己陷入困境，而我卻繼續沿著同一條路走向劊子手。

一個小時後，一名獄警喊道：「自由通行！」三、四個人聚集在塔夫（Taff）周圍跟他握手並祝他好運。塔夫三十歲出頭，說著一口國際大都會的口音，因爲他小時候曾在世界各地的國際學校上學。這是他第一次坐牢。他的妻子生下第一個孩子幾週後，他就被判刑入獄。然而，他明天將被釋放，要戴著電子追蹤器（electronic tag）服完最後幾個月的刑期。

「替我吃個麥當勞大餐吧！」安德羅斯說道。

安德羅斯也常對我說這句話。他有時下午五點看到我穿著外套，走下平台，準備離開監獄，就會用拳頭捶我，說道：「替我吃個麥當勞大餐吧！」或者「今晚替我吃一頓美味餐點，好嗎？」我總是尷尬地笑，因爲我不知道該說什麼。

塔夫說道：「幾個月來我一直夢想著要吃東西。當我剛來這裡時，我以爲自己出獄後要做的第一件事就是睡覺。但我現在不知道如何才能入睡，除非我能聽到隔壁房間打架的聲音。我要叫我老婆踢客廳的牆壁，一直踢到她聽見我開始打鼾爲止。」

安德羅斯說道：「我上次出去時只是哭了。我在監獄蹲了二年半，從沒有哭過一次。但我住在小旅館的第一個晚上，我竟然坐在床尾哭泣。」

下課後，我準備要離開監獄，但一名獄警要我排隊。他們在隨機搜查所有的人。我走到隊伍的前面，一名獄警給我搜身。我知道自己的手機放在儲物櫃裡，但是他沒在我的口袋裡搜到手機時，我還是鬆了一口氣。

隔天下午，我在傑森的客廳。我哥在斯科特的房間裡，叫他不要再玩Xbox，這樣我們就可以出去走走。我站在電線插在牆壁插座的立燈旁等待。牆壁插座的開關沒關，連接到電視插座的開關也沒有關掉。

十五年前，傑森必須關掉家裡的每個開關，否則無法入睡。當他要將電視音量調高二格時，他會先調高四格，然後再調低二格。他每經過一扇門，就得把門打開和關上，如此重複三次。他可能要花四十分鐘才能熨燙好一條短褲，因爲他要看到二條褲腿同樣光滑，才能心滿意足。他現在偶爾仍然需要做某些事才能放鬆，但已經不像以前那麼糟糕了。

傑森在最焦慮的時期，曾和一個朋友在大半夜跑到一所大學偷竊。他們從頂樓教室搜刮DVD播放器，然後把它們搬到樓下門廳，結果看到四名警察在那裡守株待兔。我哥丟下DVD播放器，從門廳向一條走廊跑去，想要逃出大樓，警察從後頭追趕他。傑森衝過走廊，推開出口大門，然後繼續跑。

他喊道：「操你媽的！」他轉身跑回去，把門打開和關上三次。傑森打開門後，兩名警察便將他撲倒在地，把他的雙手反扣在背後，然後銬上手銬。

我走進傑森的廚房，倒了一杯水，感覺微風從半開的窗戶吹拂著我的手臂。我把杯子放到唇邊。

我的手機上響起了警報聲。我一看，讀到一則通知，裡頭講述一個突發事件，說有幾名男子試圖從溫徹斯特女王陛下監獄（HMP Winchester）逃獄時遭到逮捕。

傑森穿著一件新T恤走進廚房，領口還掛著標籤。他拉開抽屜，四處翻找剪刀。

「昨晚有人想從溫徹斯特監獄逃獄。」我說道。

傑森關上一個抽屜，然後打開另一個抽屜。

「他們沒有成功。」我說道。

他從抽屜裡拿出一把剪刀，把剪刀遞給我，然後轉過身。我從他T恤領口把標籤剪下。

「我們走吧！」傑森說道。

我們帶著斯科特和迪恩一起去公園。斯科特現在十歲，迪恩才五歲。傑森停下腳步，和坐在特易購（Tesco）連鎖超市外頭乞討的老友閒聊。斯科特和迪恩聽膩了這兩個大人的談話，便玩起「剪刀、石頭、布」的遊戲。幾分鐘後，我們到了公園。整個公園遍布各種高大的恐龍石雕。當時的氣溫差不多華氏三十度（約攝氏零下一度）。傑森把手伸進T恤袖子裡，抓了抓肩膀，露出二頭肌上的一道疤痕。它看起來像斑點，像是由鈍角的東西弄出來的，應該是螺絲起子，不是小刀。

「你的傷疤是怎麼來的？」我問道。

話還沒說完，斯科特和迪恩就尖叫著，跑到傑森的身邊，用手臂摟住他的身體。

「哦，」他說。「它是——」

「我贏了。」迪恩說道。

「不，贏的是我。」斯科特說道。

兩個孩子大笑起來，不停喘著氣。傑森撫摸著他們的頭。

「老弟，那是好幾年前的事了。」傑森對我說。

我面帶羞澀，給了他一個微笑。

兩個小男孩跑向一隻石製恐龍。傑森和我沿著他們的足跡走。傑森抽著捲菸，不斷把臉從我這頭轉向另一邊，吹掉吐出的煙。

「老弟，你還好嗎？你看起來很累。」傑森問道。

「我最近很忙。」我回答。

「你去監獄上課，我有點擔心。」

「我很好。」

「你的心理健康會受到影響嗎？」他問道。

我聳聳肩。「這跟你以前的情況不一樣。」

他臉一揪，移開了視線。我知道他覺得我很內疚，這種感覺既強烈又刺人。我希望自己知道如何不再有這種內疚感。

我們走過玫瑰叢，我聞到其中一朵花所散發的香味，頓時察覺時光正在流逝，因此感到憂鬱。

傑森回頭看著我。

「你可以做很多事情。」他說道。「爲什麼要去監獄教書？是因爲我嗎？我坐牢後影響了你，是嗎？」

「這是我想做的事。」我說道。

他對我微笑，卻面露悲傷。

「你做得很高興嗎？」他問道。

「我沒有這麼想。」我說道。

「安迪，我希望你快樂。」

我低頭看著自己的腳。

斯科特指著一隻有灰色長脖子的石頭梁龍（diplodocus），然後跑向它。迪恩也跟著跑。傑森要我拍張照片，然後他走到梁龍面前，手臂摟著他的兩個兒子。我退後一步，用手機瞄準他們。

傑森推了推斯科特，叫他微笑。

我的手機螢幕頂部會出現一則通知，是關於溫徹斯特監獄的事情。

「Cheese!」兩個孩子說道。

我打開通知。文章指出，這些囚犯拿塑膠刀叉在監獄搖搖欲墜的牆壁上挖隧道。

「老弟，快點。」傑森說道。「我的臉抽筋了。」

我隔天回到監獄，在那裡向塔夫告別。我進入接待處，看到標示牌寫著：「如果你被人發現將手機帶進監獄，『我們將會報警』。」我將違禁物品放進儲物櫃，然後走進監獄。

三十分鐘後，我把椅子放在教室中央大桌子的周圍。既然塔夫不在了，我就少排一個座位。走廊裡的一名獄警喊道：「自由通行。」

當安德羅斯進來時，我正坐在桌子前做筆記。我抬起頭看他，但手仍繼續寫著。安德羅斯拿起白板噴霧劑和布，但板子已經擦乾淨了。

「你不必這樣。」我說道。

他走到白板前。

「明年你打算再開一門課嗎？」他問道。

「安德羅斯，我教的東西都一樣。」我說道。

「什麼時候開課，告訴我好嗎？」

他向白板噴灑噴霧，然後拿布去擦拭。

過了一會兒，莫奇（Mooch）進來了。他的手臂蒼白，指關節發紅，兩隻手腕上都戴著友誼手環（friendship bracelet）。莫奇的頭頂禿了，把其餘的頭髮綁成馬尾。他吸了一口電子菸。

「我們應該上一門討論幽浮的課。」莫奇說道。

「那是天文學。這裡上的是哲學。」安德羅斯說道。

「你應該保持開放的心態，不是嗎？我上個禮拜透過牢房窗戶看到四個不明飛行物體。有一個大的，然後三個小的從裡面出來。我想他們一定著陸看了我們一眼，發現我們是非常暴力的混蛋，然後就滾回家了。」

「他們肯定降落在B側翼。」安德羅斯說道。

「希望是這樣，否則我早就叫他們帶我一起離開了。」莫奇說道。

塔夫走進門。

「喔！大事不妙，別跟我講出了什麼差錯。」安德羅斯說道。

塔夫面露震驚的表情，說昨天早上他收拾了行李，被護送到接待處並等待釋放。他的妻子那時在停車場等著。幾個小時後，大概中午左右，他被告知文書作業還沒跑完，但監獄人員沒有解釋清楚。然後，塔夫就被帶回平台，不過他必須搬進一間新牢房，因爲他幾個小時前騰出的牢房已經挪給別人了。他的新獄友還不會說英語。

「我給我的律師打了電話。」塔夫聲音顫抖地說道，「律師說獄方應該要釋放我，但可能還得拖上六個禮拜。他無法給出確切的時間。」

「如果他們不該拘留你，你每天就能得到一百五十英鎊的補償。」莫奇說道。

「我一天也待不下去。萬一六週後他們又搞砸了，該怎麼辦？」塔夫說道。

「那你就賺翻了。」莫奇說道。

「我打電話給我的妻子。她一直在哭，問我什麼時候可以回家。我不知道該說什麼。」塔夫說道。

「我遇到過一個獄友，他因爲詐騙一萬英鎊而坐牢，但被多關了一個月。」莫奇說道。

「我應該告訴她這個嗎？」

「那個傢伙竟然獲得六千英鎊的補償。」

塔夫在莫奇旁邊坐下。安德羅斯拍拍塔夫的肩膀，告訴他一定要吃點東西。莫奇說：「塔夫，我沒有很驚訝。這群傢伙連在啤酒廠裡喝酒痛飲都不會。」

安德羅斯嘟囔道：「說得好像你可以比他們做得更好。這裡有一千三百人。管理起來很費勁的。」

「嗯，如果給我負責的話，我的做法會非常不同。」莫奇說道。他吸了一口電子菸，空氣中飄散著草莓味的煙霧。

我關上門，和學生們一起坐在桌邊。我說道：「古希臘有一個人，名叫第歐根尼（Diogenes），他希望盡量以自然的方式生活。他睡在桶子裡，打赤腳行走。人們稱他爲『狗』第歐根尼（Diogenes the Dog）。他對這個綽號甚感自豪。某次在宴會上，有人開玩笑，向他丟了一根骨頭，第歐根尼便抬起腿，在上面撒尿。」

「這太噁心了。」安德羅斯說道。

「這就是他這麼做的原因。」我說道，「他想體驗自由，所以做可恥的事卻不感到羞恥。」

莫奇聽了，哈哈大笑，而且笑得很厲害。

我說道：「傳說第歐根尼某天斜倚著在曬太陽，希臘帝國的統治者亞歷山大大帝

（Alexander the Great）去拜訪他，問他是否能爲第歐根尼做點什麼。第歐根尼回答：『你確實可以做一點事情。』」

「亞歷山大對他撒尿了？」莫奇問道。

安德羅斯發出嘖嘖聲。「他是亞歷山大大帝，不是川普。」

我說道：「第歐根尼對亞歷山大說：『你可以讓開，別擋住我的陽光。』」

「他說話的口氣就像我的老獄友。」安德羅斯說道，「當年他在法庭上，法官要求他起立。他站起來後，竟然轉過身去。」

「第歐根尼故意讓人起訴。他知道毀損貨幣是犯罪的行爲，卻在家鄉錫諾普（Sinope）用錘子砸碎一些硬幣。國家把他流放了，他感到很高興。第歐根尼的哲學核心是人性與社會不一致。他將流亡視爲自由。」

「我喜歡這個傢伙。」莫奇說道。

塔夫癱坐在地上，盯著地板。

我說道：「第歐根尼出了錫諾普的大門，在荒野中自由生活。他最終走到雅典的門口。他有一個選擇，一是待在外面，照常生活，二是走進城內，融入社會。」

「無論做什麼，都不要進去。」莫奇說道，「如果他進去了，他就得遵守另一個人訂的規則。他每天都會活在恐懼中，擔心自己若是違反規則，別人會對他做什麼。」

安德羅斯說道：「這種恐懼存在是有原因的。恐懼就在那裡，所以他可以超越它。第歐根尼可以學著去控制自己。」

「這不是眞正的自我控制，這是社會在控制他。」莫奇說道。

我歪頭試著與塔夫對視。他抬起頭看我，臉上卻沒有任何表情。

安德羅斯說道：「我很高興人性與社會相反。人性就是殺戮、強暴和偷竊，看看這個地方就知道了。我們需要社會，否則就會亂成一片。」

「是社會讓我們變壞了。」莫奇說道，「我坐牢了，好嗎？我是個不道德的人。但我同父異母的兄弟讀了私立學校。他現在有房子，還生了兩個孩子。社會讓他變好，也讓我變壞。」

塔夫抬起頭來。我和他四目相對。「你認爲呢？」我問道。

「我不行。我今天回答不了問題。」塔夫說道，然後又低頭看著地板。

安德羅斯問道：「第歐根尼怎麼知道人性與社會不合？他從來沒有見過不在社會生活的人。」

「有人不在社會生活過，就是我！」莫奇說道。

「你？」安德羅斯問道。

「當我被關在隔離單位時，幾天裡只有我一個人。我那時就沒有在社會裡。只有純粹的我，沒有別的，我漂浮在自己的意識之中。」

「監獄牢房是你最能經歷社會的地方。」安德羅斯說道。

「我沒有電視。」莫奇說道。

「跟這沒關係。」安德羅斯說道。

「我只是躺在那裡，感受身體壓在床鋪的感覺。」

「如果沒有國家和社會，就不會有監獄。」

「我沒想過這一點。」莫奇說道。

他抓了抓頭。

「如果我去中國和非洲怎麼辦？」他說道：「只要我見過很多不同的人，我就會知道人性是什麼。」

「你有犯罪紀錄，去不了中國。」安德羅斯說道。

「你說得沒錯。」莫奇說道。

莫奇吸了一口電子菸，然後煙霧從他的鼻孔中滾滾湧出。煙霧飄向塔夫，但塔夫沒有反應。

莫奇說道：「你知道第歐根尼讓我想起了誰嗎？就是我。」

安德羅斯張大了嘴。他盯著莫奇，等著聽他接下來要說些什麼。
莫奇繼續說道：「我從來不去福利社買東西。對我來說，福利日就是另一天。我不會把錢花在這個地方。當上頭要我們在院子交際時，我就待在牢房裡。」
「爲什麼？」我問道。
「因爲當我要出去的時候，我是要眞的出去了。」
莫奇拉緊了他的馬尾辮。
「大個子，我上禮拜看到你躺在床上吃巧克力餅乾。」安德羅斯說道。
「餅乾不是我的。」
「老兄，你那時還握著餅乾盒。」
「那天是我的生日，我只有吃幾塊餅乾而已。」
「莫奇，第歐根尼不吃生日餅乾。」
莫奇一邊大笑，一邊吸著電子菸，然後開始咳嗽。塔夫緊緊閉上眼睛。

*

我讓學生們休息十分鐘。莫奇拿起筆，在白板上畫了一張第歐根尼朝著骨頭撒尿的圖片。我不禁微笑起來，想到第歐根尼有夠無恥，反觀約瑟夫．K顫顫微微，心懷內疚，這二人眞是天差地遠。K走的是宿命論的道路，第歐根尼卻朝自己想要的方向走去。在《審判》的結尾，K被人用刀刺入心臟，臨死時說出「像狗一樣！」這句話，然後小說便以下面這句話收尾：「似乎他的恥辱會在他死後繼續存在。」然而，第歐根尼卻是擺脫了恥辱的狗。

休息結束，我們回頭繼續討論。我在課程結束前十五分鐘說道：「第歐根尼認爲，哲學家就應該不受傳統拘束。另一位哲學家塞內卡（Seneca）是羅馬尼祿（Nero）皇帝的顧問，他身處於社會秩序的核心。」

我把手放在大腿上，感覺到口袋裡有手機。

我抬起雙手，把手平放在桌上。

「尼祿是不是那個會把人活活燒死的傢伙？」莫奇問道。

我的大腿肌肉緊繃了起來。

「你要是敢叫他別擋住你的陽光，他就會進城宰了你。」莫奇說道。他笑了，嘴唇上揚，露出上顎的牙齒和牙齦。

在接下來的十五分鐘裡，我希望時間趕快過去，因爲我努力不露出恐懼的表情。我的嘴巴很乾，耳朵在嗡嗡響。外面走廊上的一名獄警喊道：「自由通行。」學生們魚貫而出。安德羅斯在離開前把白板擦乾淨。塔夫仍然坐在椅子上。

我抓起我的背包。

「塔夫，我希望他們放你出去。」我如此說道，但我聽到自己的聲音時卻感到恐懼。塔夫嗤之以鼻。「他們才不鳥我呢！」

他站起來，走回牢房。

我離開教室，沿著二樓走廊走去，經過一個穿著黃綠色逃亡服的男人。他拿著用塑膠盤盛著的食物回牢房。我好害怕，怕到腎臟都痛了起來，我看到前方幾公尺處有一名獄警正在平台上巡邏。

我的腦海閃過一個念頭：我幹了一件壞事，把手機帶進監獄了，而且我不只犯這個錯誤。我鐵定是刻意犯罪，應該去找那位獄警，把一切全盤托出。

但我知道，這是劊子手在召喚我。

我經過獄警，走到門口，遞上鑰匙。電子安檢門打開。

我走出監獄。

我走出監獄大門。一輛摩托車從我身旁疾駛而過。我感到興奮，就像我自己正騎著那台摩托車。一隻灰貓沿著狹窄的花園欄桿頂部行走。牠肆無忌憚，膽敢在光天化日之下逍遙法外。

我有一種輕盈的感覺，人微微感到眩暈。我鬆了一口氣，內心滿是舒暢溫柔的感覺。所有的東西都讓我感動，兩個身高瘦長的青少年放學後一起回家，一位購物的老婦人正踏上公車，這一切的生命律動都觸動了我。

我走到運河邊。一艘窄船從我身旁駛過。裡頭有一隻老狗透過窗戶盯著我。我沿著運河邊的拖船路（towpath）行走，走到運河與河流交會的地方。

17

改變

常言道，苦難是一所好學校。或許如此吧！但幸福是最好的大學。它能培養靈魂，使其向善和變美。

——俄羅斯歷史學家亞歷山大・普希金（Alexander Pushkin）

一週後，我離開監獄前往漢普斯特德荒野（Hampstead Heath）[141]，在樹林裡發現了一棵倒下的巨大紅櫟。我將背包放在地上，然後爬上樹幹，沿著主幹行走，爬上一根曾經伸向天空但如今與地面平行的粗壯樹枝。我向著樹枝頂部走去，在樹枝變得太細而無法承受我的體重前的幾英尺便停住腳步。我坐了下來，雙腳懸空，離地面有六公尺。

我心想：「如果我把手機遺落在監獄，那該怎麼辦？」我有一股要去檢查背包的衝動，想確定手機是否放在裡面，但我知道那只是劊子手在召喚我。樹枝支撐著我，我專

141 譯註：英國倫敦的一處公園，乃是倫敦著名的自然景觀。

心去體會身體重量灌入其中的感覺。恐懼在我的胃裡盤繞，纏得更緊了。

我凝視著樹林，試著去想這些櫟樹已有好幾百歲了。樹存在於我之前，存在於這種恐懼之前。我觸摸所坐之處的樹皮，用手輕輕撫過它，在一塊光滑之處來回撫摸。恐懼感消逝了，一股小小的欣喜感在胸中浮現。樹葉的綠現在看起來亮了一些。

我覺得自己剛剛做了大膽的事。我沒有出現在自己的處決現場。雖然沒有我，一切都必須繼續進行。

我凌晨三點醒來，有一種不祥的感覺，覺得壞事即將發生在我身上。我鐵定做錯了什麼。

這種事又再度發生，所以我很惱火。我翻過身，轉到另一側，深深嘆了一口氣，然後又睡著了。我一覺到天亮，醒來時神清氣爽、精神煥發。

我有時候會對劊子手感到憤怒，讓我下定決心不去牽就他。當我的思緒被內疚占據時，我總是會三思而後行，想想我在做什麼、我做過什麼以及我到底是誰。這是一種長期的自我懷疑。然而，當我生氣時，內疚感就不會那麼強烈。這種憤怒太屬於肉體，也過於單一，讓我複雜的思緒無法在腦海中占據主導地位。

《審判》中最令人感到窒息的場景是約瑟夫．K站在席上時失去了說話的能力。他有機會爲自己辯護，卻說不出一句話。如果他能激起憤怒，就不會讓檢察官去跟他說他到底是誰。

在接下來的幾週裡，我的焦慮變得更加平靜，也更容易擺脫。我知道它在某個時候會再次變得更激烈，但我現在決定要享受這種緩解的情況。

我的朋友亞當（Adam）和我一樣，有一張稜角分明的臉。我們也有相同的綠色眼睛和濃密黑髮。我去年二月到巴黎拜訪他，竟然發現我倆穿著一模一樣的雙排扣厚磅大衣。我們不穿大衣時，還是可以區分它們，因爲我穿的是中號，他的則是大號。

亞當在公寓裡向我展示他最近購買的一頂紳士帽（fedora）[142]。

「我要帶你去賣這頂帽子的商店。」他說道。

「我們別去了。」我說道。

「相信我，你只要戴上這種帽子，就會覺得自己變得鮮明銳利。」

「我看起來會像個跟你致敬的傢伙。」我說道。

我們離開他的公寓，來到聖日耳曼（St-Germain）的街道。那日天氣晴朗，天空蔚

---

[142] 譯註：帽頂中部有凹陷的帽子，多為氈製。

藍。我們去電影院看了一部老電影，那是午後場（matinee），電影情節是在晴朗的藍色日子裡拍攝。過去十年來，我和亞當通常會在令人興奮的城市見面以及去看電影。我倆在很多方面都很相似，但亞當和我的化學成分卻截然不同。他喜歡服用精神藥物／心理藥物（psychoactive drug）。他經常跟我說ＬＳＤ[143]或搖頭丸（ＭＤＭＡ）的優點，還說服用後可以想出新的典範（paradigm）[144]。他說道：「我想透過同儕壓力向你施壓。」我總是會嘲笑他，叫他別鬧了。

亞當似乎不是因為長期心靈痛苦而需要吸毒來麻痺自己，反而是他想追求廣闊而樂觀的生活。他會服用神奇魔菇（mushroom）、搖頭丸、迪米崔（ＤＭＴ）[145]或ＬＳＤ去探索意識。我羨慕他有追求自由的勇氣。

我有時心想，滴酒不沾是否可以擺脫痛苦的根源。我堅持清醒，所以忘不了過去。我下個月要去亞當位於里斯本的公寓拜訪他。他之所以搬到那裡，是因為當地已經將毒

---

[143] 譯註：麥角酸醯二乙酸，一種迷幻藥。

[144] 譯註：含有模式（model）、類型（patern）和範例（example）之意，泛指對宇宙現象與知識的觀察方式。典範可說是學術社群共享的一種信仰系統和思維模式，用來架構或理解真實世界的方式。

[145] 譯註：二甲基色胺。它有許多俗稱，譬如：精神分子、精靈香料、幻想曲、商務旅程、商人特色，以及45分鐘精神病。

品除罪化（decriminalized）。我前幾天用WhatsApp和亞當交談，他說里斯本的搖頭丸品質非常好。

「我真的認爲應該對你施加同儕壓力。」他說道。

在開始上課之前，我等待另外三個人來教室。我擔心他們已經在晚上被送往其他監獄。安全部門不喜歡犯人提前知道他們將被送走，免得這些囚犯計畫逃獄。坎貝爾（Campbell）身材矮小，眼圈很深，我問他是否知道其他人在哪裡。

「大衛的獄友有訪客。」坎貝爾說道。

「但大衛有訪客嗎？」我問道。

「現在牢房只剩他一人，他正在打手槍。」

我站在門口等待大衛和其他人。走廊空無一人，只有一名男子正在敲打戒毒復健側翼（drug rehab wing）的門。

「我的名字應該在名單上！」他隔著玻璃喊道。「你再檢查一遍！」

在門另一側的獄警沒有開門。衆所周知，最能搞到毒品的地方就是戒毒側翼。

「讓我進去吧！我保證只是來見見朋友。」那人喊道。「三分鐘就好。」

我關上教室的門。外頭陽光明媚，教室卻很陰暗，因爲這裡的窗戶很小，又加裝很粗的鐵欄杆。即使在七月，這座監獄也像潛水艇一樣昏暗。我按下電燈開關。螢光燈亮了，光線在坎貝爾顴骨下方的凹陷處投射出陰影。

我對學生說道：「想像一艘名爲忒修斯之船（Ship of Theseus）的船。船長七年以來用新的部件更新了船體。每一塊木板，每一根釘子，全部都換過了。桅杆和帆布也換成新的。」

我問道：「它還算是同一艘船嗎？」

「它還是忒修斯的船嗎？」坎貝爾反問。

「是的。」

「只要船仍然屬於忒修斯，它仍然是同一艘船。」

「爲什麼？」

坎貝爾說道：「我第一次入獄時，擔心自己是否會永遠找不回以前的那個自己。」

「監獄會讓你變成另一個人嗎？」我問道。

「不會。我媽仍然會來探望我。但不是每個人的媽媽都會這樣做，但我媽會。當她看著我時，她看到的就是她一直看到的那個我。」

我二十一歲時，我和我哥住在旅館的雙床房裡。他早上走進浴室，隨手關上門，搖晃門框上的木頭，以確保門鎖住了。二十分鐘後，我哥還待在裡面，但我需要上廁所。

我在門外等著。我聽到他用牙齒吸氣的聲音。

「傑森，我想要小便。」我隔著門說道。

「等一下。」

我在旅館房間裡來回踱步，想把注意力從膀胱轉移開來。我踮起腳尖，免得傑森聽到我的腳步聲，這樣就不會讓他焦慮，減慢他的速度，讓我得等更久才能去撒尿。

「老弟，我愛你。」傑森說道。

「我知道。」

討論忒修斯之船的課程結束後的下一週，坎貝爾沒來上課。另一名學生告訴我，說坎貝爾在側翼積欠了許多毒品債務卻還不了錢，所以被調到VP側翼，以免發生意外。否則的話，他有可能被人踹頭，或者會被迫幫毒販弄支電話或搞到武器。我叔叔說他認識吸毒的囚犯，這些人最後必須跟人性交來償還債務。一些有錢的年長囚犯知道這一點，所以會刻意和年輕的海洛因成癮者交朋友，明知對方無法償還借貸，卻仍故意借錢給他們。

我拿起坎貝爾常坐的椅子，把它移到教室後頭。我叫學生坐得更靠近一點來閉合圓圈，但他們尷尬地環顧四周，然後留在原地不動。

這裡的囚犯都獨來獨往，以免招惹麻煩。這種環境不利於交友。這所監獄有一千三百張床位，一年內有三萬三千名囚犯來來去去。關在這裡就像住在機場。睡在同一個平台的囚犯互不相識，我必須不斷提醒他們彼此的名字。

大衛走進教室。他的皮膚坑坑洞洞，肌肉不停抽搐，而且肩膀前傾，彷彿想要先發制人。他上個禮拜沒來上課，所以跟我道歉，並伸出手要和我握手。我把上一堂課的講義遞給他。大衛坐了下來，與一名新學生攀談起來。他們都喜歡去倫敦東南部卡特福德（Catford）的某個地方，二人頗有話題可聊。大衛說道：「卡特福德我很熟。我常去那家酒吧……那是我的賽馬賭注登記人……我經常去那裡。」他說話時用的是現在式，但他已經四年沒去過卡特福德了，而且至少在接下來的三年裡也無法回去那裡。

我開始上課，上禮拜的課聚焦於現在的我們跟七年前的我們是否是同一個人。我說道：「你的皮膚、頭髮、骨髓細胞、你的態度和個性都會隨著時間而改變。那麼，這是否意味著你……」

門打開了。一位五十多歲的獄警走進來，從我和學生中間穿過。大衛交叉著雙臂。那位獄警翻閱了我桌上的一些文件，他的無線電一直發出聲響，聲音開得很大。大衛搖搖頭，滿臉怒氣。獄警拿起一個文件夾，然後就離開了。

「他連『抱歉，打擾了』都沒說。難道我們應該就這樣被人糟蹋嗎？」大衛說道。
「我知道這很煩人。」我說道。
「我沒有生氣，我根本不鳥他媽的獄警。等我出去後，他還是得每天來這裡上班。他在這裡浪費生命，但我可沒有。」
我試著讓大衛重新關注哲學問題。「如果你的一切都改變了，是否意味著你也改變了？」我問道。
「指紋不會改變。」大衛說道，「無論你改變了多少，你仍然會因爲指紋而被人逮住。」

我叔叔弗蘭克十五歲時和朋友闖入一家商店，偷走了幾罐大塊圓硬糖（gobstopper）和汽水糖果（fizzy sweet），結果被警察逮住。
警察讓弗蘭克坐在警車後座，兩側各有一名警察看管他。他們把商店的現金箱丟到弗蘭克的腿上，抓住他的手腕，強迫他把手放在箱子上。他們想要在箱子上面留下弗蘭克的指紋，讓他看起來也想偷錢。弗蘭克當時握緊拳頭，兩名警察試圖掰開他的雙手，猛力去拉他的拇指和手指。
弗蘭克一直緊握拳頭，直到他們抵達警察局，這些警察才放棄。

我在好幾間維多利亞時期打造的監獄教課，其中一間的B側翼是戒毒側翼。在那裡，正在復健的海洛因吸食者可得到醫生開的嗎啡貼片（morphine patch）來控制戒斷症狀（withdrawal），或者可服用洛非西定（lofexidine）[146]，這種藥物可以縮短毒癮發作的過程[147]，讓他們更快戒斷毒品。因此，戒毒側翼是最容易取得毒品的地方。關在監獄別處的囚犯會來購買嗎啡貼片，帶回牢房後咀嚼貼片來讓自己興奮。洛非西定也經常受人追捧，因爲如果你沒有吸食海洛因卻服用了它，就會神智恍惚，有種飄飄然的感覺。

除了處方藥，B側翼還有不少大麻和強效大麻（skunk）[148]。我曾聽住在那些側翼卻想戒毒的人抱怨，說他們的獄友會吸食「香料」（spice），不想被迫嗨起來眞的非常困難。「香料」是一種合成毒品，在監獄中很受歡迎，因爲它很難在尿液檢測中被測出來，而且它浸濕後可滲入紙片，所以可輕易藏在書籍和信件之中。然而，這是一種難以預測的藥物。不同片材的化學成分有所不同。吸兩口可能會讓人興奮幾個小時，或者讓

[146] 譯註：洛非西定是第一個獲得美國FDA核准的戒斷藥品，具有「非成癮性」和「非鴉片類結構」，可用於減輕「鴉片類戒斷症狀」。

[147] 譯註：此處原文為clucking，表示復健者經歷的cold turkey症狀。典型的戒斷症狀包括流鼻水、嘔吐、腹瀉、冒汗和肌肉及關節酸痛，也可能會有流淚、躁動不安、手抖及皮膚產生雞皮疙瘩。戒斷之症狀因類似已拔毛之火雞形狀，故英文俗稱為「cold turkey」。

[148] 譯註：此處等於skunkweed。

人口吐白沫，挖出眼睛，甚至脫掉衣服，光著身子在操場上跑來跑去。

每當我的班上有來自B側翼的囚犯時，我都不知道會發生什麼怪事。他們可能會竭盡全力保持清潔，也可能會有點睏或神智恍惚。他們可能會痙攣、嘔吐、昏倒，或者倒在我懷裡哭泣。

今天早上，班上有個叫加里（Gary）的人，他眼瞼下垂，臉上掛著燦爛的笑容。小組當時正在討論忒修斯之船。

「忒修斯。他是殺死那頭哞哞牛的人。」加里說道。

「牛頭怪（minotaur）[149]，是的。你認爲這是同一艘船嗎？」我說道。

「不知道。這得看牛頭怪。」

我轉向班上的其他同學。「你們認……」

「一樣，都是一樣的。」加里喊道。

「爲什麼？」我問道。

「因爲……」

加里目瞪口呆看著我。他皺起眉頭。

---

[149] 譯註：米洛陶諾斯，古希臘傳說中牛頭人身的怪物。

「可以再告訴我問題是什麼嗎？」他問道。

「如果所有零件都已經更換過，它還是同一艘船嗎？」我說道。

「是的，它是的。」他說道。

「爲什麼？」我問道。

「因爲……」

他閉上一隻眼睛，似乎在思考。

「等一下，你的問題是什麼？」他說道。

我隔天前往另一所監獄，在員工餐廳吃午飯，旁邊坐著一位名叫佐迪（Zodie）的女士。佐迪從事健康照護的工作。她告訴我，說這裡的囚犯可以使用六個保險套，但監獄不希望囚犯積累它們，因爲許多人會將毒品放入保險套，然後塞進肛門來藏匿毒品。只有當囚犯先將用過的保險套歸還時，佐迪才會發給他們一個新的保險套。

亞當昨晚傳了訊息給我，說他已經戒毒好幾個月了，如今一直沉迷於「安迪現象學」（The phenomenology of Andy）。他還說已經買了一些優質搖頭丸，等我拜訪他時要我試試。我很興奮，但也擔心到達里斯本後，我將無法忘記自己曾在監獄看到毒品殘害人的景象。

我吃完午飯後去上課。在學生之中，有雷格（Reg）和雅尼斯（Yannis）。雷格可能有四十歲，或者六十歲，他的臉上有皺紋，缺了四顆門牙。雅尼斯是運動員，他把頭髮綁成頂髻。

我向全班同學講述「無我」（anatta），這是一種佛教思想，亦即隨著時間的推移，沒有固定的自我。我們每一分鐘都在改變。我們對自我的信念是一種自我執著、乃是一種錯覺和痛苦的根源。根據佛教的說法，我們都不是昨天的那個我們。

雷格在手掌底部寫下「無我」。雷格目前正在還押中，他說當他們詢問他是否仍然對社會構成威脅時，他將在聽證會上提出「無我」的說法。

雅尼斯問道：「但你隨時都在變化。如果你又變成罪犯，該怎麼辦？」

「好吧。我一旦出去後，就不再是佛教徒了。」雷格說道。

雅尼斯笑了。「你似乎已經開悟了。」

雷格說道：「每次回到監獄，他們都會發給你跟上次服刑時相同的號碼。無論你放出去十天或十年，這都沒關係，你會得到相同的號碼。」

「即使你出獄了，監獄也會一直跟著你。」雅尼斯說道。「即使你不願意，有些事你也會記得。就像你盯著太陽，然後把目光移開，還是會在視野中看到那個亮點。」

「那麼，你是同一個人嗎？」我問道。

雅尼斯回答：「唯一重要的是你變得如何不一樣了。你不一樣了，是因爲你轉變了，還是因爲你被改變了？」

「這有什麼不同？」雷格問道。他的話語從牙縫中迸出來，聽起來濕漉漉的。

雅尼斯說道：「當一個人轉變時，他就建立了自己。當他被改變時，他就被摧毀了。有些人進監獄後就被改變了。他們變胖了。他們不和任何人說話。他們坐牢前從未吸毒，來到這裡後卻染上毒癮。然而，如果你保持專注，你也可以在這裡轉變。」

「如果有人轉變了，他們還是同一個人嗎？」我問道。

「當你被改變的時候，你也在轉變。監獄讓你變得更強，也會讓你變得更弱。」

獄警喊道：「自由通行。」

二十分鐘後，在教職員室裡，老師們正在談論我的學生特德（Ted）。特德身高不到五英尺，是我在監獄裡遇過講話最粗魯的傢伙。他會在平台上走到他能找到的最強壯的人面前，說道：「你他媽的給我滾開，別擋住我的路。」或者，他會說：「你別擋住門口，你讓這裡看起來亂七八糟。」

然而，他似乎從未受到傷害。這些壯碩的男人只是低頭看著他，一臉困惑，然後退到一邊。如果這些傢伙和他爭吵或想跟他幹架，他們會比特德更加丟人現眼。

其中一位老師達娜（Dana）告訴我，去年法官在法庭上給特德宣判刑期時，特德用手指塞住耳朵。我很懷疑她說的話。這類故事通常都是杜撰誇大或平台的流言蜚語。

「他告訴妳的嗎？」我問達娜。

「如果你不相信，可以Google一下他。」她說道。

到了晚上，我在手機的瀏覽器中輸入特德的英文名字，然後輸入「入獄」（jailed）。我按下輸入鍵，出現了一篇文章，文章證實特德在法官宣判時確實用手指塞住耳朵。

這篇文章有一張特德被捕當天拍攝的大頭照。他看起來像是剛剛醒來。我笑了。我認識的特德驕傲自大，但從這張照片完全看不出來，簡直判若兩人，這應該是他以前的模樣。

我想知道其他學生的情況。我對他們的印象與他們公開的故事之間差別有多大？我輸入雅尼斯的英文名字並按下輸入鍵。一篇有閉路電視錄影的文章出現了。雅尼斯在光天化日之下逃離犯罪現場，跑到路的盡頭，然後出了鏡頭。他因爲吸毒，身體瘦巴巴的，穿的連帽衫顯得鬆垮垮的。畫面切換了，另一台閉路電視攝影機在下一條街上拍到雅尼斯。他沿著路一直跑，再次衝出了畫面。螢幕又切換到另一台正在拍攝他的攝影機。二分半鐘後，雅尼斯仍在跑，影片逐漸變黑。

我闔上筆電，心想我是否背叛了人。身爲老師的我應該更關心雅尼斯的未來，而不是在意他過去所做的事情。

幾天後，我在平台上看到雅尼斯坐在一張用螺栓固定在地板上的塑膠椅。我和他閒聊了一下。也許他能從我的聲音變化看出點端倪，所以他特意告訴我在他被捕前的幾年裡過著怎樣的生活。雅尼斯說他的精神健康狀況非常糟糕，而且還欠了毒販數千英鎊。好像他能看出我知道上次我們談話時我不知道的一些事情。

幾個小時後，我離開監獄，走向那棵倒下的樹。一個九歲左右的男孩蹲在地上，躲在糾纏的水平樹枝之中。另一個男孩偷偷爬到樹上。他把手臂伸進樹枝去摸蹲在那裡的男孩的頭。他轉過身逃跑。男孩從樹枝之中爬出來，追趕剛剛摸他頭的那個孩子。我就這樣站著，看著他們消失在樹林裡。

我靠在樹上，拿出手機，從歷史紀錄中刪除講述特德和雅尼斯的文章。

隔天晚上，我和亞當在里斯本的一家速食店裡吃著紙托盤上的濕薯條。我們閒聊讀過的書和看過的電影。亞當吃完熱狗後走到櫃檯，又買了一份熱狗。托盤上的薯條被我吃了一半，我把盤子推開，問道：「你讀過普利摩．李維的文章〈恥辱〉嗎？」亞當搖搖頭，大口吃著熱狗。

我馬上幫他補充說明一下：「他與這個世界斷了聯繫。我讀到他的文章時，仍然想要找出讓他可以回到世界的方法。」

亞當一側的嘴巴塞滿了食物，說道：「嗯，我的朋友班傑明（Benjamin）去年邀請我去他家過逾越節（Passover）。他在用餐前把菜盛到盤子上時告訴我們，說品嚐食物非常重要，因爲關在集中營的人根本無法享受食物。」

我做了個奇怪的表情。「你想到奧斯威辛集中營的人們時要如何享受食物？」

「這就是那頓飯的特別之處。你要代替他們享受食物。」

我低頭看著盤上的薯條。如果我試著去品嚐那頓飯，我會覺得自己很噁心。

亞當指著我的薯條，問道：「你要把這些都吃完嗎？」

「給你吃。」我說道。

幾分鐘後，亞當的兩個朋友來到店裡。亞當說時間剛剛好，可以去他最喜歡的俱樂部。

「趁著俱樂部氣氛美好柔和，我們去那裡吧！到了凌晨一點，大家都會縱酒狂歡。」

他從口袋裡掏出四顆淡綠色藥丸。亞當和他的兩個朋友都吞了一顆。「等我們到了之後，我會吃一顆的。」我說道。

一個小時後，我們坐在俱樂部頂層，面向一個橢圓形游泳池，房間的邊緣擺著床鋪。有兩個男人和兩個女人依偎在其中一張床上，他們上方的天花板垂下絲綢織物。摩洛哥風格的吊燈發出昏暗的橙色燈光，ＤＪ正在播放一首慢板的電子音樂，曲風帶有催眠的魔力。

亞當的瞳孔放大，露出燦爛的笑容。他從口袋裡掏出一顆藥丸遞給我。

「我覺得太有罪惡感了。」我說道。

「你吃下它就能感受純粹的純真。」他說道。

「我想要游泳。」我對亞當說，然後脫掉鞋子和襪子。

「我會替你保管衣物的。」亞當說道，然後把藥丸放回牛仔褲的口袋裡。

我走到泳池邊，脫掉牛仔褲和Ｔ恤，然後爬進水裡。我屏住呼吸，將頭探入水面，潛入泳池底部。音樂穿過池水之後變得模糊遲鈍，我把手伸到身前，開始游泳。

我浮出水面呼吸空氣，看到亞當站在泳池邊。

亞當興奮說道：「安迪，你在水底下游泳。」接著又興奮地說：「然後你又浮起來了。」

我看到床上的兩個男人和兩個女人。他們正在玩弄對方的頭髮，其中一名男子閉上了眼睛，顯得很高興。

我把頭埋進水裡，然後潛回池底。

幾週後，我去了一座新的監獄。當天早上，我被告知將在F側翼（戒毒側翼）上課。我聽說這個側翼確實比加里所在的B側翼更能提供有效的治療。你必須證明自己是乾淨的（沒帶毒品）才能進入這個側翼。我遇過一些被踢出側翼的傢伙，聽他們以懷舊的心情談論這件事。我還問過那些選擇離開監獄治療小組的人，因爲他們覺得聽別人談論他們犯下的可怕罪行會造成心理創傷，或者他們不想自己在檔案中被貼上「反抗的」（Defiant）標籤而被迫發言。許多坐牢的人可能接受治療後會有所好轉，但監禁期間的治療是極其複雜的問題。

我在下午二點走到F側翼。我沒有開門的專用鑰匙，於是按下門鈴，等待別人開門讓我進去。我透過窗戶，看到破爛的塑膠袋卡在柵欄上的鐵絲網中。

一名獄警打開了門，然後對我搜身，搜完了身，就讓我通過。F側翼顯然屬於特殊的安全區域。這位獄警告訴我，說這個側翼是上個世紀八、九〇年代設立的監獄中的監獄，專門用來關押愛爾蘭共和軍成員和可能想越獄的傢伙。時至今日，F側翼採取嚴格的保安措施，不是爲了阻止罪犯逃離，而是爲了防止毒品進入。毒品會流入監獄，工作人員腐敗是主因，這就是爲什麼我必須被搜身，待在這個側翼的囚犯仍然必須每隔幾天便接受一次驗尿。只要驗尿檢測呈現陽性，就會被送回其他側翼，至少三個月內不得返回。

我踏進這個側翼，聽到吉他的聲音。有個男人斜躺在椅子上彈奏琶音（arpeggio）。那人的臉頰塗有顏色，頭髮光澤亮麗。他撥動琴弦，哼出一首旋律。

他放下吉他，對我說他叫艾登（Aiden）。艾登帶著我走向教室。牆壁上寫著下面的字句：「請賜給我平靜的心，去接受我無法改變的事；賜給我勇氣，去做我能改變的事；賜給我智慧，去分辨這兩者的不同。（Grant me the serenity to accept the things I cannot change, courage to change the things I can, and wisdom to know the difference.）[150]」一個穿著人字拖的男人走近我，問我來這裡做什麼。我說我來此教哲學，這個男人便說自己也想多增加哲學方面的知識。我不習慣公開在平台上遇到好奇心這麼重的學生。

艾登和我到達教室。我們擺了六張椅子。一個眼睛明亮、臉頰上有一道三英寸長疤痕的男人走了進來。他叫泰瑞斯（Tyrese）。泰瑞斯和艾登互相擁抱，拍著對方的背。他們坐在一起，二人的膝蓋相距不到一英寸。

又有另外三個男人進來坐下，於是我就開始上課。我們討論忒修斯之船是否是同一艘船，以及隨著時間的推移，人是否也是同一個人的問題。

---

150 譯註：這是寧靜禱文（Serenity Prayer），起初由神學家尼布爾開始的無名祈禱文，爾後稱為寧靜禱文，如今已被匿名戒酒會正式採用。

「當我看到自己的照片時，我不會說『那是我』，我會說『那是以前的我』。」艾登說道。

「所以你覺得你已經跟以前不同了？」泰瑞斯問道。

「還不能這麼說。那只是一張照片，只有顯示表象。」艾登回答。

「我現在正在改變思維方式和行爲模式。」泰瑞斯說道，「我早上醒來，精力充沛。我多年來一直覺得吃飯是件苦差事，但我現在卻想一直吃東西。」

「但這並不會讓你變成不同的人。就算你現在習慣早起，並不表示你明天就不會去揍別人的臉。」艾登說道。

「沒錯。我曾經希望人們看到我，就會感覺我散發著殺手氣質，但我現在希望有一天，曾對我失望的人能夠再度信任我。」

「你要怎麼做呢？你如何向別人證明你已經不同了？」艾登問道。

「這就像忒修斯之船一樣。只有所有零件都換過後，船才會有所不同。我們在這裡只改變了一小部分。我們必須持續向前邁進。」泰瑞斯說道。

「別人過去一看到我就像是看到一個惡棍。」艾登說道，「我以前會想：『既然你叫我惡棍，我就施暴給你看！』別人認爲我很壞，但我想表現得比他們想的還要壞。然而，那不是眞正的我。我覺得自從我來到這裡後，我才開始去了解自己是誰。」

「你只需要繼續前進。繼續去修復自己。」泰瑞斯說道。

*

二十分鐘後，一名獄警進來，靠在牆上聽我們說話。學生們繼續說話。艾登向那位獄警點點頭，獄警也點頭回應。這裡的氛圍比主監獄緩和許多。囚犯們彼此坦誠相待，看起來一派輕鬆。當他們意見不同而吵得更嚴重時，我不必去平息爭吵。窗戶上仍然有柵欄，獄警的腰帶上還掛著牢房鑰匙，但教室裡充滿了我在監獄團體中很少感受到的樂觀情緒。

距離課程結束還有三十秒。我問學生：「那麼，它還是同一艘船嗎？」

「一旦更換所有的零件，它就會成了一艘不同的船。」泰瑞斯說道。

「我還得再想想。」艾登說道。

囚犯們魚貫而出，準備晚上接受團體治療。艾登熱情和我握手，看著我的眼睛，說道：「謝謝你。」艾登離開教室，等他走後，我關上了門。

我坐下來看著窗外的光線變化。監獄的中央建築在午後天際的襯托下顯得單調沉悶。

我收拾好東西，走到平台上，等待獄警打開安檢門。我看到一間敞開的牢房，艾登在裡頭赤裸上身，俯身在水槽前。泰瑞斯站在他身邊，給艾登的後脖頸刮毛。艾登將前臂撐在水槽上，肩胛骨向天花板突出。泰瑞斯對著艾登的脖子吹氣，把刮除的毛吹掉。

三週後，我和亞當以及其他朋友待在我們先前去過的那間俱樂部。一對貌美的情侶正在泳池中央親熱。亞當說要給我一顆搖頭丸。

「我一直為你留著它。」他說道。

「我只吃一半。」我回答。

「安迪，四周的環境這麼美。你又和朋友在一起。如果你服用的劑量不足，那就太可惜了。」

我拿起藥丸，把它放入口中後吞下。

四天後，我仍然沉浸在燦爛的餘暉之中。亞當和我走在里斯本的街道上，一個迎面而來的陌生人撞到了我的肩膀。那是最美妙的驚喜。我們在一家咖啡館停下腳步，我買了二杯可樂。服務生走過來，把我的飲料放在桌上。我看到瓶子的圓形邊緣後感到十分驚訝。

我把它拿給亞當看。

「你看，我們很幸運擁有宇宙。」我說道。

「沒錯！」他說道。

我們互相大笑起來。

我腦中有一股聲音，老是告訴我幸福是令人討厭的，但我服了搖頭丸後，暫時壓抑了這股聲音，讓我體驗到無拘無束的快樂。儘管化學成分激起的興奮感早已消退，我仍然對這種普通感覺感到驚訝。一週後，我飛回倫敦。星期一早上，我進了監獄。螢光燈令我著迷，我推開一扇鐵柵門，金屬摸起來十分光滑，我走下平台，撞見了雅尼斯。

「週末過得愉快嗎？」我問道。我通常會避免在這個問題中詢問別人，但我現在無法像以前那樣過濾自己的話。雅尼斯告訴我，他的確過了一個愉快的週末。他在禮拜五收到了一封幾年不見朋友的來信，信有六頁，雅尼斯很高興能得知對方的近況。他在週末把這封信讀了好幾遍，有時會在句子之間停頓，這樣就可以在朋友描述的場景中待得更久一些。雅尼斯想要回信，但又不想立即寫信，他打算享受幾天有信可回的興奮感。獄警晚上叫熄燈時，雅尼斯會躺在床上，思考要問朋友的問題。

我在五點時離開監獄，然後和朋友強尼一起坐在他的花園裡。我們聊了幾個小時，注意到光線開始變化。強尼拿一堆樹枝生起了小營火，我很高興我倆能多待一會兒。我突然想起雅尼斯，想起他要給朋友寫信時興奮的表情。不知爲何，我一想到這點，就覺得和強尼相處的時刻更加特別了。

太陽完全下山了。強尼站起來，把一根長樹枝折成兩半，然後放在營火上。他坐回我旁邊，我爲雅尼斯感到高興。

我在興奮時想起了我哥。我沒想到他在腳趾間注射毒品或因吸毒欠債而被人刺傷的畫面。我想到他給小孩的愛，以及他有一個讓他感到舒服的地方。我爲他感到高興。從我小時候以來，我第一次體會看到我哥卻沒有憐憫他的感覺。

從里斯本回來後的週末，我和我哥一起去吃麥當勞。我們使用自助點餐機瀏覽想點的餐點。觸控螢幕時尚亮麗，我們點了二杯巧克力奶昔，領取了票，然後在櫃檯等待叫號。

「我最近嗨過了。」我告訴我哥。

「你在開玩笑嗎？」他問道。

「我服用了搖頭丸。」我回答。

「眞的嗎？」

「眞的。」

他皺起眉頭。

「你還好嗎？」我問道。

「我鬆了一口氣。」他低聲說道。

櫃檯後面的服務生喊出我們的號碼。傑森和我去拿奶昔，找了兩張靠窗並排的椅子坐了下來。

「我以爲自己傷害了你，害你永遠都好不了。」他說道。

「傑森，我玩得很開心。」

18

故事

不需要故事，故事不是強制性的，只要生活即可，這就是我犯的錯誤，其中一個錯誤。我想要給自己說個故事，但生活本身就足夠了。

——愛爾蘭作家山繆・貝克特（Samuel Beckett）

四年以前，當我開始在監獄教書之後不久，我在某個週日下午去了奶奶家。當時電視正在播放《東區人》（*EastEnders*）綜合版。弗蘭克坐在我對面沙發的扶手上，忙著捲菸草。

「我們曾對一家錄影機店大約偷竊了四次。」他說道。

這個故事我聽過好幾次，但我沒有打岔，讓他繼續說下去。弗蘭克一遍又一遍講述關於監獄的故事。我一遍又一遍聽著這些故事，就像聆聽早已熟記歌詞的歌曲，聽他幸災樂禍的歡笑聲，以及聽他用抑揚頓挫的聲調說出妙趣橫生的語句。我和叔叔能維繫關係，就是他會跟我說故事。儘管我經常感覺我們之間有一堵牆，但我認為他跟我講故事時，總有一條想像的線將我們串在一起。好像他是忒修斯（Theseus），人在迷宮裡面握住線的一端，而我是人在外頭的阿里阿德涅（Ariadne），握住線的另一端[151]。

弗蘭克繼續說下去。「我和維尼去偷這家店時，每次都幹同樣的事，一切都輕而易舉。我們從屋頂爬進去，裡面是石膏地板，上頭全是木梁。我跪在一根橫梁上，用手指戳破石膏，然後不斷挖洞，讓洞變得更大。」

我知道弗蘭克接下來會說石膏中嵌入銅線。

「石膏埋著銅線，相距約三吋。只要弄斷銅線，就會觸發警報，所以我挖了一個大約三公尺寬的洞，大到足以讓銅線鬆弛懸掛著。然後我就把它們分開。」

他模仿著分開電線的姿勢，雙手向下伸出，輕輕地把電線分開。

我此時會說：「哇！」彷彿我是第一次聽到這件事。

教室外頭的牆壁上掛著一幅美術課學生的畫，畫中的一個骷髏正在讀書，它的每根

---

151 譯註：克里特島（Crete）國王米諾斯（Minos）強迫雅典人每年必需供應七對童男童女給怪物米諾陶洛斯（Minotauros）。雅典王子忒修斯便自告奮勇去殺死怪物。米諾斯的女兒阿里阿德涅愛上了忒修斯，便交給他一把寶劍和一綑細線，幫助他在迷宮中標記退路，以便擊殺怪物後可以走出迷宮，這便是後世傳頌的「阿里阿德涅的線」（Ariadne's thread）。

骨頭都畫得很仔細。上個禮拜，骷髏嘴裡吐出的對話泡泡寫著：「讀聿永不嫌晚（**It's never to late to start education**）」，但我看到後來有人想要改正這個句子錯誤的地方。對話泡泡現在寫成：「讀聿曰永不嫌晚（**It's never toolate to start education**）。」[152]

我靠在走廊的牆壁上，等待早晨自由通行開始。斜對面有一塊公告欄，上面列出一些公司，這些企業願意僱用坐過牢的人。柯林斯（**Collins**）獄警來自曼徹斯特，目前正在攻讀生活教練（**life-coaching**）[153]文憑。我看到她在公告欄上張貼**ＬＧＢＴ**[154]海報。其中包括一張跨性別男性的照片，上頭有一些他描述自己經歷的文字。柯林斯拿著一張彩虹旗（**Pride flag**）[155]的護貝照片，但她不夠高，無法把照片貼到夠高的地方，於是便請我幫忙，要我把照片黏在距離天花板大約一英尺的地方。她說道：「我上個月把彩虹旗貼在很低的地方，結果它就不翼而飛了。」

---

[152] 譯註：正確的句子應該是：It's never too late to start education.

[153] 譯註：幫助個體認清生活方向和激發潛能以實踐人生目標。

[154] 譯註：這個英文縮寫由女同性戀者（Lesbian）、男同性戀者（Gay）、雙性戀者（Bisexual）與跨性別者（Transgender）的首字母組合而成，乃是非異性戀社群的統稱，可譯成多元性傾向。如今又出現ＬＧＢＴＱ，Q表示拒絕接受傳統性別二分法的酷兒性別（Queer）。

[155] 譯註：英文又叫Rainbow Flag，可稱為ＬＧＢＴ驕傲旗和同志驕傲旗。

「這一點都不奇怪，這裡的人非常痛恨同性戀。」

「不是那樣的。我們在某間牢房的牆上發現了遺失的彩虹旗。」

「那傢伙願意大膽表露出來，眞是勇敢。」我說道。

「那個人很老了，老到可以領退休金過活的年紀。他壓根不知道彩虹旗代表什麼，只是喜歡這些顏色，想讓牢房亮起來。」

我踮起腳尖，把照片貼在牆上。一名獄警喊道：「自由通行！」我走到教室外站著。根據新規定，學生們必須在走廊上排隊，直到自由通行結束爲止，這就像維多利亞時代的寄宿學校。

湯米（Tommy）是第一個來的人。他體格魁梧，彷彿整個人是木頭做的。湯米走起路來有點搖晃，卻走得很平穩。他上個月告訴我，說他已經被關了十年，而且還得再過十年才會被釋放。他說道：「這樣會讓世界更美好。如果我接受了懲罰，將來會有更少的人做我以前所幹的事，我就必須接受這點。」話雖如此，我從內心深處知道，他說的話根本站不住腳。監禁的威懾力很差，對於湯米這種重罪者尤其如此，然而，我不想拆穿他，甚至懶得去想。我發現他平心靜氣時很美，希望這種美能持續更久一些。

湯米拿著一張透明的A3大小文件夾。他快三十歲時開始服刑，當時發現了自己有點藝術天分。他在幾週前向我展示他的作品，有十幾幅他親手繪製的畫，一幅是食堂裡幾個茶包的靜物畫，另一幅則是線條畫，繪的是他從牢房窗戶看到的鐵絲網。我問湯米是否想畫肖像，「這裡會監禁犯人，很難畫完肖像畫。」他說道，「畫不用依賴別人的東西比較容易。」

我在走廊裡問湯米現在正在畫什麼。他從文件夾拿出一張A4紙，然後遞給我看。那是一幅熱帶花鳥畫，有一隻長著黃色長喙的巨嘴鳥（toucan）和一朵朱槿（hibiscus），另有已畫好草圖的幾隻長尾小鸚鵡（parakeet）和雞蛋花（frangipani），但尚未著色。

「我是看著宣傳巴西旅遊的報紙廣告所畫的。」湯米說道。

一名獄警護送一名老人穿過走廊。這名獄警臉頰紅潤，耳朵很大，上唇上方有一縷金色的毛髮，他看起來大約十九歲或二十歲。老人的耳朵很粗，其中一隻耳朵後面戴著助聽器，他的頭頂頭髮梳得非常整齊。近年來，監獄一直在拚命招募新員工，目前當獄警的最低年齡是十八歲。與此同時，由於會對過往罪行定罪和判處更長的刑期，表示老到可以領退休金的囚犯會比以往更多。

這二人走出了走廊，很可能要給醫護人員看病。

過了幾分鐘，走廊擠滿了人。一個囚犯用肩膀抵住我。我退後一步，站得更靠近牆壁。湯米把畫放回文件夾，免得把它弄壞了。一位名叫拉弗帝（Lafferty）的學生來了。他大約六十歲，操著濃重的貝爾法斯特（Belfast）[156]口音。拉弗帝戴著一頂紅色羊毛帽子，帽子緊緊戴在頭上，遮住了他的眉毛。

拉弗帝指著湯米的文件夾並告訴我們，說他的牢房牆壁貼滿了他從雜誌上剪下來的跑車照片。「我的牢房看起來就像百萬富翁的車庫。」他說道。

「夥伴（mate），我喜歡這樣。」湯米說道。

「你說什麼？」拉弗帝問道。

「夥伴，你的牢房聽起來很不錯，僅此而已。」湯米回答。

「你叫我夥伴。你是同性戀嗎？」拉弗帝問道。

我和湯米面面相覷，一臉困惑。

「我跟你講！」拉弗帝如此說道，表示他還有話說。「你知道在動物界，『mate』代表什麼嗎？就是他媽的幹炮的意思。當同性戀對你說『mate』時，他們就是想操你。」

我盡量忍住不笑。「拉弗帝，那你怎麼稱呼獄友？」我問道。

「我叫他們同室者（bunkie）。」拉弗帝回答。他轉身沿著走廊走了幾步，看到一群青少年站在公告欄前面。

---

[156] 譯註：英國北愛爾蘭的最大城市和最大港口。

「我認爲他太愛抱怨了。」湯米如此對我說。

「『bunkie』怎麼會比『mate』聽起來更不像同性戀呢？」

拉弗帝依序和那五名青少年擊掌。「我跟你們講……」拉弗帝說道，然後又開始大放厥詞。「坐三年的牢不難。我跟你們說我是如何熬過七年半的時間。我每天都這樣做。」這些青少年聽著，驚訝得合不攏嘴。拉弗帝在監獄裡的綽號是「花衣魔笛手」（Pied Piper）。年輕人都想要追隨他。

拉弗帝對這群孩子說道：「有人要是欺負你們，你們就得反擊。」他似乎沒有發現自己大放厥詞時，頭頂上高掛著一張彩虹旗。他的羊毛帽鐵定遮住了他視線的上半部。

*

越來越多人擠進了走廊。湯米必須大聲喊叫，我才能聽到他說的話。我聞到身旁囚犯的口臭，面前還站了一個高個子的禿頭男，他的後腦勺上有一圈被擠壓的肉塊，他向後退了一步，我用前臂抵住他的後腰，擋住了他。我透過他的T恤，感受到溫暖的汗水。

一名獄警喊道：「自由通行結束。」我打開教室的鎖，拉弗帝和湯米走了進去。眼下走廊空蕩蕩的，只剩下三個青少年。其中兩人在beatbox展現口技，為第三個唱饒舌歌的人拍打節奏。我只能聽懂一些歌詞，他似乎唱的是抱怨司法系統的種族主義。一名在走廊上行走的獄警說道：「各位先生，自由通行結束了。請進去。」這些男孩還是繼續唱著饒舌歌。有句歌詞說道，非洲人並非總是毒販，他們曾是國王和王后。

「要上課或回牢房，隨你們選！」那位獄警喊道。

其中一位在beatbox的是我的學生，名叫G。他舉起拳頭擊打了他的兩個朋友，然後走到我身邊。他有嬰兒肥的臉頰，雙臂從指關節到二頭肌都紋滿了刺青。

「你刺的是什麼？」我問他。

「一隻手臂是生命，另一隻是死亡。」G回答。

「這些捲軸代表什麼？」我問道。

「就是生與死。店裡的人是這麼跟我說的。我會從一隻手臂獲得生命，從另一隻手臂接觸死亡，然後我在胸前紋了許多圖案，但後來我坐牢了。」

我們一起走進教室，我隨手便把門關上。

幾分鐘後，湯米和G在教室裡相對而坐。他們沒坐牢前都是修路工人，只是湯米比G早二十年幹這個活。湯米穿著微喇牛仔褲（bootcut jeans）[157]，G則穿著運動褲，褲子穿到臀部的一半之處。這二人都經歷過同樣的貧困、逆境和暴力。拉弗帝坐在他們中間，雙腿大大分開。我拉過一張椅子，坐在這三個人的面前。我給了每人一張巴洛克畫家卡拉瓦喬（Caravaggio）的《手提歌利亞頭的大衛》（*David with the Head of Goliath*）的印刷品，上頭顯示被斬首的巨人歌利亞，而還是男孩的大衛抓著他的頭髮，背景是黑暗的、大衛臉色憂鬱、歌利亞的眼睛仍然因痛苦而發亮。

「大衛很聰明。」拉弗帝說道。他拍拍頭的一側。

「他剛剛殺死了巨人，看起來並不高興。」湯米說道。

我說道：「這幅畫有三件有趣的事。首先，這是一幅自畫像。被斬首的巨人長了一副卡拉瓦喬的臉。其次，它可能是一幅雙重自畫像。大衛與年輕的卡拉瓦喬非常相似，卡拉瓦喬可能向觀眾呈現了一張年輕自己殺死年長自己的畫作。」

「喔，糟糕！這得自殺觀察（suicide watch）[158]。」G說道。

「第三，卡拉瓦喬希望這幅畫能夠救他。」

---

[157] 譯註：這種褲子是靴形裁剪，膝下稍加寬，最初是為了水手而設計，方便他們把褲子向上捲而不用擔心弄髒褲子。

[158] 譯註：監視有輕生念頭的人，以免他們自殺。

「他做了什麼事？」G問道。

我說道：「我先告訴你們一些背景知識。卡拉瓦喬出生時爆發瘟疫。當他六歲時，身邊的男人都死了。卡拉瓦喬成年後喜歡暗夜，經常去賭博、玩女人和喝酒，還不時與其他男人決鬥。」

「卡拉瓦喬是混黑道的。」G說道。

「他不是很早就死了嗎？」湯米說道。

我說道：「某位牧師曾向卡拉瓦喬灑聖水，藉此洗清他的大罪（mortal sin）[159]。卡拉瓦喬回答：『這沒有用。我犯的罪都是主罪（cardinal sin）。』」

「這是什麼意思？」G問道。

「這表示他像個男人，制定了自己的規則。」拉弗帝說道。

「或者他不相信自己能夠得救。」湯米說道。

G看看拉弗帝，然後又看看湯米。

「他經常因爲打架而被捕，然後被關進牢房。但他才華洋溢，有很多身居高位的朋友，所以他隔天就能獲釋。受害者會放棄指控他，目擊者也會突然失憶。然而，卡拉瓦

---

[159] 譯註：指可能下地獄的大罪。

喬三十五歲時與名叫拉努喬・托馬索尼（Ranuccio Tomassoni）的男子因女人或賭債起了衝突，二人便進行決鬥。卡拉瓦喬砍斷托馬索尼大腿的一條動脈，導致他失血過多而死。教宗聞訊之後宣布，卡拉瓦喬這次必須接受懲罰。他懸賞緝捕卡拉瓦喬，要取他的項上人頭，於是卡拉瓦喬便逃到那不勒斯（Naples）躲藏了起來。」

G高舉雙臂。「托馬索尼幹了卡拉瓦喬的女人。卡拉瓦喬該怎麼回應呢？忍氣吞聲嗎？如果他置之不理，大家都會說他是個膽小鬼。」

我舉起《手提歌利亞頭的大衛》的圖片。「卡拉瓦喬就是在那時畫了這幅畫。」

我指著大衛大腿上的劍。刀刃上刻著「**H-AS OS**」。

「『**H-AS OS**』代表『謙卑戰勝驕傲』（humility kills pride）[160]。」我說。

「卡拉瓦喬將這幅畫送給了羅馬司法首席行政長官希皮奧內・波格賽（Scipione Borghese）。他寄畫是爲了請求波格賽從寬處理。」

拉弗帝問道：「這幅畫值多少錢？世界上的一切都是靠金錢運作的。如果這幅畫很值錢，卡拉瓦喬便可以向波格賽買命。事情就這麼簡單。」

我問道：「波格賽該說什麼呢？」

---

[160] 譯註：拉丁原文是Humilitas occidit superbiam。直譯為「謙卑殺死驕傲」。

湯米說道：「我看著這幅畫時，認爲卡拉瓦喬對波格賽說：『如果你想傷害我，那麼祝你好運。你不能傷害我，就像我不能傷害自己一樣。我已經不怕你了。』」

「我會給卡拉瓦喬第二次機會。」G說道。

湯米繼續說道。「卡拉瓦喬吹噓他多會自我毀滅。這幅畫就像是他在說：『我從前就是這付德性，以後也會是這樣。就算你把老子押回去，我還是不會改。』」

「但這兩個人的臉看起來眞的很悲傷。他忘不了自己做過的事。」G說道。

湯米說道：「如果你原諒他，你就會啟動一個回饋機制（feedback mechanism）。他曉得該如何當一個壞傢伙。卡拉瓦喬知道自己是優秀的藝術家，可以藉此僥倖逃過懲罰，如果羅馬赦免了他，卡拉瓦喬就知道自己可以恣意妄爲，想撒尿就撒尿。」

「不過，他說他很抱歉。」G說道。

「他太傲慢了，根本不知道如何向別人道歉。」湯米回答。

G嘖了一聲，說道：「你們知道法官怎麼跟我說嗎？他說：『你別再顯得這麼聰明了。』他不喜歡我跟他頂嘴。」

「這幅畫太沉穩了。巨人和大衛並列。光明與黑暗交融。他在炫耀才華，並不想要悔恨。」湯米說道。

「下次我在法庭上時，我會站在那裡，假裝很白痴，不知道發生了什麼事。我敢打賭，他們會給我判更輕的刑罰。」

「要是我的話，我絕不可能讓他回到羅馬。」湯米說道。

過了一會兒，教室的門打開。一名臉被曬傷的獄警走了進來，說道：「後面的桌子上有一本很大的精裝本字典。不管誰拿走了它，都必須放回去。」

「先生，我可沒拿喔！我已經知道很多的詞彙了。」G說這話時一隻手放在運動褲上。

「是你拿的嗎？」獄警對G說道。

「如果我想搶劫你，我就會好好搶劫你。我不會用偷拿一本爛字典來幹這件事。」G說道。

「拿了就要放回去。」獄警依次看著每個人，說出了這句話。

「爲什麼要質問我？」湯米說道，「老子還有很多事要做。那本字典還不夠大本，我懶得去偷。」

獄警轉身離開，走出教室時帶上了門。

字典的紙張很薄，可以當作捲菸紙，尤其是在Rizla捲紙正式成爲監獄的違禁品之後。有人還可能拿字典紙張去遮住牢房門和門框之間的縫隙，這樣吸菸時煙霧就不會從牢房飄到平台，免得被獄警發現。如果在字典的頁面上挖出一條條的空隙，就可以在裡面藏一把小刀，或者可以撕下精裝本的封面，將其塞進褲子裡，然後藏在T恤下面，藉此來保護腿部，免得被人拿刀刺傷。然而，撇開監獄的生存伎倆，字典在監獄裡很受歡迎，這是因爲不知道如何拼寫的囚犯在寫法律信件或寫信給親人時，都不想要寫錯字。

湯米說道：「我曾有一個獄友試著把字典的書頁揉成一團，用它們堵住牢房牆上的洞，以免蟑螂爬進來。可悲的是，蟑螂並沒有像他希望的那樣尊重英語，把紙通通都吃掉了。那傢伙半夜醒來時發現，蟑螂竟然爬到他的腳上。」

拉弗帝說道：「我敢打賭，肯定是獄警偷走了這本字典。全新的字典大約值二十五英鎊。他們幹走了字典，然後就賴給我們。」

G歪著頭，看著靠在湯米椅子上放畫作的文件夾。「這些是你畫的嗎？」G問道。湯米把文件夾從拉弗帝面前遞過去給G看。

湯米說道：「我不相信卡拉瓦喬眞的想回去羅馬。我認爲他喜歡逃亡。逃亡時兵荒馬亂，喧囂不已，從而滋養了他的藝術。卡拉瓦喬刻意創造混亂，然後將其組織起來，藉此發揮創造力。」

G打開文件夾，拿出幾張來欣賞。

湯米說道：「我認爲卡拉瓦喬不想傲慢，但他控制不了自己。傲慢不斷衍生出現。雖說謙卑會戰勝劍上的驕傲，但這就是他想要發生的事情，而不是實際發生的事情。」

G拿出巴西花鳥的圖畫。「這太酷了。」他說道。

湯米說道：「他並不在乎自己是否謙虛或驕傲。他不太留意現實生活，只關心藝術。我猜是因爲他小時候看過太多的死亡，所以融入了自己的畫裡。」

「我下次紋身時就要紋這個圖案。」G說道。

過了一會兒，我問拉弗帝：「你認爲波格賽該說什麼？」

拉弗帝回答：「他應該叫卡拉瓦喬回來，像個男人一樣和他戰鬥。」獄警透過教室門的玻璃往內看。G給了他一個飛吻。

「他們讓他回到羅馬了嗎？」湯米問我。

「最後，波格賽想赦免卡拉瓦喬，但他無法獲得夠多政治人物的支持。」我說道。「卡拉瓦喬逃亡了幾年，短暫加入了馬爾他騎士團（Knights of Malta），後來因爲和別人打鬥而被開除。卡拉瓦喬三十八歲時，羅馬新政府赦免了他，可惜二天後，就在他可以返回羅馬之前，卡拉瓦喬死在那不勒斯的海灘上。他的死因不明，可能是被敵人襲擊，或者他逃亡時生活困苦，身體有所損害，他最終被丟進一個沒有標名的墳墓裡。」

G說道：「波格賽是個混蛋，他本來可以拯救卡拉瓦喬的。」

「卡拉瓦喬是兇手，波格賽沒有義務要照顧他。」湯米說道。

「卡拉瓦喬生下來就注定要這樣死於非命，現在他也死了。他們根本不在乎他。」G說道。

「卡拉瓦喬自己搞砸了。」湯米說道。

接下來的星期日，我在我奶奶家。電視正在播放《東區人》綜合版。我跟奶奶說我不餓，但她還是在咖啡桌上放了一盤四片乳酪蛋糕。我叔叔坐在沙發扶手上，喝著一杯茶。他告訴我，有一次警察試圖掰開他的拳頭，好讓他的指紋印在錢箱上。當他在法庭上大笑時，法官還以為他在哭，所以判了他較輕的刑罰。他十幾歲時曾挖了不少八英尺深的洞，結果獄警要他在晚上來臨前把洞填回去。我專心聽著，一片接著一片地吃乳酪蛋糕。我能感覺到糖在胃裡燃燒。

弗蘭克和我不能再扮演忒修斯和阿麗雅德妮了。我倆一起陷入了敘事循環（narrative loop）。我們陷入了「他講各種故事給我聽」的故事。

奶奶問我是否想吃完最後一片乳酪蛋糕。我說不用了，謝謝。奶奶便去廚房，拿了一盤巧克力閃電泡芙（eclair）[161]，放在咖啡桌上。

「這一次，我、維尼和卡爾去偷北方的這個倉庫。」弗蘭克說道。「維尼待在外面的貨車裡。他屁股有毛病，扭來扭去便換了檔。當我們看到警車向我們急駛而來時，我正把一大堆滑雪夾克搬到貨車上。」

弗蘭克把茶放在咖啡桌上，然後搓著手。

「我和卡爾跳進貨車。維尼一腳踩了油門，結果撞上警車。我說道：『幹，不管了，我們開溜吧！』」

這是他們受僱管理那個倉庫時所幹的壞事。我拿起一塊巧克力閃電泡芙，放在我的盤子裡。

「警察沿著高速公路追趕我們。警察看到我們敢撞他們，以為我們很年輕，血氣方剛，兇猛鬥狠。每個路口都有另一輛警車開過來支援。最後大約有十四輛警車在追趕我們，眞他媽的讓人緊張。樓上有閉路電視的錄影帶，應該拿下來看看。不管怎樣，我們跑了大約五十英里後，汽油就用光了。我說道：『幹，我們要被逮住了。靠邊停車吧！』」

[161] 譯註：又稱意可蕾，一種長條形法式糕點，以泡芙麵團製成，內餡為奶油，外皮灑有巧克力糖衣。

我吞了一口泡芙，感覺胃又開始燃燒了。

「我記得你跟我講過這個故事。」我說道。

「一輛黑色大卡車停在我們身後。」弗蘭克說道。「大約六名警察帶著防暴盾牌和胡椒噴霧，走了出來。他們戴著頭盔，穿著防刺背心，包圍了貨車。」

我吸吮牙齒，想把糖分從牙齒上吸走。然後，我又吃了一口泡芙。

「我們高舉雙手，下了貨車。警察舉起盾牌，拿手電筒向我們照射。維尼遮住眼睛避光。四個警察抓住了他，給他戴上手銬。我說道：『請小心一點，他身體不太好。』」

我把盤子放回咖啡桌上，盡量避免黏黏的手指碰觸到我的衣服。

「警察放下了盾牌。其中一人對另一人說：『隊長，他們是倉庫僱用的傢伙。』」

「沒錯。我得去洗洗手。」我說道。

我隔天早晨上班時走進圖書館去使用影印機，看到五個男人圍坐在一張桌子旁，大家都很安靜，靜得像教堂一樣。我以前教過的一位學生在那裡，他叫文斯（Vince）。文斯身高約六呎五吋（約一九五公分），手臂粗壯，肌肉發達，正在翻閱《好餓的毛毛蟲》（*The Very Hungry Caterpillar*）。其他人則在讀《醜小鴨》（*The Ugly Duckling*）和《外星人愛小褲褲》（*Aliens love Underpants*）等書。

在這些囚犯之中，某些人被關押在距離家八十或九十英里的地方，家屬很難定期探望他們，因爲無論搭火車或計程車來此都不便宜。今天早上，這些男人要錄下自己閱讀一本兒童讀物的聲音。錄音將被刻錄到CD上，然後發送給他們的孩子。

我走到桌邊，用拳頭擊打了文斯，然後問他近況如何。文斯告訴我，他對今天要做的事情非常期待，所以在過去三個月裡活得很積極。

「這是我的聲音。」他說道。「知道我的小女兒可以隨時聽到我的聲音，我就感覺好多了。我打電話給她時是她唯一能聽到我說話的時候，但她隨後會聽到背景中側翼傳來的撞擊聲和尖叫聲。我這次打電話給她時，聽到她正在聽一張我爲她朗讀的CD。我當下就哽咽了，只好先掛斷電話，我花了十分鐘整理好心情，然後才再打電話給她。」

「這次你打算朗讀什麼？」我問道。

「我總是想給她讀一些她以前沒聽過的新書，但最後總是給她讀其中一本我進監獄以前讀過給她聽的書。」

坐在桌邊的一個男人穆薩布（Musab）對我說：「我坐牢前對這些書一無所知。」他舉起一本《陽光小美女》（*Little Miss Sunshine*）。「這本書眞的非常棒。」

桌邊的另一個人正在翻閱一本書。他的眼睛睜得大大的且眼眶濕潤。「正是在這種時刻，你才意識到自己做了什麼。」他說道。

而想起他的兒子。

我曾經告訴一個囚犯，說我爸爸也曾坐過牢。他低頭看著地板，這樣就不必看著我

我向文斯告別，走進房間去用影印機。我轉身去拿更多的紙，但鑰匙圈卡在門的把手，我不得不停了下來。我把鑰匙圈解開。鑰匙落回到我身邊時叮噹作響。

穆薩布和一位穿著燈芯絨夾克（corduroy jacket）的圖書館員走進房間坐下。圖書館員設定好錄音設備。他先讓影印機完成列印，然後按下錄音鍵。

「請對著麥克風說出你的名字和受刑人編號。」圖書館員說道。

「穆薩布．阿卜杜勒韋哈布（Musab Abdulwehab）。受刑人編號P44IX41。我將要……等等，我的小女兒會聽到我的受刑人編號嗎？」

「不會，這只是為了做紀錄而已。我們把錄音寄給她以前會先刪除你的編號。」圖書館員回答。

「我的名字是穆薩布．阿卜杜勒韋哈布。受刑人編號P44IX41。我要讀《陽光小美女》。嗨，親愛的，我是爸爸。」

穆薩布對著麥克風朗讀故事。我保持不動，這樣一來，錄音中就不會出現鑰匙圈叮噹作響的背景聲。

三十分鐘後，我回到教室。湯米坐了下來，他的文件夾放在面前的桌子上。他今天早上五點就起床去冥想。他說那時是側翼唯一安靜到足以讓他集中注意力的時候。G坐在對面，頭趴在桌上。

「我們開始上課吧！」我說道。

G坐起來，伸伸懶腰。

「我告訴獄警，說我想待在床上。這個地方根本亂七八糟，當我離開這裡時，我想睡多久就睡多久。」他說道。

我開始上課，說道：「卡拉瓦喬的赦免來得太晚了。然而，另一位藝術家杜斯妥也夫斯基（Dostoyevsky）卻及時等到了正義伸張。他因爲公開反對國家政策而被判死刑。杜斯妥也夫斯基被押送到聖彼得堡（Saint Petersburg）的一個廣場，蒙著眼睛，靠牆站著，行刑隊拿槍指著他。他聽到他們將步槍上膛。」

G張開嘴，打了個哈欠。

我說道：「杜斯妥也夫斯基站在那裡等死，但此時一位國家信差騎馬到了刑場，說沙皇決定憐憫杜斯妥也夫斯基。他現在只需要在流放地做六年的苦役。行刑隊放下了步槍。杜斯妥也夫斯基的眼罩被摘掉了。」

G揉了揉眼睛。

我說道：「杜斯妥也夫斯基晚年寫了一本小說，名叫《白痴》，書中有個叫梅什金王子的人物，他也在快被行刑隊槍斃前倖免於難。梅什金獲得緩刑後，非常相信寬恕，爾後每當有人傷害或侮辱他時，他都不會掛在心上。杜斯妥也夫斯基的另一本書《罪與罰》（*Crime and Punishment*）是講述拉斯柯尼科夫（Raskolnikov）的故事。拉斯柯尼科夫殺死了兩個人，看看自己是否能實現他超越善惡界限的超人幻想。然而，拉斯柯尼科夫此後飽受良心折磨，頻頻被噩夢所困擾。」

「這樣很好，對吧？如果你對自己所做的事情會做噩夢，你就不是精神病患者，不是嗎？」G說道。

「他最後向警方自首，讓自己踏上接受寬恕的道路。」我說道。

「那太愚蠢了。警察如何能夠幫助他？」G問道。

我說道：「哲學家茱莉亞．克莉斯蒂娃（Julia Kristeva）曾說，杜斯妥也夫斯基創作藝術是爲了引導人們關注寬恕，這是有道理的。我們創作藝術是因爲我們尋求改變和自由。這些也是我們寬恕的原因。」

湯米把他的文件夾放在椅子旁邊，抱起雙臂。

「寬恕就是以一種不再給人帶來負擔的新方式去講述一個舊故事。藝術就像寬恕，乃是透過想像力實現的。這就是爲什麼克莉斯蒂娃說藝術是一種寬恕的形式。」

「如果真是這樣，卡拉瓦喬就不必將圖畫寄到羅馬。」湯米說道。「他可以把圖畫下來，然後原諒自己。」

「但卡拉瓦喬可以逕行原諒自己。」G說道。

「世界上沒有足夠大的畫布讓他能夠做到這一點。」湯米說道。

「但大家都是這樣做。我聽很多人說他們已經原諒了自己。」G說道。

「不能由你的手來簽署寬恕你自己的狀紙。」湯米說道。

G打了個哈欠，又伸了個懶腰。

「你能做的就是接受你所做的一切，然後想辦法忘記它。」湯米說道。

「這節課還有多久才結束？我想要睡覺。」G說道。

十分鐘後，G再次替卡拉瓦喬辯護。

「得了吧，托馬索尼也可能很輕易便在那場決鬥中殺死卡拉瓦喬。」G說道。

「但事實並非如此。」湯米回答。

「卡拉瓦喬畫的是自己的頭被砍掉的樣子。看看他對自己懲罰得有多重。他贏得了原諒自己的權利。」G說道。

「他在曾經有生命的世界上挖了一個洞。這應該會讓他在心中永遠留下一個洞。他可以原諒自己如此傷害自己，但僅此而已。一旦你犯下了殺人這等事，你的生命就不再由你掌控了。」

「到底寬恕的定義是什麼？」

「寬恕是指你對某人的看法不完全是由他們所做的壞事決定的。」湯米說道。

「所以這就表示我們可以原諒自己。我們可以將自己視為不僅是個罪犯。難道你不認為自己不只是一個罪犯嗎？」

「我已經太老了。」湯米說道。

我向前傾身，將手肘撐在桌上。

我問湯米：「卡拉瓦喬是否太老了，老到無法以不同的方式去看待自己的生命？」

「卡拉瓦喬把自己畫成一個男孩，但那是在撒謊，他不再是個男孩了。他長大了，而且殺了人。」

我問G：「卡拉瓦喬是否被他的所作所為困擾？藝術能否為他提供一條出路？」

「如果假釋官查看你的紀錄，發現你一直在從事藝術創作或寫作之類的事情，那麼他們更有可能讓你出獄。」G說道。

湯米說道：「畫一幅畫或寫一本書，並不表示你可以原諒自己，但你確實可以變得更容易被人原諒。」

G發出嘖嘖聲。「我說的就是這個意思。」

湯米繼續說道：「寬恕發生在現實生活中。現實生活和藝術之間有一道牆，創作藝術可能會帶你到那堵牆，但它不會帶你越過它。克莉斯蒂娃說的幾乎沒錯，創作藝術讓人在沒有眞正被救贖的情況下最接近被救贖。」

「那你爲什麼畫畫？」G說道。「你可以看電視、打牌或吸大麻，爲什麼要坐在牢房裡畫畫呢？」

「我想成爲另一個人。」

幾週後，我來到奶奶的客廳，坐在沙發上，旁邊是弗蘭克。電視上重複播放九〇年代的情境喜劇。奶奶把一盤裝有四個英式櫻桃塔（Cherry Bakewell）的盤子放在我面前的咖啡桌上。我把一杯裝著開水的馬克杯放在腿上。弗蘭克講述了他十幾歲時的故事，說警察試圖掰開他的拳頭，好讓他的指紋印在錢箱上。當他在法庭上大笑時，法官還以爲他在哭，所以判了他較輕的刑罰。當他過去常到牢房「過夜」。當戴著頭盔、攜帶盾牌的警察包圍了他的貨車時，他、維尼和卡爾下了車，一名警官說道：「隊長，他們是倉庫僱用的傢伙。」

「安迪，把櫻桃塔吃掉吧！我有一些巧克力餅乾，你想吃的話，我可以拿給你。」奶奶說道。

「奶奶，我不餓。」我說道。

「不吃會變瘦的。」她說道。

我用嘴抿了一點水。

弗蘭克把手伸進連帽衫的口袋，拿出一袋菸草和一些菸紙。電視上正在播放講述自然界的節目。一隻白色的貓頭鷹在晴朗的天空中滑翔。

「我十四歲時曾在海岸邊撿蛋，帶回了一顆貓頭鷹蛋。那顆白色的蛋非常圓，就像一個大塊圓硬糖（gobstopper）。」弗蘭克說道。

「你收集的蛋後來怎麼樣了？」我問道。

「我把它們放在一個特製的玻璃盒子裡。我被逮捕時，把盒子交給了一個朋友看顧幾年，但他的孩子在櫥櫃裡發現了這些蛋，誤以爲是玩具。」

他在捲菸紙內撒了一些菸草。電視上的一隻貓頭鷹正左右搖頭。

「我很後悔去撿蛋。」弗蘭克說道。

「眞的嗎？」我說道。

「我那樣是在殺死未出生的小鳥，不是嗎？我沒有勒死他們，但我沒讓牠們活下來。」

我咧嘴一笑，等他拿死鳥開玩笑。

他繼續說下去。「我撿蛋時了解了海岸線，從此開始去冒險。你在監獄側翼看到的都是東區的老竊賊和銀行搶劫犯，我們都是從撿蛋開始犯罪的。」

我的笑容消失了。

「我被關起來時，想念那些美麗的地方。不能去那裡眞是太讓我痛苦了。」

弗蘭克把展開的菸紙放在腿上。

「但人會習慣的。人可以習慣任何事情，這就是我學到的，發生什麼事並不重要；你可以拿走任何東西。」

我張開嘴，想要說：「那些美麗的地方還在。叔叔，我們去那裡吧！」但我卻沒說出口。

「我應該找一個沒有成鳥的鳥巢，用相機拍鳥蛋，然後拍完就走。」他說道。

我看著弗蘭克，他給了我一個微笑，但表情痛苦。那天我們說出了心裡話。

他舔了舔捲菸紙的邊緣，然後把它捲了起來。

19 家園

世界之大在於救贖。

——美國作家蕾貝嘉・索尼特（Rebecca Solnit）

我早上七點二十分到達監獄，然後在門口徘徊。我望向天空，尋找黎明的跡象，但只見路燈在暗空的映襯下散發出橙色薄霧。我有一次站在一間牢房門口，房內牆上沒有家人、小孩或內衣女孩的照片，只有一張從報紙上剪下來的哈伯太空望遠鏡拍攝的照片。囚犯不能使用剪刀，所以照片是撕下來的，邊緣早已磨損。照片充滿了微小的明亮漩渦和星星，有黃色、藍色和白色。它貼在囚犯枕頭上方幾英寸的地方。這張照片只捕捉到一小部分從牢房窗戶可望見的天空，卻包含了超過十萬個星系。

一位和我年紀相仿的保安人員從前門走出來，在離我幾英尺遠的地方抽菸。他吐出一口煙，問道：「你在等人帶你進去嗎？」

「我有鑰匙。等我五點結束時，天又會黑了。」

他和我一起仰望天空。「你說的沒錯。」

「你冬天在監獄裡工作一整天，難道不會懷念白日嗎？」

他吸了一口菸，用鼻音很重的聲音說道：「我下個月要去摩洛哥。」他吐了一口煙，說道：「我要去沙漠探險。」

「員工培訓？」

他笑了。「去年我去了埃及，看了珊瑚。那裡離這個地方有一百萬英里。我現在的收入幾乎是我幹零售業時的三倍。今年我要去看看沙漠長什麼樣子。」

「沙漠探險能看到什麼？」

「仙人掌和蝙蝠。一切都要騎駱駝完成。那裡不像面向大海的海灘，沙子很白，所以曬黑得更快。太陽會向上反射照到你。」

他又吸了一口菸。我向他說再見，然後走進監獄。

三十分鐘後，我穿過監獄的中心，透過門欄看到十幾個男人在排隊。他們的鎖已經提前被打開，這樣便可在早上服用美沙酮、速百騰（Subutex）、抗憂鬱劑或其他藥物。

我以前的學生拉里（Larry）也在排隊。他骨瘦如柴，臉部毛髮參差不齊。拉里在軍隊服役了十三年，後來無家可歸，最後犯罪入獄。這裡面大約十分之一的人是退伍軍人，獄方人員不斷替換，他們卻一直入監坐牢。紐布魯克（Newbrooke）是一名脖子粗、穿著乾淨白襯衫的獄警，負責監視隊伍。他的肩膀上戴著黃色和紅色的徽章，被稱爲三軍徽章（tri-service badge），表明他是退伍軍人。

我走進去後把門鎖上。我跟拉里握手，二人還互碰了肩膀。

「有一段時間沒見到你了。」我說道。

「我出差了。」他回答。

「是嗎？」

「紐約、米蘭、巴黎、C側翼。」拉里說道。

紐布魯克叫拉里去拿藥，拉里跟我道別，然後走到櫃檯前。有人遞給他一個白色的小紙杯，裡頭裝著藥丸。他把藥丸倒進嘴裡，吞了下去，紐布魯克走向他，拉里張開了嘴巴。

紐布魯克朝嘴巴裡面看去。「把舌頭向上吐。」

拉里的手臂無力地下垂。

「沒問題。」紐布魯克大聲說道。

兩個人互相開玩笑了幾秒鐘。拉里走到一邊，那裡有犯人在排隊，等待著被帶回牢房。

我沿著平台走著，然後停下腳步，敲了敲史都華（Stuart）的牢房門。我從文件夾取出他完成哲學課程的證書。史都華走到窗口。窗口足夠寬，我可以看到他臉部中央的三分之一，他因爲困倦而臉色灰白，我把證書從門縫底下塞了進去。「又多了一張壁紙。」史都華說道。

他走到水槽前，拿起一隻牙膏，將牙膏頂部輕輕擦拭在證書背面的四個角落。監獄禁止使用寶貼萬用膠（Blu-Tack），因爲擔心囚犯可能會用它製作鑰匙印模或塞住門的鑰匙孔。

他轉身把證書貼在牆上。我伸長脖子，透過檢查窗口看牢房的側面，發現牆上幾乎貼滿教育課程以及藥物諮詢和憤怒管理（anger management）課程的證書。他找到了一種方式，既能活在當下，又能追求理想。

幾分鐘後，我在教室裡把椅子圍成一圈。我在白板上寫下「家園」（Home），然後等待學生，期待著獄警隨時宣布自由通行。

十五分鐘過去了，獄警仍然沒有宣布自由通行。我把桌上的筆擺直，然後移動筆記本，使本子貼齊桌面的直角。

二十分鐘過去了，教室裡依然空無一人，外面的走廊也很安靜。在課程原定時間過了四十五分鐘後，廣播傳來一則訊息，說監獄已經封鎖，這就表示當天所有課程和非必要活動都被取消。要去廚房工作的囚犯可以被解鎖，但上課、庭院交際和非緊急醫療都沒了。囚犯今天將在牢房裡度過大約二十三個半小時，他們會有半小時的時間去領取食物、打電話和洗澡，但多數人可能要排太長的隊伍而無法完成這三件事。

一旦出現安全問題，例如平台發生群毆，就會有這種非計畫性的封鎖。假使別的監獄有人試圖越獄，也可能引發蝴蝶效應，典獄長會高度警戒並宣布封鎖監獄。今天監獄不允許囚犯移動，原因是沒有足夠的安檢人員。監獄人滿爲患，但監獄卻一直無法招募到足夠的獄警，人員流動率也很高。職業倦怠非常普遍，獄警經常打電話請病假。我去年在一所戒備森嚴的監獄教書，那裡的工作人員減少很多，以至於整整十二月裡面，每週都有三到四天的課程被取消。在上課的日子裡，學生們不是昏昏欲睡，就是脾氣暴躁，許多人迫切希望我給他們額外的閱讀教材，讓他們把資料帶回牢房，以免他們隔天又被關起來，無法來上課。

這裡的獄警人數已經多到足以管理一個完整監獄。今天早上，二英里外發生了一起交通事故，導致交通堵塞。工作人員無法及時抵達這裡，讓囚犯可以自由通行，因此監獄實施封鎖。

我感到沉悶，也很挫敗。教室是讓囚犯享受「二小時假期」的地方，但今天椅子要空著了。

我把資料夾塞進背包，把白板上的「家園」擦掉，然後轉身離開。

幾天後，我坐在我哥客廳的扶手椅上。迪恩向我展示他學會的舞步。我哥出去了，但他的女友蘿拉（Laura）坐在沙發扶手上，她戴著大耳環，肩上披著一條茶巾（tea towel）[162]。

蘿拉遞給我一本兒童代數入門。我翻閱著書頁，書中的練習題是針對九到十歲左右的兒童。

「義賣商店只賣二十便士。」蘿拉說道。

「爲什麼是代數？」我問蘿拉。

「你覺得他太小了嗎？」

「六歲有點小。」

「但是再過十一週又零四天我就七歲了。」迪恩說道。他打開平板電腦，走到我面

---

[162] 譯註：擦乾餐具用的茶巾。

前，將電腦放在我的腿上，螢幕面向他。迪恩把我當作電視櫃來使用。

「告訴你叔叔八乘八等於多少。」蘿拉說道。

迪恩聳聳肩。「六十四。」

「他很快就能學會代數。」蘿拉說道。

迪恩點擊平板電腦去播放影片。我低頭看著螢幕，看到一個有南瓜頭和穿著銀色靴子的虛擬化身，它搖擺臀部跳舞。迪恩向後退了一步，也搖著他的屁股。

「你工作得怎樣？」她問道。

「我的室友認爲我在吸大麻。我有時回家頭髮裡都會有這種味道。」我說道。

「如果那天有很多人出牢房學習，就會發生這種情況。他們會走私毒品，簡直是一場惡夢。」

「他們現在已經在安檢處安裝了人體掃描安檢儀（body scanner）。」

「很先進的東西。我在那裡時，唯一會改變的是牆上油漆的顏色。」

蘿拉以前是監獄安檢人員，曾在我教書的其中一所監獄上班。她那時經常爲了賺外快而在晚上和週末到監獄工作，因此很難和不在監獄上班的人交往。她在監獄上班的第十二年在一所青少年監獄任職，曾試圖在小教堂裡阻止四個男孩打架。她當時捲入其中，被人推倒在地。男孩們踢她的頭、臉、肋骨、腎臟，並且踩她的手，還有七、八個男孩也跑過來加入戰局。

幾天後，蘿拉躺在床上，服用可待因（codeine）止痛。她用手機查看通訊錄，想找人打電話聊天，但幾乎每個人都是一名獄警。她收起手機，又服用了一顆可待因入睡。

如果獄警臉上有瘀傷，監獄就不希望他們去上班。據說這會影響年輕的囚犯，或者讓其中的一些人興奮。蘿拉等眼睛周圍的紫色痕跡消失後便回到平台值勤，但她很緊張。先前有不少人襲擊她，但她沒看清楚所有人的臉，所以當她和一個男孩說話時，她不知道對方是否是踩她的其中一個傢伙。蘿拉每次輪班都變得越來越焦慮，一週後的某天早上，她醒過來時躺在羽絨被下，感覺自己失去了勇氣。

她辭了職，不再去上班，每天服用更多的可待因來緩解不安。

幾年後，蘿拉加入了一個康復小組（recovery group），遇到了我哥。

迪恩旋轉了三百六十度。

「妳還會回去嗎？」我問蘿拉。

「如果我有一份工作，而我只要待在房間裡，不必見任何囚犯或其他的獄警，還有我不必每二分鐘就會聽到緊急廣播，也不必在有人按下警報時跑到側翼。我可以待在房間裡，拿著有名字的文件，在電腦上輸入資料，記錄這些人去參加了一個研討會或拿到了藥物。如果我不必看到全部資料，只要勾選『是的，有人探望過某某人』或『某某人被釋放了』，那麼我就會去上班。我只想拉上百葉窗，坐在椅子上工作。」

迪恩將雙拳舉過頭頂。

蘿拉繼續說道：「男孩們知道我什麼時候要下班。如果我凌晨二點下班，他們會提前五分鐘按下警報，我就必須去那裡。他們會說自己生病了或想要自殺，或者他們會和獄友打架，這樣我就不能離開。」

「我不知道妳是怎麼堅持下來的。」

「大多數人都會誤稱我媽媽。」

傑森和蘿拉都在監獄裡度過了十多年，但一個是囚犯，一個是獄警。他們都是從監獄的那段時期康復過來的人，只是二人在一起時，絕口不談監獄。他們回顧各自的過去時，都感覺浪費了時間和潛力。當迪恩十八個月大時，傑森和蘿拉爲他買了一台兒童用的筆電，不過這種筆電是供三歲以上的孩童使用的。他們客廳地板的一角堆滿了益智玩具和書籍，這些東西都是給比迪恩還大幾歲的孩童使用或閱讀的。

十年以前，當我還在爲失去傑森而悲傷時，他重新進入我的生活。他終於出現了，但我只知道如何在傑森不在我身邊時去愛他。我上一次見到傑森是幾個月前，當時我們一起在麥當勞喝奶昔，他聽到我曾吸毒後嗨起來，便鬆了一口氣。我生活很節制，總是讓傑森想起他吸毒對我的影響有多大。「我只要看著你，就會感到內疚。」他說道。我在里斯本嗨起來，因爲我那時想要減輕負擔，但這也讓傑森減輕了負擔。

「你還會再來一次嗎？」傑森問我。

「我仍然搞不清楚自己是如何吸毒的，感覺一切都很新鮮。」我說道。

「我希望你能和我一起幹這件事。我說的不是現在，而是你年輕的時候。如果你嗨起來時我能在場就好了。」

「我不能吸你吸食的劑量，我會死掉的。」我說道。

「出了問題的話，我會照顧你的。」

「傑森，我很高興你有了孩子和蘿拉，而且你還有了一個家。」

「老弟，乾杯。我做得還不錯。」他說道。

我用吸管攪拌奶昔。我記得安德羅斯說過：「替我吃個麥當勞大餐吧！」，但我卻不知道該說什麼才好。

「但我有時也會內疚。」我說道。

傑森的表情嚴肅了起來。

「對不起。」我說道。

傑森舉起手，好像要阻止我。「謝謝。謝謝你的關心，但我不希望你有這種感覺。你根本不必內疚。」

我感覺淚水在眼眶裡打轉。我用吸管吸了一口奶昔，讓巧克力牛奶停留在舌尖上一會兒，然後才品嚐味道。

我把奶昔呑嚥了下去。「老哥，謝謝你。」我說道。

在我人生的多數日子裡，我感覺自己能夠自由和過得很好，都是因爲自己虧欠了我哥。在過去的幾個月裡，我一直在努力去想像我沒有虧欠我老哥的生活。我該如何生活？我可能會是誰呢？我目前還不知道答案，但我有時會在日常的快樂時刻找到線索。最近，我更容易對鳥鳴聲、樹蔭下斑駁的光線以及下午剝水果時聞到的氣味等事物感到高興。就在那幾秒鐘裡，我感覺世界很眞實，我想知道自己需要走的是否是以簡單的享受時刻來標記的道路。

傑森和我可能永遠不會像我十幾歲的時候所希望的那樣親密。然而，他如今希望我獲得自由，而我能看到他不再是曾經關在監獄裡的那個男孩。我倆都知道該如何追求幸福，這樣就能彼此寬恕。

我坐在我哥的公寓裡的扶手椅上，迪恩按下了另一個影片的播放鍵。音樂響起，他跳起來並旋轉了三百六十度。傑森回到家，走進客廳，站在迪恩身後以免他摔倒，蘿拉在廚房裡叫喊。「我給安迪看了那本代數書。他認爲對迪恩來說太難了。」

傑森對我說：「很快就會改變的。我每天都看著他學習和成長。安迪，眞的非常誇張。」

音樂逐漸增強。迪恩蹲下，用手指觸碰地板，然後跳到半空中。

一分鐘後，傑森脫下連帽衫，把裡頭的T恤捲到肚子的一半。我看到他髖骨的邊緣上有一道疤痕。

音樂漸漸消失。迪恩轉向傑森，伸出雙臂擁抱他。傑森拉下T恤，抱著迪恩，我感覺到一股喜悅在胸口泛起，便拿起手機給這對父子拍了一張合照。

幾天後，我在平台上看到杰羅姆，他上過我探討幸運和笑聲的課程。自從我上次見到他以來，他在這段期間可能曾被釋放，如今也許被召回或再次定罪。我在平台對面向他揮手。

他衝著我大笑，也向我揮手。

我走下二樓，感覺有東西落在我的頭上，濕漉漉的。我抬起頭，以爲會看到三樓有個年輕人手裡拿著一瓶水正在嘲笑我，但我沒見到任何人，只有水滴從分隔平台的金屬防自殺網中落了下來。我走了幾步，來到一個既寬又淺的水坑邊，面前的金屬樓梯間濕透了。水滴不停落下，引起蕩漾的水波。

紐布魯克獄警從一個門裡走出來，拖著一個大的空垃圾箱穿過平台，把它放在樓梯間下面。他告訴我，說四樓有個傢伙用水淹沒了牢房以示抗議。一滴水滴落下，擊中塑膠垃圾箱的底部，發出「啪」的聲響。我踏過水坑，走上樓梯。

我走進教室，把椅子圍成一圈。當我等待學生到來時，內心有一股期待的感覺，走廊的一名獄警喊道：「自由通行。」然後，學生們就湧進教室。哈利（Harry）來了，他介於二十五到三十歲之間，但臉頰紅潤，上唇有稀疏的毛，就像個小學生。他幾乎不說話。就我所知，唯一來看他的人是一名青年工作者，那個人從哈利十四歲就認識他了。

在上一堂課時，阿爾巴尼亞、越南和哥倫比亞的囚犯聚集在教室後面牆上的地圖周圍。他們互相告知自己來自哪裡；一名男子找到了他家鄉的確切城市，然後用指甲壓在上面做了標記。這些人回到椅子上後，哈利走到地圖前面，想去找出家鄉的位置。哈利是英國人。他用手指繞著印度洋轉了一圈。他知道英格蘭四面環海，他用手指從巴西刷到了印尼。

我向他指出英格蘭的位置。

「哦，沒錯。我以爲是……」他吞下了最後一個字。

哈利一生中最美好的時光是在一間六乘八的牢房裡度過的。我不知道他入獄前看到的世界有多大，出獄後又會有多大。

最後一批人進入了教室，其中一個叫安東尼（Anthony）。安東尼現在三十歲出頭，過去三年流落街頭，眼下是第一次入獄。他把所有的衣服和物品堆放在床邊，如果他要被送到另一所監獄，就可以在十秒鐘內將所有家當扔進袋子裡。

圍成一圈的囚犯不斷猜測明天是否會再次封鎖。有人在竊笑，他叫伊斯頓（Easton），他靠在教室後方角落裡一張桌子的邊緣。伊斯頓穿著運動褲，將褲子剪裁到膝蓋，讓它變成短褲。即使天寒地凍，他也這樣穿。他說穿運動長褲時會出現幽閉恐懼症。我看過伊斯頓的牢房，他沒有貼任何照片，牆壁上只有四散的白色斑點，那些是前一個囚犯用牙膏貼照片的地方。

我關上門，開始上課。

我說道：「英文思鄉病／懷舊（nostalgia）來自希臘語nostos，意思是『回家』，而álgos表示『疼痛』。nostalgic就是想家（homesick）。在十七世紀，士兵一旦被診斷出患有懷鄉病，就會被認爲不適合履行職責，可以被解僱。瑞士軍隊將鄉愁歸咎於士兵唱的一首關於擠奶的瑞士歌曲，唱這首歌的人有可能被判處死刑。」

「普莉提・巴特爾（Priti Patel）[163]。」有人嘀咕道。

「曾有一位俄羅斯將軍活埋了兩個人，因爲人們說這二人患有思鄉病。軍醫嘗試了不同的方法來治癒這種病，有人認爲它來自體內的病變骨頭，但他們從未找到這種骨頭。有人則試著用水蛭、把胃清空以及使用溫熱的催眠乳液（hypnotic emulsion）來治療。一位法國醫生甚至建議應該『引起痛苦和恐怖』來治療鄉愁。有一位美軍醫生建議，思鄉者缺乏男子氣概和性格軟弱，應該霸凌他們。有時醫生會建議，爲了治癒士兵的鄉愁，可以把他們送回家，但如果他們渴望的家園已經改變了，即使這樣也不能保證有效。」

安東尼說道：「我在牢房裡感受到的鄉愁不是因爲我想念毒品或以往生活的街道，也不是因爲懷念我在外面時浪費時間的事情。我是在想念我的姪子們，想念那些沒有放棄我的朋友，鄉愁可以讓人頭腦清醒，幫助人記住什麼是重要的。」

「鄉愁是一種病嗎？」我問道。

---

163 譯註：英國保守黨政治人物。

「頭腦清醒就不會混亂，它會將事情恢復正常。疾病源於自然界，鄉愁是軍隊這樣的組織所導致的。監獄是爲了讓人想家而發明的機構，這樣囚犯就會改變。」

「你在胡說些什麼？」伊斯頓從教室後面說道。「你是說我們在這裡感到鄉愁是很好的一件事嗎？」

安東尼說道：「他們發明監獄時並沒有預料到囚犯會如何習慣它。我在入獄的第一天時，記得在牢房裡看到廁所就在我的床邊。當我躺在床上時，我可以聞到獄友大便的味道。晚上監獄吵到我睡不著，我對自己發誓，說我再也不會犯罪了，然而，二個禮拜後，我就可以睡覺，也習慣了糞便的味道。」

「這對鄉愁意味著什麼？」我問道。

「你也會習慣思鄉之情。」安東尼說道。「當我想到家時，我並不是眞的想念它；就好像我在腦子裡記住了它，而不是在我的身體裡，就像記憶是空的一樣。」

幾分鐘後，伊斯頓從桌子邊緣滑了下去，然後站起身來。

他說道：「假設有一個人被關了十五年，每天都在監獄裡生活。他認識理髮師，認識所在平台上的每個人，認識健身房裡的每個人。」

他雙腳分開站立。他用前兩根手指指著我，手呈現槍的形狀。

他說道：「然後這個人出獄了。在外面的第一個晚上比他在裡面的第一個晚上更難熬。他不認識高樓裡的任何人、沒人跟他打招呼、他找不到工作。監獄裡面的節奏很慢，但外面的世界卻從他身邊飛逝而過。」

伊斯頓橫向踏過教室的地板。

他繼續說下去。「當他聽到鑰匙的聲音時，就不再那麼焦慮了。囚犯不知道一整天要做什麼，但看看時間就知道現在是十一點半，所以可以自由通行，或者是六點後，所以他們會被關進牢房。」

他轉身，又在教室的另一處橫向踱步。

「這個人躺在床上睡不著，因爲四周太安靜了。」

他以腳後跟爲軸心來轉身，運動鞋在地板上吱吱作響。然後他繼續踱步。

「有人在地鐵月台上撞到了他，但沒有對他說對不起。他心想：『喂，如果你知道我是幹了什麼而坐牢的話，如果你知道的話……』沒有人敢在平台上那麼不尊重他。這個人最後會懷念監獄，想起了監獄，想要回去。」

他又在另一處橫向踱步。我想起尼采的令式（imperative）「儘可能少坐著；不要相信任何不是在遼闊的戶外、在身體自由移動之際形成的念頭。」我想知道被關在這裡的人如何知道應該相信自己的哪個想法。

伊斯頓繼續說道：「鄉愁不是一種病，懷念監獄才是。」

「如果你想念監獄，那就表示監獄已經成為你的家。」安東尼說道。

伊斯頓又向前邁了幾步，用兩根手指指著安東尼。「想念監獄就是想念某些病態的東西。」

「所以如果想念……」

「懷念監獄的人不是想家，而是生病了。」他在教室的角落停了下來，然後轉向我。「監獄不是我的家，我不住在這裡。」他用兩根手指戳了戳胸口。「這不是我。我就是在外頭的我，我就是我離開這裡後的我。」

幾分鐘後，帕普（Pap）開始說話了。他二十多歲，來自馬來西亞，四顆門牙都是金色的。帕普說道：「這在我的國家永遠不會發生。在我的家鄉，如果你做錯事，他們就會用棍棒打你，打到你流血為止，沒有人會想念監獄。他們打你是因為他們關心你。這裡的人根本不在乎你，他們甚至不想適當懲罰你，所以人才會懷念監獄。這有多變態呢？」

「你聽起來就像那個說要讓士兵疼痛的醫生。」安東尼說道。

「這很有效，不是嗎？如果你不想讓人坐牢，就讓監獄的生活變得更艱難。」

「聽起來你想家了。」安東尼笑道。「你懷念被人毆打嗎？」

「我告訴你，這個監獄太軟弱了。」帕普說道。

我叫學生們互相交談，各小組裡的人彼此竊竊私語。伊斯頓坐在圓圈裡，旁邊有一個和他一起住在二樓的年輕人，他倆一起笑著，不知想搞什麼鬼怪。在二週前的聯誼活動中，就在獄警準備要宣布將囚犯關回牢房前幾分鐘，伊斯頓和十幾個住二樓的年輕人上到了四樓。他們在平台的盡頭徘徊，這是他們與自己牢房之間最遠的距離。這讓他們額外爭取了十五分鐘，因爲這就是獄警將這人群帶回二樓所需的時間。伊斯頓和這些年輕人在隨後的幾天裡也做了同樣的事情，所以獄警上週提前十五分鐘宣布將囚犯關回牢房，以便按正常時間將伊斯頓關起來。隔天，伊斯頓和同夥提前二十分鐘進入四樓來爭取先機。然而，伊斯頓越是試圖爭取離開牢房的時間，獄方就剝奪他越多的時間。昨天，就在聯誼進行到一半時，獄警比預定時間提早三十分鐘宣布將囚犯關回牢房。

哈利癱坐在椅子上，雙手插在口袋裡，凝視著前方。我問道：「哈利，你怎麼想的？」

他緊閉嘴巴。

「鄉愁是一種病嗎？」我問道。

「我眞的不知道。」

「帕普的想法怎麼樣？監獄應該管得更嚴嗎？」

「我不知道。我眞的不知道。」

監獄裡有很多像哈利一樣的人，他們永遠不知道該說什麼或該想什麼。有人會告訴他們什麼時候吃飯，什麼時候可以進入庭院交際，以及什麼時候必須回到大樓。這些人的門只能從外面鎖上，他們說話聲音微弱，越來越小聲，最後會聽不到。

一個小時後，一名獄警敲門，宣布時間已到。安東尼拍著肚子，準備吃晚餐。然後學生們就離開了。一個我從未見過的人來到教室，說道：「老師，你幫幫我。」他展開一張紙讓我看。紙又髒又破，皺成一團。「請保釋！」他指著表格上列出他自己地址的方格。除了郵政號碼的前兩個字母之外，其餘處都是空白的。

「你叫什麼名字？」我問道。

他用蹩腳的英語告訴我，說他打算爭取保釋，但他忘記自己的地址了。他有房東的電話號碼，以前曾打電話給他詢問地址，但總是收到答錄機的留言訊息。他試圖再打電話給房東時，監獄電話卡上的餘額已經用完。「你能打電話給他嗎？」他問我。

我看了他的身分證，看到了弗羅林（Florin）這個名字。我說道：「弗羅林，告訴我你的地址？」

他用手掌根敲打自己的頭，說他不記得了。他那時喝了很多酒，只在那裡住了幾個月，他記得門牌號碼不是29，就是31或39。我問他是否認識室友，這樣好聯繫他們。弗羅林說道：「一個波蘭人，一個羅馬尼亞人。」但他不記得這二人的名字。

「所以你想獲得保釋，這樣就可以回家了？」我問道。

「是的，請你幫幫我。」弗羅林說道。

「你要回家，就得知道你的住址，但你不知道，所以你回不了家？」

「是的。」

我告訴他，說我不能替他打電話，但我寫了一張紙條解釋他的情況，讓他可以將紙條轉交給願意幫助他的獄警。弗羅林便走回自己的牢房。

三十分鐘後，我離開教室，沿著走廊走到平台的樓梯。今天早上淹水的牢房仍在滴水。樓梯上有水。已經聽不到幾十個人正常情況下走下階梯時發出的隆隆聲。現在人們小心翼翼地走，邊走邊濺起小水花。

我走下樓梯，看了看垃圾桶，發現裡面已經積了好幾吋的水。一滴水滴到我的胸部，在我的綠色襯衫上留下了深色濕痕。我抬頭看到伊斯頓和一群年輕人在四樓，他們緩步經過數個「小心地滑（Beware of Slipping）」的黃色標誌。

細小的水滴落在我的額頭和鼻子上。一名獄警走向伊斯頓一行人。那些年輕人轉身，朝四樓的另一端走去。

另外三名獄警接近這群人。伊斯頓低下頭，和年輕人緩步走向樓梯。

一滴水落在我的臉頰上。

幾週後，我在一家書店買了一本童書，裡頭講述戴達羅斯（Daedalus）[164]和他兒子伊卡洛斯（Icarus）的故事。他們被國王米諾斯（Minos）囚禁在克里特島（Crete）。書中有整頁的插圖，顯示這對父子用雞毛和金蠟製作翅膀，如此便可從島上飛回家鄉雅典。我買了這本書，然後搭火車去我哥的住處。

火車啓動了。當火車穿過泰晤士河時，我向窗外望去。倫敦沐浴在冬日蒼白的陽光之下。我想起了湯米，他是我上卡拉瓦喬繪畫班的那個愛畫圖的人，曾在牢房裡畫茶

---

[164] 譯註：希臘神話中的傳奇建築師。

包。湯米若是在這裡，可能會注意聖保羅座堂（St Paul's Cathedral）的白色石頭和座堂旁灰藍色的河水成對比；他的注意力可能會落在黑衣修士橋（Blackfriars Bridge）的水平線上，而他也會留意橋下行駛的小船，看到船行河面時留下的對角線漣漪。湯米無緣欣賞倫敦的美，但從他的角度看去，這座城市變得更加美麗了。

我去年搭火車時經歷了不眞實的感覺後，擔心我會因爲專注於監獄內的生活而無法再關注外面的世界。我開始在想，興許該把自己的目光移開了。話雖如此，在監獄裡遇到像湯米、安德羅斯和雅尼斯這樣的人後，讓我更能去體驗這個世界。我可以走出監獄大門，欣賞美景、食物和友誼等事物，不會去認爲這些對匱乏的人來說會讓他們反感，反而是作爲觸及他們人性的一種方式。

我不想把目光移開，但我也不想去「見證」什麼。幾週以前，我班上有一個叫尼克（Nick）的人，他被關在一間單人牢房，要服很長的刑期。尼克告訴我，說他有時會在半夜醒來，感到自己情緒和精神都非常麻木，讓他覺得自己並不眞實，我聽過不少囚犯表達過類似的痛苦。他們擔心自己不僅會從社會上消失，也會從自己身上消失。有一次下課後，一名獄警敲我的門，要把學生帶回牢房。囚犯們魚貫而出，但尼克卻向我走來。

他說道：「學哲學很好，讓我知道我還有自己的想法。」

站在門口的獄警說道：「我們走吧！」

尼克注視著我。

「你下週一定要來上課。」我說道。

他向我點點頭，然後和獄警一起離去。

尼克提醒我，讓我知道自己身爲老師，能做的不僅是見證失去的東西，我還可以幫助人看清自己。

一小時後，我到達傑森家。電視正在播放《茱蒂法官》（*Judge Judy*）的節目。傑森坐在沙發上吃著迪恩午餐吃剩的魚條。我把書給了迪恩，然後蘿拉說道：「你該說什麼？」

「再過七週零四天，我就滿七歲了。」迪恩說道。

「你要說，『安迪叔叔，謝謝你。』」蘿拉說道。

「安迪叔叔，謝謝你。離我生日還有五十三天。」迪恩說道。

螢幕上的茱蒂法官，其視線透過眼鏡上方，盯著正在和她爭論的被告。

「她一定會痛宰那個傢伙。」傑森說道。

「現在和她爭吵已經太晚了。」蘿拉說道。

茱蒂法官宣布，被告欠了八百五十美元，還說他再次出庭之前應該學會算數。觀衆鼓掌叫好。傑森和蘿拉相視一笑。

幾分鐘後，我坐在沙發上。傑森那件扭曲變形的綠色毛衣皺成一團，掛在我旁邊的沙發扶手上。我把毛衣折疊整齊，放回原處。很奇怪，我今天發現傑森的東西都破破爛爛的，我用拇指拂過他用透明膠帶黏合的電視遙控器，也用指腹去撫摸他菸草罐的邊緣，用觸覺去享受著他人在這裡的感覺。

「你看看這個！」蘿拉對我說道。我坐在我哥旁邊的沙發上，看著她展開一張巨大的世界地圖。蘿拉說她在義賣商店花一英鎊買了這張地圖。她把它斜靠在牆上，地圖邊緣捲曲著。然後，蘿拉說道：「墨西哥在哪裡？」

迪恩將手指刺向美國下方橘色的地方。

「印尼呢？」蘿拉問道。

迪恩跳到一邊，指著印尼。

「別爲我哭泣的阿根廷？」

「你只問簡單的東西。」迪恩指著阿根廷說道。

「好吧，萬事通先生。」傑森說道，清了清喉嚨裡剛吃完的魚條。「冰島在哪裡呢？」

「在那裡。」迪恩懶洋洋指著冰島說。

「蒙古呢？」蘿拉問道。

迪恩從左到右掃視著地圖。

「你答不出來了吧！」蘿拉說道。

迪恩走近地圖，凝視著非洲。

蘿拉語帶戲謔，說道：「你應該不知道蒙古在哪裡。」

迪恩用雙手抱住頭。

蘿拉指出蒙古。

「啊啊啊！」迪恩跳上跳下。「我知道它就在那裡！」

「才沒有呢，你根本不知道。」蘿拉說道。

「妳再問一次。我知道它在哪裡，再問我一次。」

20 仁慈

我們想懺悔自己的罪，但沒人接受。
白雲不肯接受，風
太忙了，忙著拜訪一個又一個的海洋。
我們無法引起動物的興趣。
狗很失望，期待別人下命令，
貓一如既往，不講道德，睡著了，
看似極為親近的人
卻不想聆聽很久以前的事情。

——波蘭詩人捷斯華夫・米華殊（Czes aw Mi osz）

自從疫情爆發以來，我已經一年沒進過監獄了。在我教過書的某些市中心監獄中，除了要去打掃平台或在廚房工作的人，囚犯每天被關在牢房裡二十三個小時。監獄裡面的死亡率是外面的三倍，韋恩正在服「保護公眾監禁」（ＩＰＰ），上過我講「等待果陀」的課。他原定九個月前要參加聽證會，但此事已被擱置，他不知道什麼時候會舉辦聽證會。我以前的學生索菲亞也被困住了，索菲亞十幾歲時便從羅馬尼亞來到這裡，幾週後就入獄了。她只會說一些英文單字，索菲亞在坐牢的十年裡獲得了一個英語學位。二〇一九年年底，她被告知將被釋放，但要慢慢來。她第一年可以在白天出去讀大學，晚上再回到監獄。她得知這項消息後，興奮地問我：「我有倫敦口音嗎？」她只在監獄裡說過英語，對於發音沒有信心。

「有一點。」我說道。

「我有可能融入社會嗎？」她問道。

索菲亞的釋放計畫已遭到擱置。她不知道什麼時候會重新開始。

有些學生會在牢房裡寫信給我，告訴我他們對於自由、時間和希望的想法。他們的信很難讀懂，因爲裡頭滿篇錯字。囚犯現在很難拿到一本字典。我會回信，獄警會將信從囚犯的房門下塞進去。一位當獄警的朋友告訴我：「我不知道自己還能撐多久。我每天進去監獄，但無法接觸囚犯。他們在牢房門後無人問津，你卻無法支持他們，我知道這聽起來很奇怪，但我無法面對這種情況。」

我認識一位作家，名叫史蒂夫・紐瓦克（Steve Newark），他已經服刑了大約十四年。新冠疫情來襲時他還關在裡面，但現在已經被放出去了。昨晚我和他通電話。他說先前側翼的很多囚犯都說親人無法探訪他們，而且他們被關這麼長的時間，這樣很不公平。「我沒有時間聽你們抱怨。你們必須面對所處的情況，而不要老想著自己想要的情況。」他在如此嚴峻的情況下還能保持專注，我聽到他這麼說，感覺自己很慚愧。史蒂夫在封城措施最嚴格的時候被釋放。他告訴我：「我感覺自己不知道該怎麼辦。外面的每個人都已經知道如何適應封城。我不確定上街時是否應該戴口罩，也不知道排隊時是否應該戴口罩，這感覺有點像我入獄的第一天。」自從他出獄後，有幾個人曾對他說：「我現在了解你被關在監獄裡的感受。」別人竟然如此輕描淡寫地談論他的坐牢經歷，我不禁爲史蒂夫感到憤怒。我問他，當別人這麼說時，他是否惱火。史蒂夫回答：「我只是笑一笑，然後把它忘了。別人只知道他們所知道的。」

封城二個月後，劊子手逼近了我。我在凌晨二點甦醒，身體因爲恐慌而崩潰，責罵自己的想法在腦海中循環播放。這種事每晚都會發生，持續近一個星期，羞恥感最終占據了我心靈的每個角落。白天的時候，我的心裡幾乎沒有任何空間可以去思考不讓我羞愧的事。我感覺呼吸急促，人彷彿快暈倒。

接下來的一個禮拜，我開始在一個大公園裡跑步，但幾天後，我發現我是圍繞著同一片一百平方公尺的草地跑步。當我查看健身應用程式時，我的熱圖（heat map）是一個小紅色圓圈。這個圖像顯示某種壓抑、單調和無趣的東西，這就是我被劊子手折磨下大腦內部的樣子，就好像他在為我規劃路線。我隔天以隨機的「之」字形在同一個公園跑步，但這樣卻嚇壞了狗狗們。牠們一直對我狂吠。

我現在只要離開前門，就會朝我想要的方向跑。起初，懲罰性的畫面在我的腦海裡閃現，但我置之不理，繼續跑步。風吹過我的臉頰，吹散了我的思緒。當我記起那個畫面時，我已經拐進了另一條街道。我會一直跑步，直到我跨過一個門檻，過了那個門檻，思緒便會停止。我會感覺空氣進入嘴巴，充盈肺部，旁邊房屋的紅磚顯得更加鮮豔，世界變得比我被宣判的罪更大。在那些時刻，我既沒有跑向劊子手，也沒有逃離他，我只是不停跑步。

我又回頭去讀卡夫卡了。像往常一樣，我不確定這是否是邁向劊子手的一個步驟。然而，我最近發現卡夫卡曾允許某個角色逃脫。他講述了普羅米修斯的故事，說他如何被鎖在山上，眾神派出老鷹去啄食他的肝臟，他的肝臟不斷重新生長，老鷹又不斷啄食。然而，卡夫卡提出了另一個結局。「在千年的過程中……人人都厭倦了，這件事已經失去存在的理由。諸神累了，老鷹也累了，連傷口也疲倦且癒合了。」起初看來，這對普羅米修斯來說爲時已晚，但後來覺得不再如此。我懷疑卡夫卡是否在告訴我們，他終於厭倦了自我折磨。他是否厭倦自己的症狀而獲得了解脫？如果我繼續讀卡夫卡的作品，我是否會因爲厭倦他而解脫？

也許最快能讓我對劊子手失去興趣的方法，就是對其他事物產生興趣。幾天前的晚上，就在我上床睡覺前的幾個小時裡，我隨意打開一個廣播電台。這是我針對劊子手重複發出嗡嗡聲的先發制人措施。電台播放了邁爾士・戴維斯（Miles Davis）、艾拉・費茲潔拉（Ella Fitzgerald）和亞曼德・賈麥爾（Ahmad Jamal）的曲目。我聆聽著旋律，想要帶著驚喜去重新熟悉自己，希望這樣能讓我的思緒在夜晚不再那麼狹隘，讓我感到害怕。儘管我有時是因爲想要先發制人去應付我的焦慮，但聆聽新的音樂卻讓我對生活重拾興趣。這是不走向劊子手的一種方法。

我在夏天時和亞當在里斯本待了一個星期。第二天晚上，我徹夜難眠，每分鐘都有同樣的譴責念頭。我在早上時感到頭痛，好像大腦因爲一遍又一遍踩到相同的突觸（synapse）而疼痛。亞當隔天帶我去參觀一片森林。我們躺下來，吸食了一些迷幻蘑菇（magic mushroom）。三十分鐘後，樹木散發出國王和王后的光環。我想向他們表示尊重之意，但臉旁的一片葉子總是逗得我發笑。我周圍的一切都變得有趣了，我彷彿感覺整個大腦輕盈了起來。即使我願意去找劊子手，我也不可能去做。我對於慢慢旋轉腳踝的感覺太感興趣了。

我一直不想吸食迷幻藥物，因爲擔心自己會失控並出現暴力行爲。我怕我倒下時會發現手上沾染了血，然後發現劊子手一直都是對的。然而，我那天沒有傷害任何人，我度過了一段非常有趣的時光。服用迷幻蘑菇的第二天，我讓自己享受短暫的平靜。我心想，或許我可以相信自己。我在劊子手底下苟延殘喘了數十年，都是在浪費時間，我在腦海中指定了那個殘酷嚴厲的人物，以確保我永遠不會變得像我父親一樣。然而，劊子手所做的唯一一件事，就是不讓我做我自己。那天晚上，我躺在床上告訴自己，如果劊子手再來找我，我會告訴他，說他找錯人了。

我在過去幾週裡，一直和一位名叫艾奧娜（Iona）的譯者約會。艾奧娜告訴我，說她在冬季封城的幾個月裡，某一天將書籍、衣服、沙發墊、燭台和其他物品裝進幾十個黑色袋子裡，然後把東西扔掉。她挪出了更多的空間，感覺鬆了一口氣，但幾天之後，她又感覺自己被包圍了。她清理了花瓶、多餘的餐具、地毯、牆上照片、椅子、收納盒和鋼筆。到了晚上，她坐在沙發上放鬆，但她覺得還有更多的事情需要清理。

我上週第一次去她家。我們坐在客廳裡，她拿了幾本她最喜歡的小說，爲我唸了幾段，邊說邊把它們翻譯成英語。我們做愛後在沙發上睡著了，書籍和衣服散落一地。

我們早上醒來，她把頭靠在我的胸口，我感到一陣恐懼。劊子手告訴我，說我應該被剝奪一切，我用手臂摟住艾奧娜，我感覺自己眞是太大膽了。

我們一同起身，到廚房去泡茶。我打開冰箱，看到幾包過期四個月的起司。起司旁邊有三罐未開封的豆子。

「妳不必把罐頭食品放在冰箱裡。」我說道。

她聳了聳肩。

「妳別吃這種起司。」我說道。

「無論如何，食物是給懦夫吃的。」

「我告訴你，我早上做事情以前都得吃東西。」

「好吧，除非我塗了口紅，否則我一整天都會不順利。」

疫情期間經濟動盪不安，但艾奧娜的日子依舊很漫長。她會一直坐在辦公桌前工作到深夜，嘴唇塗著佛朗明哥紅（flamenco red）的口紅，筆電的藍光映照在她的臉上。她偶爾會停下來泡麥片，然後把麥片帶回辦公桌，一邊吃一邊繼續工作。

我在家。今天是禮拜天，目前大概是中午。我的嘴巴很乾，於是走到廚房，打開水龍頭，裝滿了一杯水，然後把水喝掉。我享受著解渴的快感，但腦子裡突然出現一個畫面，發現自己被鎖在一個房間裡，房間很小，我沒辦法移動手臂，我的嘴巴很乾，但我沒有水。我快要因爲脫水而昏倒，而劊子手說，這是我應得的。

我把玻璃杯放在工作台上，然後拿出手機，給強尼打了視訊電話。強尼接起電話，我看到他坐在花園裡的一棵尤加利樹下。我們閒聊了幾分鐘。我仍然感覺到黑暗籠罩著我，但不知怎的，我比較不會去想它了。密室的景象仍然存在我腦海中的某個地方，而我無法一直緊抓著這種想法。

「你還好嗎？目前還在封城，你過得怎麼樣？」他問道。

「我一直在寫作。」我說道。

「寫好笑的東西嗎？」

「我在寫監獄的事情。」

他嘖了一聲。「你啊！」

我笑了，喝了一口水。

在整個封城期間，每當我幾乎因羞愧而迷失時，我還能打電話給朋友，而他會提醒我是誰。然而，在同一段時間，關在監獄的囚犯卻不能讓別人來探視他們。缺乏社交，也欠缺感官接觸，這一切都在侵蝕囚犯的人格意識。今天早上我在「坐牢時刻」（*Inside Time*）網站上聽了某些囚犯的錄音。一位名叫大衛的人說道：「有時我會期待門打開後送來食物，這樣就可以說話。即使只是說聲『謝謝』，我也得確定自己仍然能夠發出聲音。」

一個小時後，我騎車到艾奧娜的住處。我邊騎邊用耳機從「坐牢時刻」網站收聽更多的大衛錄音檔。他說道：「我不能動。我的腎臟和身體逐漸受傷，因爲我要嘛躺下，要嘛每天坐在椅子上二十三個小時，除此之外，什麼都不能做。」

我一聽，當我踩踏時就突然意識到運動、速度和平衡的感覺。

我把腳踏車停在艾奧娜住的大樓外面，然後上鎖，隨即取出耳機，穿過馬路進了一家雜貨店。我挑了一個酪梨和一些番茄，還拿了一條麵包。我在走道上看到一個黑眼睛的禿頭男。他的口罩遮住了下半張臉，但他看起來就像我班上的一個學生。我對視他的眼睛並微笑，然後我意識到我戴著口罩，他看不到我在微笑。他轉向一邊，我看到他的側影，發現他不是我想像的那個人。我去年有很多次將陌生人誤認爲是我以前的學生。我看不到監獄裡的學生，感到無能爲力，以至於我一直以爲可以在外面看到他們。

我去排隊付款。收銀台後面的男人站在刺眼的條形螢光燈下面。他把口罩拉到離臉幾英寸的地方，然後擦掉上唇的汗水。他掃描一位顧客買的商品，然後將其放進藍色手提袋。那位顧客在滑手機，還戴著耳機。

「十三·四二元。」男人說道。

那位顧客取出一隻耳機。

「十三．四二元。」男人說道。

顧客將卡片按在機器上，然後離開。我走到櫃檯，收銀員掃描我買的東西並將其裝袋。我從他的臉上可以看出他現在的工作有多麼辛苦。他每天工作十二個小時，冒著被感染的風險，爲那些看都不看他一眼的倫敦人打包水果和蔬菜。

「謝謝你。」我說道。

他看著我的眼睛，說道：「謝謝。」

我透過塑膠玻璃底部的孔洞遞進一些現金，他把零錢遞還給我。我走出雜貨店，走過一半的馬路，站在分隔島上，等待車輛通過。在我身後，一輛汽車飛馳過一個坑洞，聽起來就像壓過一具屍體。劊子手告訴我，我對收銀員沒什麼感情，我是假裝關心他的。

我踏上馬路。朝我駛來的司機按了喇叭，我退回到路緣上。

司機經過我的時候，透過窗戶對我大喊。

我站在分隔島上。汽車從我的兩側疾馳而過。

當劊子手說我燒毀了房子或可能用刀傷人時，我知道該如何不跑向他。但他有時會告訴我，說我無法對別人仁慈。在我所有的暗黑想法中，這種想法最能讓我感到孤獨。這是內疚感最讓人感到幽閉恐懼的時候，我不知道該如何逃避它。

在疫情爆發的前幾個月，我將腳踏車鎖在監獄的停車場。一輛囚車從我身邊駛過，裡面的人正在敲打車子並大喊大叫。我有股不祥的預感，便拿出手機發了一封訊息給強尼。「你有空嗎？」

我把拇指放在發送鈕上方。我無法跳脫自己必須獨自克服恐懼的想法，於是我刪除了簡訊並收起手機。

二十分鐘後，我在教室裡填寫表格來更新我的安全許可證。其中一個問題是「你曾經被判過刑事罪嗎？請勾選是或否。」我在「是」的方格旁邊寫道，我在幾年前因爲騎自行車闖紅燈而被罰了二十英鎊。

自由通行開始了。馬丁（Martin）第一個到教室，他頭髮花白油膩，鬍鬚蓬亂。我隔著二公尺就能聞到他的體臭，這是他第一次入獄，他要坐牢一年半。二天前，馬丁已經長大的兒子第一次來看他，但馬丁只是待在牢房裡。他太羞愧，不想讓兒子見到他。他大約三個月前入獄，此後就不曾刮鬍子。他總是第一個到教室的人，彷彿守時是他悔過的一部分。

我很少見到像馬丁這樣內疚的囚犯。這裡的許多人都認為自己是受害者，不是肇事者。當你聽完他們的童年故事時，就不會感到驚訝。那些感到難過的人忙著在平台求生存，他們只有在釋放後才能真正地悔恨。馬丁看起來因為羞愧而心情沉重。我不知道他將如何熬過刑期。

一分鐘後，比利（Billy）和基特（Kit）走進來，爭論著昨晚《戀愛島》節目上最性感的女人是誰。比利今年二十三歲，但他的髮際線已逐漸往後移，濃密的胸毛從T恤頂部冒出來，使他看起來比實際年齡老了十歲。基特頭髮花白，穿著一件紅色運動服上衣，領子翻了起來，比利認為性感的安娜（Anna）最美麗，基特則認為是嬌小的嬌丹（Jourdan）。

基特轉向馬丁，說道：「告訴他我說得沒錯，嬌丹最性感。」

馬丁沒有反應。

「馬丁，你看到那個女孩了嗎？」基特問道。

馬丁露出了嚴肅的表情。

基特和比利分別坐在馬丁的兩側。比利皺起鼻子，把椅子往後推了幾英寸。基特坐在馬丁右邊的椅子上，似乎沒有受不了馬丁的體臭。

幾分鐘後，我開始上課，在黑板上畫了一隻惡魔。

我說道：「哲學家皮埃爾—西蒙．拉普拉斯（Pierre-Simon Laplace）說，如果有一隻惡魔知道宇宙中每顆原子現在的精確位置和動量，便可利用自然定律，計算出每顆原子日後所在的位置。」

「這很深奧。」基特說道。

「人類是由原子組成。我們受自然法則的約束。從理論上講，這隻惡魔能夠看著一個孩子，並準確知道他三十年後成年時會做什麼。」我說道。

「那自由意志呢？」基特問道。

「如果拉普拉斯是對的，我們也許沒有自由意志。」

「如果這是自然現象，就沒有人應該被關進監獄。」

「沒錯。所謂的選擇是由早期事件決定，例如我們的背景和生理特性。沒有人應該對自己的所作所爲感到罪惡。」

「如果你是初犯，法官會考慮到你童年受到的創傷，然後決定要把你關多久。然而，如果你再度犯罪，他們根本不會考慮你的過去。」

「他們應該嗎？」我問道。

「對於第二次犯罪，先前的坐牢應該算作減輕處罰了。但是這個地方不也會讓人受到創傷嗎？」

「你認爲我們的生活是注定的嗎？」

「我認爲上帝有時可以介入並改變事情。」

「像是什麼？」

「我在外面的生活亂七八糟。我媽說如果我沒有被逮捕，我現在應該已經埋在地裡了。她說神插手干預，我才會進監獄。祂救了我的命。」

比利知道我也在離此不遠的一所戒備森嚴的監獄教書。

「你覺得那個地方怎麼樣？那裡有什麼好的嗎？」他問我。

「我只在那裡教書，並沒有眞正關在那裡。」我回答。

「我爸說那裡安排有序，該釋放就釋放、該監禁就監禁。這裡一片混亂，他們說會釋放你，卻把你關一整天，所以我更願意被關在那裡。」

比利和他的父親都在監獄裡，因此很難通電話。監獄平台的電話只能撥打出去，無法接聽電話，因此監獄的公用電話無法撥打到另一所監獄的公用電話。當比利想要和父親通話時，二人必須去各自監獄的辦公室，使用辦公室電話交談，而兩端都有警衛在監視他們談話。

我指著黑板上的惡魔問比利：「你認爲沒有人眞的有罪嗎？」

「如果你這麼說，每個人都會生氣。」比利說。

「你不認爲我們的背景影響了我們的未來嗎？」我問道。

「如果沒有監獄，世界會很混亂，人必須承擔後果。」

馬丁的臉色因沉思而陰沉了下來。

「你覺得怎麼樣，馬丁？我們要對自己身處的情況負責嗎？」

「我不知道還有誰應該對此負責。」馬丁回答。

「尼采說，道德責任（moral responsibility）[165]是缺乏想像力的殘酷概念。」我說道。

馬丁竊笑。

「他認爲，我們推動自己的欲望強於對生命的渴望時，我們就會陷入罪惡感。他說自由意志是劊子手創造的哲學。」

「尼采是一個會造成傷害的人嗎？」他問道。

165 譯註：從消極方面而言，「道德責任」暗指因行動而接受譴責的意願；從積極方面而言，「道德責任」含有一種義務感。哲學家將負有「道德責任」的個體稱為道德主體。這種主體能根據自身境況作出反應和形成意願，並且付諸行動。因此，自由意志在此屬於一項關鍵因素。

「你說什麼人？」基特說。

比利竊笑著，將T恤的領口拉到鼻子上。

「誰沒做過壞事？我們和外面的人沒有什麼不同。」基特說。

馬丁雙臂交叉。

我說道：「馬丁，你怎麼想的呢？道德責任是劊子手的哲學嗎？」

「聽起來尼采是一個非常聰明的傢伙。」馬丁說道。

我與馬丁的談話很快就結束了。我問他對各種想法的看法，他就說了一些話，然後就此打住，結束我倆的討論。我隨後對這群學生說道：「我認爲當你們的腦中同時有兩種想法時，就會開啓一些事情。」我對著馬丁說話，但他仍然一臉冷漠，好像他認爲現在學哲學已經太晚了：無論他做了什麼，或者沒有考慮這個或那個想法，他現在都在監獄裡了。

課程結束後，我把黑板上的惡魔擦掉了。馬丁走向門口時向我走來，然後跟我握手。

「安迪，謝謝你。你讓我來這裡上課眞是太好了。」他說道。

我笑了，但很緊張。我不知道該說什麼。他對我表達感激，這似乎又是一種自責；我不想成爲他的同謀。

「我真的很感激你。」他說道。

我不得不把目光移開。

如果約瑟夫・K生活在拉普拉斯的世界裡，無論他的生命重來多少次，每次他在週日早上走在街上並環顧四周時，他總是會奔赴審判現場。他永遠無法逃脫自己的原子宿命（atomic fate）。

另一位哲學家盧克萊修（Lucretius）認爲，不只原子很重要，空間也很重要。他認爲不僅物體之間存在空間，每個物體內部也有空間。兩塊石頭之間和一塊石頭之內都有空間。即使石頭碎裂到底，碎石裡頭也有空間。

如果約瑟夫・K生活在盧克萊修的世界裡，在那個週日的早晨，他可以停下來，感受街道和法院之間的空間，感受在他的罪孽和看到有人抽菸的景象之間的空間，感受在他的傳票和他下一步之間的空間。

盧克萊修認爲，空間允許原子移動，原子偶爾會偏離軌道。物質世界並非是總能預測一切的。有時事情是自發性的。對盧克萊修來說，事件可能以不同的方式展開。約瑟夫・K可以轉身離開法院，朝另一個方向走去。

當我陷入恐慌而看不清楚外界時，我會被罪惡感壓垮，劊子手的聲音占據了我的整個大腦。然而，我只要想到盧克萊修，就會想起他的話，即使是最奇怪的想法也有其內部空間。我就會讓劊子手喋喋不休，而我則在他說話之間的空隙溜走。

我去了雜貨店，幾分鐘後，人就在艾奧娜的廚房裡打開食物的包裝。廚房的工作台和爐子一塵不染，因爲她幾乎從不使用它們。艾奧娜工作累了，想休息一下，她站在我的旁邊，把眼鏡推到頭上。

「食物太多了。」她說道。

「這連一天都不夠吃。」我說道。

「你打算怎麼處理這些食物？」

「我想把東西放進冰箱，然後讓它們壞掉。」我說道。

她嘖了一聲。「一點都不好笑，我要回去工作了。」

她站在我身後，看著我切麵包，將兩個盤子放在工作台上，並在每個盤子上放一片麵包。我切開酪梨，擠出果肉。艾奧娜伸手抱住我，將一隻手放在我的胸部上。她的腹部貼在我的腰背上，讓我感到一股溫暖。

「你在做兩個三明治。」她說道。

「恐怕只夠塡飽肚子。」我說道。

我把番茄切片。艾奧娜用臉摩擦我的脖子。當她眨眼時，睫毛使我的皮膚發癢。

「昨晚我又做了一個夢。」她說道。

我把刀子放在工作台上。就在幾年前的這個時候，艾奧娜的媽媽過世了。她媽也是一名譯者，她生前和艾奧娜聊天時，經常使用四、五種不同的語言。她說道：「我今天過馬路的時候想起了這件事。當我白天走在街上或過馬路時，我才想起這件事。就在那時，一股悲傷湧上了我的心頭。」

艾奧娜的聲音聽起來像是她快要哭了。

她咽了咽口水，說道：「我話太多，該回去工作了。」

我從一條麵包的末端撕下一小塊麵包，轉身把它拿到她的嘴前。

「妳繼續說。我保證不會告訴任何人。」我說道。

她吃了麵包。我用指背撫摸她的臉。

我轉身繼續做三明治。艾奧娜把下巴靠在我的肩膀上看著我做事。我把番茄加進三明治，然後撒上鹽和胡椒。

「你看看。我感覺自己又回到了餐館。」她說道。

「我知道，我感覺自己穿得太隨便了。」

「盛裝打扮起來會很有趣。」

我轉身面對她。我把油膩的手貼近腹部，手掌朝上，這樣就不會弄髒艾奧娜的衣服。

「我可以穿裙子、你可以穿襯衫。」她說道。

她解開了我襯衫最上面的兩顆釦子。

「妳要帶我去哪裡？」我問道。

她用手指觸摸我的手掌底部。「這裡。到城裡去。」

我揚起一邊的眉毛。

她用手指以之字形劃過我的手掌。「我們要穿過這些狹窄的古老街道，旁邊的建築都是石頭造的。現在是晚上，每個人都來了，可以看到各種面孔的人湧入。我們可以聽到從某間地下室傳來的音樂聲。我拉著你的手腕，帶你進去。」

我很害羞，咯咯地笑。

她將手指移到我的手掌正中央。我把手再張開一點。

「我們會在這裡跳一整夜的舞。」她說道。

我隱約有一種感覺，覺得自己做錯了什麼。

「當我們的腿痛得無法再跳舞時，我們就去這裡。」她一邊說，一邊撫摸著我的手掌與小指相接的皮膚。「去海灘。」

罪惡感壓著我。我想要艾奧娜給我的溫柔，但不知道該如何釋放自己。

「我們會一起看大海。」她說道。

我扮了鬼臉。「那太美了。」我說道。

她握緊我的手。「你還好嗎？」

「我很好。」我說道。

「你確定嗎？」

「妳現在手上沾滿了油脂。」我說道。

我轉身，拿起盤子，然後我們走到她的沙發，坐下後把食物放在腿上。艾奧娜咬了一口三明治，閉上眼睛，享受著味道。我在這一刻感到一股不祥的氛圍，讓我覺得心酸。劊子手告訴我，這頓飯是我能替艾奧娜做的最後一件事。

艾奧娜吞下那口三明治，然後睜開眼睛，把手放在我的膝蓋上，說道：「謝謝你，你眞是太好了。」

我緊張地笑了。

「有什麼好笑的？」她問道。

「對不起。」我說道，但我又笑了。

她把手從我膝蓋上拿開。「你笑什麼呢？」

拉普拉斯惡魔的課結束後的隔天，我走進監獄，告訴另一位老師我在安全審查表上寫了什麼。他突然大笑起來。

「他們不必知道你闖了紅燈。」他說道。

「我在想，萬一他們發現了這件事，知道我沒說實話該怎麼辦？」

「安迪，你眞會搞笑。」

「這沒那麼好笑。」

我走到教室，準備上課。走廊上的一名獄警喊道：「自由通行！」幾分鐘後，比利和基特走了進來。基特一直在抱怨，說那天早上他打了電話給孩子們，結果孩子告訴他，說他們去倫敦塔（Tower of London）玩了一天。基特說道：「你能相信他們寧可去玩，也不願意來看我嗎？他們告訴我倫敦地牢（London Dungeon）長什麼樣子，我差點就他媽的把電話掛了。」

這二人坐了下來。比利告訴我他可能下一堂課不會來。「我要去接受評估。我的刑期可能會減百分之二十五。」他說道。

「打折嗎？」我問道。

「如果他們認爲你心理健康，你就可以得到百分之二十五的折扣，但你必須給人評估。」

「你認爲可以減刑嗎？」我問他。

「祝我好運囉！」他說道。

自由通行結束。我站在門口，朝走廊望去，看看能否看到馬丁，但我沒看見他。

我問基特：「你見到馬丁了嗎？」

基特搖搖頭。

「你知道他還好嗎？」我問道。

「他有時會整天待在牢房裡。」

我關上門，在比利和基特的對面坐下。

「哲學家亞瑟．叔本華（Arthur Schopenhauer）認爲生命似乎是一種懲罰。」我說道。

「叔本華，振作一點，這件事可能永遠不會發生。」基特說道。

「叔本華認爲這已經發生了。」我說道。「儘管我們沒有做錯任何事，我們從出生的那天起就一直在受苦。他說道，人很容易認爲自己帶著父輩的罪行，心懷愧疚來到這個世界。」

當我說「父輩的罪行」時，我試著不看比利，但是我說這句話時，我還是直視著他的眼睛。

我說道：「叔本華認爲，如果人想生存下去，就應該把這個世界想像成一座監獄。當人們讓你失望時，你不會感到沮喪，因爲你知道他們也關在監獄裡，忍受著上天給他們的懲罰。」

「當我出獄時，我會去喝一杯，然後去吃肯德基，然後吃一整桶巧克力冰淇淋，最後去我女友家。」比利說道。

「這是否意味著叔本華錯了？」我問道。

「叔本華需要跟人打炮。」比利說道。

我說道：「叔本華指出，我們若將世界看成一座監獄，彼此對待時，就更能寬容、有耐心和仁慈。」

比利說道：「監獄讓人變得更加寬容，沒錯。讓人更有耐心，也沒錯。但會讓人更友善，不會。你會比較寬容，因爲你和平時不會在一起的人共用一間牢房。如果你還在執著，就會發瘋。你在監獄裡會變得更有耐心，但這並不是因爲你更爲友善了，這是因爲你手上有大把時間。」

「監獄是讓你了解什麼是善良的地方。」基特說道。

「監獄並沒有讓我變得善良。」比利說道。

「這裡的人很友善，儘管他們不必這樣做。」基特說道。

「我最不想讓平台的人認爲我很友善。」

「別人怎麼看你並不重要。」

「如果大家都說我很善良，別人就知道可以走進我的牢房去拿走我的東西，而我不會去報復他們。」

幾分鐘後，基特說道：「如果監獄沒有仁慈，這裡怎麼沒有整天發生騷動呢？」

「因爲你若是胡搞瞎搞，刑期就會增加。」比利說道。

「每天都會有人自動自發展現友情，這又該如何解釋呢？有人若是注意到平台上某人已經好幾個晚上沒有下樓吃晚飯，就會敲門看看他們是否還好。」

「這樣眞的算是友善嗎？」比利問道。

「看到別人需要打電話給他們的孩子，讓他們用你的電話卡，這算不算呢？在週日烹飪時，你們六個人把那該死的無味道雞肉擺在一起，有一個人放入他的香草，另一個人添加他的香料，最後大家都吃了一頓豐盛的大餐。」

「說得沒錯，但是……」

「我知道平台那些人的名字，也知道他們喝茶時是否會加糖。我以前住在高樓區時，從來都不認識左鄰右舍。」

比利雙臂交叉。「我只是不喜歡『仁慈』（kind）這個字。聽起來很奇怪。」

「我以前也是這樣。但現在對我來說，注意自己表達仁慈的方式非常重要，即使只在最小的小事上也是如此。」基特說道。

「爲什麼？」我問道。

「因爲我想擺脫這種生活方式。」基特說道。「除非我能自我承諾，說我可以成爲正派的人，否則我永遠不會改變。」

我躺在艾奧娜的沙發上，爲我發笑而道歉。在後續的幾分鐘裡，我試著解釋自己的行爲。

「劊子手？」她說道。

「我的意思是，我並不是說艾伯特・皮埃爾波因特（Albert Pierrepoint）[166]在跟我說話。」

---

[166] 譯註：英國行刑者，任職期間處決了數百名罪犯。

「好吧，不管他是誰。我都不喜歡見到他。」

她低頭看著她的食物。我把襯衫拉到胸前。

她說道：「當我告訴你我覺得這很美時，我感覺這是一種宣洩。這句話從我嘴裡說出來後，我就沒那麼悲傷了。」

「對不起。我不希望劊子手也這麼說。」

「他會這麼做嗎？」艾奧娜問道，一直看著我的臉。

我和基特和比利一起上完課半小時後，獄警就把人關了起來，不讓他們下午出來走動。我趕緊往平台走去，走到馬丁的牢房。他的門開著。我往裡面一看，看到了他。他把鬍子剃掉了，他的頭髮從洗過的地方蓬鬆起來了。

「我在找馬丁。你知道他去哪裡了嗎？」

他咯咯笑起來。「我想我最好盥洗一下，因爲我準備跟兒子會面。」他說道。

他笑了，但眼睛開始泛起淚水。

馬丁說道：「我昨天打電話給他。我告訴他，如果他不能原諒我讓他經歷的一切，我可以理解的。他對我發脾氣，說道：『你是我爸爸。你不必求我原諒你。』」

「他愛你。」我說道。

「我知道，我感覺很難過，但我認爲一切都會好轉的。」他說道。

一名獄警來到門口。「兩位先生，我得鎖門了。」他說道。

我退後一步。

「課堂上見。」我說道。

獄警把鑰匙插進門裡。

「他說他可以每二週來看我一次。如果他能來看我，我在這裡苦熬的時間就會過得更快。」

獄警拉上房門，然後上鎖。

馬丁和我透過牢房的檢查口互相揮手道別。

此後，馬丁開始更常走出牢房，最終與同個側翼的另一名中年男子成了莫逆之交。他申請去廚房工作，白天上班，晚上躺在床上興致盎然地讀書，其餘時間都在思考出獄後如何能到復健慈善機構（rehabilitation charity）[167]工作。馬丁告訴我：「我在監獄裡再也不會感到無聊了。我有時甚至覺得一天的時間不夠用。」他偶爾仍然因爲自己的所作所爲而說他「貪婪」或「愚蠢」。馬丁雖感到羞恥，卻也能找其他的事情來做。

---

[167] 譯註：rehabilitation泛指使重病患者康復，或者讓吸毒和長期服刑者恢復正常生活。

我先前告訴艾奧娜關於劊子手的事情，過了幾天後，我在中午從商店買東西去她的公寓。艾奧娜坐在辦公桌前，看著我手上的食物袋，說道：「我想一小時後才吃飯。」我翻了個白眼，走進了廚房。我知道她想要我照顧她，但她卻不想因此而失去地位，所以她像下命令一樣要求我照顧她。我從袋裡拿出蔬菜，把它們洗乾淨，然後煮湯。

吃中飯的時候，我把她的碗放在餐桌上。艾奧娜走了過來。

「很棒。」她說道，然後碰觸我的臀部。

我略爲感到一陣恐懼。但我把手放在了她的手上。

我曾經以爲，除非我找到某種方法來洗清自己的愧疚，否則我無法接受艾奧娜溫柔的關愛。但我知道劊子手很頑固，會死賴著不走。若要等到劊子手離開後，我才能繼續過活，這樣是行不通的。每當我和艾奧娜相處時，我都會感到內疚而緊繃，我試著讓自己在感到內疚的同時也能感受她的溫柔。就算我無法從劊子手的魔掌下脫身，我也可以給艾奧娜挪出空間。

我們坐下來吃飯。我看著她把湯喝完。

「妳不是說食物是給懦夫吃的。」我問道。

「我發現自己很喜歡當懦夫。」她如此回答。

「我今天晚上可以煮點東西。」

她看著我的眼睛，說道：「你好貼心。」

我眨了眨眼，一股沉重的罪惡感湧上心頭。

「你不要勉強自己。」她說道。

「我不會的。」我說道。

我在艾奧娜家住了一週。她罵我習慣把衣服丟在地板上，幾天後才把它們撿起來。愛比克泰德說道：「如果你聽到別人說你的壞話，你不該為自己辯護，反而要說：『他顯然不太了解我，因為我還有很多其他的缺點，他卻沒有提到。』」今天早上，我從艾奧娜的床上醒來，劊子手告訴我，說我一定做了某些不可挽回的壞事。幾分鐘後，艾奧娜在客廳裡把我的襯衫從地板上撿起來，然後丟給我。我笑著說對不起。我很高興她比劊子手更了解我。

對約瑟夫．K來說，一切總是太晚了。卡夫卡的過去決定了K的未來。我仍然覺得凡事對我來說已經太晚了，但我也發現自己對與艾奧娜一起度過封城會如何而感到興奮。有了那種興奮，我便有機會轉身離開劊子手，朝另一個方向走去。在一年中第一個溫暖的春日，我和艾奧娜在公園裡，斜倚在一棵白蠟樹下的草地上，眺望著湖水。我看到朋友、戀人以及帶著小孩的家族圍坐在水邊。一名男子從草地走上浮橋平台，將一張覆蓋幾艘小划艇的防水油布取下。如果一切順利，他在未來幾週可以再度出租這些划艇。

艾奧娜指著我們頭頂上白蠟樹的樹枝。我抬頭一看。

「Havina。」她說道。

「妳說什麼？」我問道。

「這是芬蘭語，是在描述樹枝的搖擺。」

我抬起頭，看到樹枝在微風中輕輕搖曳。

「我媽教了我這個字。」艾奧娜說道。

我看著艾奧娜，問道：「妳昨晚夢見她了嗎？」

她仍然凝視著上方，笑著搖搖頭。「當我發現這棵樹很美麗時，就想起了她。」

我又抬起頭看去。

「Habona。」我說道。

「Hav-in-a。」她說道。

「Havina。」

「這次對了。」

在接下來的一個小時裡，越來越多人聚集在湖邊。有兩個孩子在我們身後玩耍，發出咯咯的笑聲。空氣中瀰漫著興奮的聲音。我感覺這可能是這座城市邁向開放的第一天。然而，劊子手告訴我，說我不會和其他人一起迎向自由。我的呼吸變得短促。愧疚感讓我感到窒息。

一陣微風襲來。我抬頭一看，看見白蠟樹枝葉搖曳。樹葉飄動，互相摩擦。

我嘆了口氣。

「**Havina**。」我說道。

「沒錯。」艾奧娜說道。

幾個月後，商店和餐廳陸續開門營業。我聽說還要幾個月的時間，整個體制才能恢復正常。昨天我和叔叔弗蘭克聊天，他告訴我他前陣子心血來潮，去了桑威赤。他那時隨身攜帶了一台最先進的相機（他的一個朋友最近進了三百台），我今天要去見他。我推著腳踏車離開艾奧娜的大樓，來到了街上。剛下過雨的地方，地面濕漉漉的。一輛只有二人搭乘的雙層巴士停在公車站，其中一人下了車。我騎上腳踏車，沿著一些偏僻小巷騎著。

輪胎頂端旋出細細的水霧。風推著我前進。我一路滑行，閉著眼睛，享受著毫無窒礙的移動感覺。

我睜開眼睛，轉向一條大路。一位戴著黑色口罩遮住嘴巴和鼻子的戶戶送（Deliveroo）[168]駕駛從我身邊駛過。我逐漸騎近了一個正在變紅綠燈的紅綠燈。我停了下來。

在前方大約二十公尺處，有一輛警車靠邊停著。一名長滿粉刺的年輕人站在人行道上，兩旁各站著一名警察。他被銬上手銬。一名警察打開警車後門，男孩低下頭，進了車內。警察關上了門。兩名警察坐進前座，其中一名發動引擎。橘色的指示燈開始閃爍。

我後面的汽車按了喇叭。我抬頭一看，紅燈已經變成了綠燈。

---

168 譯註：英國線上點餐外送公司。

課堂教材和來源

在過去的十年裡，我很幸運能夠從哲學基金會（The Philosophy Foundation）的同事獲取想法和靈感。我要感謝彼得・沃利（Peter Worley），謝謝他提出賽蓮／塞壬、愛比克泰德、青蛙和蝎子、快樂囚犯、第歐根尼和忒修斯之船的課程內容。這些內容可以在他的《如果機器》（*The If Machine*）、《如果奧德賽》（*The If Odyssey*）和《讓孩子思考的四十堂課》（*40 Lessons to Get Children Thinking*）中找到，而前述書籍都是由「布魯姆斯伯里教育」（Bloomsbury Education）出版。我也要感謝大衛・伯奇（David Birch）提出潘朵拉之盒的課程，該課程收錄於伯奇在「一頁書本」（One Slice Books）出版的《思考豆》（*Thinking Beans*）一書。

我與麥克・考克斯黑德（Mike Coxhead）和安德里亞・法索拉斯（Andrea Fassolas）一起開發監獄教學法。我和他們一起教學，發覺他們深具洞察力，也有決心，爲人慷慨且不嘲弄人，我從中學到了很多。他們共同撰寫了有關小野田寬郎、清理聖殿、西蒙・

維森塔爾和道德運氣的資料。

章節題句列表

馬塞爾・普魯斯特，出自《追憶似水年華》（*In Search of Lost Time*）

尚・惹內，出自《小偷日記》（*The Thief's Journal*）

西蒙・韋伊，出自《重力與恩典》（*Gravity and Grace*）

納欣・希克美，出自〈給將在監獄服刑者的一些建議〉（'Some Advice to Those Who Will Serve Time in Prison'）

法蘭茲・卡夫卡，出自《審判》（*The Trial*）

費爾南多・佩索亞，出自《惶然錄》（*The Book of Disquiet*）

麥可・翁達傑，出自《英倫情人》（*The English Patient*）

普利摩・李維，出自《如果這是一個人》（*If This Is a Man/The Truce*）

約翰・伯格，出自《幾點了》（*What Time Is It?*）

杜斯妥也夫斯基，出自《卡拉馬助夫兄弟們》（*The Brothers Karamazov*）

喬治・艾略特，出自《丹尼爾・戴蘭達》（*Daniel Deronda*）

鐵拉馬庫斯，出自荷馬的《奧德賽》（*Odyssey*）

瑪麗・博伊金・切斯納特，出自《迪克西的日記》（*A Diary From Dixie*）

阿內絲・尼恩，出自《亂倫之家》（*House of Incest*）

王鷗行，出自《此生，你我皆短暫燦爛》（*On Earth We're Briefly Gorgeous*）

米蘭・昆德拉，出自《被背叛的遺囑》（*Testaments Betrayed*）

查蒂・史密斯，出自〈著迷於假設：為小說辯護〉（'Fascinated to Presume: In Defense of Fiction'）

愛德華・史特・奧賓，出自《某種希望》（*Some Hope*）

亞歷山大・普希金，出自〈普希金寫給納西奧金的一封信〉（a letter from Pushkin to Nashiokin）（一八三四年三月）

山繆・貝克特，出自《無所事事的故事和文本》（*Stories and Texts for Nothing*）

蕾貝嘉・索尼特，出自《遙遠的附近》（*The Faraway Nearby*）

捷斯華夫・米華殊，出自〈到了一定年紀〉（'At a Certain Age'）

致謝

我要先感謝經紀人山姆・科普蘭（Sam Copeland）認同我的想法。此外，我很幸運，能夠遇到兩位體貼、明智和精明的編輯，克里斯・多伊爾（Kris Doyle）和安薩・汗・卡塔克（Ansa Khan Khattak）。騎馬鬥牛士（Picador）出版社的團隊對我非常友好，也對我的書很感興奮，他們給了我勇氣，讓我能寫出這個故事。

我要感謝以下幫助我在監獄教書的人：麥克・考克斯黑德（Mike Coxhead）、安德里亞・法索拉斯（Andrea Fassolas）、彼得・沃利、艾瑪・沃利（Emma Worley）、克斯廷・西弗里斯（Kirstine Szifris）、喬治・皮尤（George Pugh）、何塞・阿吉亞爾（Jose Aguiar）和海倫娜・巴普蒂斯塔（Helena Baptista）。我還要感謝資助我寫書的機構，例如國王學院（King's College）、監獄哲學（Philosophy in Prisons）和皇家哲學院（Royal Institute of Philosophy）。

我要感謝羅伯特・艾利斯（Robert Ellis）和維拉納亞・艾利斯（Viryanaya Ellis），因爲這兩位好友教了我很多東西。

下面的作家、藝術家、記者和學者都曾抽空協助我進行研究：達倫・切蒂（Darren Chetty）、伊沃娜・魯佐維奇（Iwona Luszowicz）、彼得・沃利、露西・鮑德溫（Lucy Baldwin）、彼得・莫斯特（Pieter Mostert）、利維烏・亞歷山德雷斯庫（Liviu Alexandrescu）、瑞秋・泰南（Rachel Tynan）、愛麗絲・萊文斯（Alice Levins）、勞拉・多林皮奧（Laura D'Olimpio）、史蒂夫・洛威（Steve Lowe）、貝蒂娜・喬伊・德・古茲曼（Bettina Joy De Guzman）、大衛・布雷克斯皮爾（David Breakspear）、伊馮娜・朱克斯（Yvonne Jewkes）、喬安娜・波考克（Joanna Pocock）、克里斯多福・英佩（Christopher Impey）、凱特・赫里提（Kate Herrity）、傑森・瓦爾（Jason Warr）、喬安娜・李爾（Joanna Lear）、莎拉・法恩（Sarah Fine）、傑米・隆巴迪（Jamie Lombardi）、大衛・肯德爾（David Kendall）和傑森・巴克利（Jason Buckley）。

感謝在我小時候、讀大學、首度開始寫作或撰寫這本書時，一直鼓勵我的朋友們：亞歷珊卓（Alexandra）、塔夫（Taf）、西蒙・B（Simon B）、史蒂文・CH（Steven CH）、莉莉（Lily）、麗貝卡（Rebecca）、保羅（Paul）、潔西卡（Jessica）、摩根（Morgan）、凱特・H（Kate H）、馬薩里（Marsali）、皮普斯（Pips）、麥克（Mike）、莉茲（Liz）、大衛（David）、凡妮莎（Vanessa）、威爾（Will）、亞當（Adam）、史蒂夫・H（Steve H）、凱特・B（Kate B）、帕維爾（Pawel）、艾奧娜（Iona）、克里

斯多福（Christopher）、吉列爾莫（Guillermo）、羅布（Rob）、雷哈納（Rehana）、布魯斯（Bruce）、卡羅爾（Carol）伊里安、（Irian）、西蒙・K（Simon K）、史蒂文・G（Steven G）、珍（Jane）、菲奧娜（Fiona）、海倫（Helen）、羅西（Rosie）、馬克（Mark）、賈科莫（Giacomo）、蘇菲（Sophie）、塔里（Tari）、安迪（Andy）、愛麗絲（Alice）和湯米（Tommy）。

我要特別感謝我媽、我哥、叔叔和嫂子告訴我他們的故事。

好想法46

監獄中的哲學課

探索自由、羞愧與救贖的生命對話

The Life Inside: A Memoir of Prison, Family and Philosophy

作　　者：安迪．維斯特（Andy West）
譯　　者：吳煒聲
責任編輯：王彥萍
校　　對：王彥萍、唐維信
封面設計：FE設計
版型設計：王惠葶
排　　版：王惠葶
寶鼎行銷顧問：劉邦寧

發 行 人：洪祺祥
副總經理：洪偉傑
副總編輯：王彥萍
法律顧問：建大法律事務所
財務顧問：高威會計師事務所
出　　版：日月文化出版股份有限公司
製　　作：寶鼎出版
地　　址：台北市信義路三段151號8樓
電　　話：(02)2708-5509／傳　　真：(02)2708-6157
客服信箱：service@heliopolis.com.tw
網　　址：www.heliopolis.com.tw
郵撥帳號：19716071 日月文化出版股份有限公司

總 經 銷：聯合發行股份有限公司
電　　話：(02)2917-8022／傳　　真：(02)2915-7212
製版印刷：軒承彩色印刷製版股份有限公司
初　　版：2025年02月
定　　價：450元
I S B N：978-626-7641-02-6

國家圖書館出版品預行編目資料

監獄中的哲學課：探索自由、羞愧與救贖的生命對話／安迪．維斯特（Andy West）著.--初版.--臺北市：日月文化出版股份有限公司, 2025.02
448面；14.7×21公分.--（好想法；46）

譯自：The Life Inside: A Memoir of Prison, Family and Philosophy
ISBN 978-626-7641-02-6（平裝）

1. CST：罪犯　2.CST：懲罰　3. CST：監獄　4.CST：哲學

548.5　　113019169

日月文化集團
HELIOPOLIS
CULTURE GROUP
客服專線 02-2708-5509
客服傳真 02-2708-6157
客服信箱 service@heliopolis.com.tw

廣告回函
台灣北區郵政管理局登記證
北台字第 000370 號
免貼郵票

日月文化集團 讀者服務部 收

10658 台北市信義路三段151號8樓

對折黏貼後，即可直接郵寄

日月文化網址：**www.heliopolis.com.tw**

最新消息、活動，請參考 FB 粉絲團

大量訂購，另有折扣優惠，請洽客服中心（詳見本頁上方所示連絡方式）。

大好書屋　寶鼎出版　山岳文化

EZ TALK　EZ Japan　EZ Korea

日月文化集團
HELIOPOLIS
CULTURE GROUP

感謝您購買 **監獄中的哲學課**
探索自由、羞愧與救贖的生命對話

為提供完整服務與快速資訊，請詳細填寫以下資料，傳真至02-2708-6157或免貼郵票寄回，我們將不定期提供您最新資訊及最新優惠。

1. 姓名：＿＿＿＿＿＿＿＿ 性別：□男 □女
2. 生日：＿＿＿年＿＿＿月＿＿＿日 職業：
3. 電話：（請務必填寫一種聯絡方式）
（日）＿＿＿＿＿（夜）＿＿＿＿＿（手機）＿＿＿＿＿
4. 地址：□□□＿＿＿＿＿＿＿＿
5. 電子信箱：＿＿＿＿＿＿＿＿
6. 您從何處購買此書？□＿＿＿＿縣/市＿＿＿＿書店/量販超商
□＿＿＿＿網路書店 □書展 □郵購 □其他
7. 您何時購買此書？ 年 月 日
8. 您購買此書的原因：（可複選）
□對書的主題有興趣 □作者 □出版社 □工作所需 □生活所需
□資訊豐富 □價格合理（若不合理，您覺得合理價格應為＿＿＿＿）
□封面/版面編排 □其他＿＿＿＿＿＿＿＿
9. 您從何處得知這本書的消息： □書店 □網路／電子報 □量販超商 □報紙
□雜誌 □廣播 □電視 □他人推薦 □其他
10. 您對本書的評價：（1.非常滿意 2.滿意 3.普通 4.不滿意 5.非常不滿意）
書名＿＿＿ 內容＿＿＿ 封面設計＿＿＿ 版面編排＿＿＿ 文/譯筆＿＿＿
11. 您通常以何種方式購書？□書店 □網路 □傳真訂購 □郵政劃撥 □其他
12. 您最喜歡在何處買書？
□＿＿＿＿縣/市＿＿＿＿書店/量販超商 □網路書店
13. 您希望我們未來出版何種主題的書？＿＿＿＿＿＿＿＿
14. 您認為本書還須改進的地方？提供我們的建議？